Handbuch
der
Natur

Genehmigte Lizenzausgabe 1992
Alle Rechte vorbehalten
Umschlaggestaltung Bine Cordes, Weyarn
ISBN 3-88199-927-2

Marcus Würmli

Handbuch der Natur

Tiere und Pflanzen unserer Heimat

Ein Lehr- und Bestimmungsbuch mit über 750 farbigen Abbildungen

Inhalt

Einführung

Der vorliegende Führer will dem Naturfreund bei der Bestimmung vor allem der Lebewesen helfen. Es gibt viele spezialisierte Bestimmungsbücher für die unterschiedlichsten Pflanzen- und Tiergruppen. Dieses Buch beschäftigt sich jedoch mit allen Lebewesen. Es werden zwar nur die häufigsten und auffälligsten Formen behandelt, doch wurden sie so ausgewählt, daß es möglich ist, auch verwandte Arten mindestens einer Gruppe oder Familie zuzuordnen. Insbesondere zeichnet sich dieses Buch auch dadurch aus, daß es die bekanntesten Haustierarten aufnimmt.

Der „Kampf ums Überleben" hat in den Jahrmillionen der Evolution dazu geführt, daß sich die Pflanzen und Tiere immer besser in ihre Lebensräume einfügten. Jede Art ist ihrem Körperbau und ihren Ansprüchen nach genau an jenen Ausschnitt der Umwelt angepaßt, in dem sie lebt. Das Eichhörnchen beispielsweise ist ein guter Kletterer. Fast sein ganzes Leben verbringt es auf Bäumen. Mit den Schneidezähnen öffnet es geschickt Eicheln, Nüsse und Tannenzapfen. Der Frosch ist an das Leben im Wasser angepaßt. Er schwimmt hervorragend, kann unter Wasser überwintern und legt seine Eier ins Wasser ab. Zugleich kann er aber auch an feuchten Stellen auf dem Festland überleben. Der Regenwurm als Bodentier ist an die kriechende Fortbewegung in engen Röhren angepaßt. Er ernährt sich von Humus und legt seine Eier in den Boden ab.

Wegen der fortschreitenden Umweltvergiftung und -zerstörung haben sich viele Pflanzen und Tiere in abgelegene Gebiete zurückgezogen und sind selten geworden. Manche sind sogar nahe am Aussterben. Es ist aber keineswegs so, daß man Tiere nur in naturnahen Gebieten findet. Die Natur wandert auch in alle die Lebensräume ein, die der Mensch geschaffen hat und die von ihm bestimmt werden, zum Beispiel Häuser, Keller, Gärten und Parks. In Vorstädten leben bereits Rehe, Dachse und Füchse, mitten in der Stadt nisten Greifvögel, und mancher Garten ist ein Schmetterlingsparadies. Auch heute haben wir – trotz aller eindeutigen Verarmung – das Tierparadies noch vor der Haustür.

Der wahre Naturfreund pflückt keine Blumen und stört oder tötet keine Tiere. Auch übergroße Neugier und Fotografiereifer können Tiere verstören und zur Aufgabe ihrer Brut veranlassen. Es gibt heute in jedem europäischen Land eine Naturschutzgesetzgebung. Viele Arten sind geschützt – und man muß wissen, welche, wenn man das Pflücken nicht lassen kann. Eine viel größere Befriedigung schafft es jedoch, Pflanzen und Tiere zu fotografieren.

Die Zeichnungen im folgenden Bildteil sind unter sich nicht maßstabgerecht. Es wurden durchwegs Männchen abgebildet. Wenn nicht anders vermerkt, sind die Weibchen von den Männchen nicht zu unterscheiden oder sehen ihnen sehr ähnlich. Hinter dem deutschen Namen steht der jeweilige wissenschaftliche Name, der aus dem Gattungsnamen und dem Artnamen zusammengesetzt ist. Die Abkürzung sp., die gelegentlich hinter dem Gattungsnamen auftaucht, bedeutet, daß es mehrere ähnliche Arten gibt, auf die die Abbildung zutreffen kann.

Tips für den Naturbeobachter

Bewegungen. Viele Tiere sehen vorwiegend Bewegungen, aber keine Formen. Wenn wir stillhalten, können sie uns nicht erkennen, sofern wir nicht auffällig bunt gekleidet sind. Bewegungen sollten immer fließend und langsam, keineswegs ruckartig erfolgen. Viele Tiere haben einen sehr weiten Gesichtswinkel; beim Kaninchen beträgt er über 300 Grad, entspricht also fast einer Rundumsicht. Das bedeutet, daß uns das Kaninchen erkennt, auch wenn wir meinen, es blicke uns nicht an.

Fernglas. Das Fernglas ist nicht nur dazu da, um große Tiere von weitem, sondern auch kleine Tiere aus der Nähe zu betrachten, zum Beispiel scheue Blütenbesucher, Schmetterlinge in Baumwipfeln und Fische am Weiherrand.

Geduld. Wichtigste Eigenschaft des Tierbeobachters. Sitzend und wartend sieht man die meisten Tiere. Und noch etwas müssen viele Naturfreunde wieder lernen: das Schauen. Die wenigsten Menschen sehen heute mehr den Käfer auf der Baumrinde oder den Regenpfeifer im Geröll.

Geräusche. Jeder, der Tiere beobachten will, sollte sich so leise wie möglich verhalten. Nicht alle Geräusche erschrecken jedoch Tiere. Sie werden nur durch ungewohnte Geräusche verscheucht, etwa durch das Schlagen von Autotüren, das Klappern mit dem Schlüsselbund, Husten, Niesen, lebhafte Unterhaltung. Wer meint, er könne Radiomusik hören und gleichzeitig Tiere beobachten, ist auf dem Holzweg.

Kleidung. Der Tierbeobachter sollte niemals durch bunte Kleidung auffallen. Die Schuhe sollten auf jeden Fall wasserdicht sein. Bei Ausflügen am frühen Morgen ist man infolge des Taus in kürzester Zeit völlig naß, wenn man keine hohen Stiefel trägt.

Kleintiere. Es gibt viele Kleinlebensräume, die reich an den verschiedensten Kleintierarten sind. Unter Steinen verkriechen sich in der Morgendämmerung zahlreiche feuchtigkeits- und dunkelheitsliebende Tiere, vor allem Schnecken, Käfer, Asseln, Spinnen, Hundert- und Tausendfüßler, auch Amphibien wie Molche und Kröten. Wenn wir tagsüber größere Steine und Holzplanken umdrehen,. begegnen wir so einer reichen Fauna. Natürlich dreht man nachher den Stein sorgfältig wieder zurück, um die Tiere darunter nicht austrocknen zu lassen. Eine reiche Kleintierwelt findet sich auch unter Strohpaketen oder Garben, die nach dem Abernten einige Tage auf dem Feld liegenbleiben.

Der Komposthaufen, der oft viel wärmer als die Umgebung ist, weil intensive chemische Prozesse im Gange sind, ist ein Tierparadies. Man findet darin nicht nur wundervoll irisierende Regenwürmer, sondern auch hochinteressante Käfer, etwa Kurzflügler, sowie Tausendfüßler und unzählige winzige Springschwänze und Milben.

In und an Pilzen machen viele Insektenarten ihre Entwicklung durch. Man findet an ihnen vor allem wundervoll gefärbte Kurzflügler. Besonders interessant ist die Stinkmorchel, die mit ihrem widerlichen , fauligen Geruch viele prächtige Fliegen und Käfer anlockt.

Unter der Rinde abgestorbener Bäume und Äste finden wir je nach Alter des Baumes, dem Feuchtigkeitsgrad und der Art des Holzes eine mehr oder minder bunte Tierwelt. Unter trockenen Rindenstücken leben beispielsweise die niedlichen Pseudo- oder Afterskorpione. Unter feuchten Rinden halten sich die Larven der Bock- und Rosenkäfer auf. Borkenkäfer sind sofort an ihrem typischen Fraßbild zu erkennen. An manchen Hölzern leben auch Pilze, etwa der Hallimasch und das Stockschwämmchen, die man in manchen Jahren wäschekorbweise sammeln kann.

In Kuhfladen stochern ist nicht sehr ästhetisch, aber interessant. Man findet dort eine kurzzeitige hochkomplizierte Lebensgemeinschaft. Es leben dort fast nur spezialisierte Käfer und ihre Larven. Alle diese Tiere müssen sehr schnell wachsen und ihre Entwicklung in kürzester Zeit vollenden, weil viel Konkurrenz da ist und die Gefahr besteht, daß der Kuhfladen zu schnell austrocknet.

Tiere, die in der Waldstreu und im Boden leben, kann man leicht sehen, wenn man Proben mit einer kleinen Handschaufel auf ein weißes Tuch wirft. Man zerkrümelt die Erde und legt so die Tiere frei. Sie werden vom Sonnenlicht erschreckt, laufen unruhig hin und her und können dabei beobachtet werden.

Sehr viele Insekten kann man in warmen, mondlosen Nächten an Neonröhren und anderen Lichtquellen sitzen sehen. Vor allem Schmetterlinge, Fliegen, Käfer und Wanzen finden sich ein.

Lupe. Auch wer vorwiegend Vögel oder Säuger beobachten möchte, sollte eine etwa zehnfach vergrößernde Lupe mit sich führen. Sie erschließt uns Schönheiten, die wir mit dem bloßen Auge nicht mehr wahrnehmen können. Gut drei Viertel aller unserer einheimischen Tierarten sind kleiner als 1 Zentimeter.

Tageszeit. Man kann Tiere zu jeder Tageszeit beobachten, doch kein Tier ist Tag und Nacht aktiv. Je nachdem, wann wir unterwegs sind, treffen wir unterschiedliche Arten an. Dies gilt für Vögel und Säuger geradeso wie für Insekten. Im allgemeinen gelten die frühesten Morgenstunden als der ideale Beobachtungszeitpunkt. Nächtliche Ausflüge mit einer Taschenlampe sind oft besonders aufschlußreich: Man bekommt Tiere zu Gesicht, denen man tagsüber kaum jemals begegnet, etwa Dachsen, Wieseln und Mardern.

Wetter. Insekten fliegen nur bei schönem Wetter. Bei Regenwetter ist der Naturfreund jedoch nicht zur Untätigkeit verurteilt. Die meisten Wirbellosen, wie Schnecken und Bodentiere sowie Wirbeltiere lassen sich von leichtem Regen nicht stören. Nur bei heftigem Wind verkriechen sich alle Tiere.

Zum Schluß noch einige allgemeine Regeln für das Verhalten in der Natur:
- Keine Tiere stören
- Keine seltenen Pflanzen pflücken
- Keine Bäume und Sträucher beschädigen
- Die Arbeit des Forst- und Landwirts respektieren
- Keine ungemähten Felder betreten
- Alle Abfälle mit nach Hause nehmen
- Vorsicht beim Umgang mit Feuer

Vögel

In der Bundesrepublik Deutschland brüten ungefähr 225 Vogelarten. Mindestens noch einmal soviele Arten sind bei uns regelmäßig in der Natur zu sehen, sei es als Durchzügler im Frühjahr und Herbst oder als Wintergäste. Im Hinblick auf das Verhalten der Vögel im Winter kann man drei Gruppen unterscheiden: Die Standvögel oder Jahresvögel bleiben das ganze Jahr über in ihrer Heimat. Zugvögel oder Sommervögel hingegen ziehen allesamt weg und verbringen den Winter meist in warmen Gebieten Arfrikas. Eine Mittelstellung nehmen die Teilzieher oder Strichvögel ein. Die Winterquartiere liegen bei ihnen im Süden des Verbreitungsgebietes. Nördliche Populationen wandern ganz oder teilweise in den Süden. Die Grenze zwischen stationären und teilziehenden Populationen ist je nach Vogelart verschieden. Bei der Amsel zieht sie sich beispielsweise quer durch das südliche Skandinavien, beim Zilpzalp quer durch das südliche Mitteleuropa. Die meisten mitteleuropäischen Vogelarten sind Teilzieher.

Die Bestimmung von Vögeln ist nicht immer einfach, da die Tiere oft nur kurze Zeit und flüchtig sichtbar sind. Mit einem Minimum an Kenntnissen kann man aber bereits eine größere Zahl von Vögeln sicher erkennen. Dabei spielen die folgenden Merkmale eine Rolle:

Größe. Zunächst vergleiche man unbekannte mit allseits vertrauten Vögeln, zum Beispiel mit Kohlmeise, Haussperling, Amsel, Haustaube, Stockente, Höckerschwan. In dieser Reihenfolge nimmt auch die Größe zu. Die auf den folgenden Seiten genannten Längenmaße beziehen sich auf den Abstand der Schnabelspitze von der Schwanzspitze.

Gestalt. Ist der Körper rundlich und plump (Rotkehlchen), schlank (Rohrsänger, Grasmücken), stromlinienförmig (Haubentaucher) oder langgestreckt (Gans)?

Flügel. Sind sie lang und zugespitzt (Segler) oder kurz und abgerundet (Eule)?

Schwanz. Er kann lang (Elster), kurz (Rebhuhn), gegabelt (Schwalbe), abgerundet (Kuckuck) oder abgestutzt (Star) sein.

Beine. Sie können kurz (Schwalbe), lang (Watvögel) und mit Schwimmhäuten versehen (Möwen, Enten) sein.

Schnabel. Ist er kurz und zugespitzt (Grasmücke), kurz und kräftig (Finken), hakenförmig gekrümmt (Greifvogel), dolchartig (Graureiher) oder zusammengedrückt und flach (Ente)?

Farbe. Die meisten Vogelarten sind eher schlicht gefärbt und gut getarnt. Einige Formen hingegen zeigen auffällige Farben, etwa der Eisvogel, die Elster, die Spechte.

Flug. Erfolgt er geradlinig und schnell (Ente), wellenförmig (Specht), rüttelnd (Turmfalke), segelnd (Adler) oder mit langen Gleitstrecken (Möwen)?

Körperhaltung. Wird der Schwanz nach oben gereckt (Zaunkönig), wippend auf und ab bewegt (Stelzen)? Sitzt der Vogel mit nach unten gerichtetem Schwanz (Fliegenschnäpper), hält er seinen Körper aufrecht (Eulen und Käuze)?

Bewegung auf dem Boden. Hüpft, rennt oder läuft der Vogel?

Auf dem Wasser. Liegt der Vogel hoch (Teichhuhn) oder tief (Seetaucher) im Wasser? Taucht er völlig unter (Haubentaucher) oder gründelt das Tier, so daß der Schwanz noch zu sehen ist (Ente)?

Gesang. Jeder Vogel hat seinen eigenen Gesang, sei er nun erlernt oder angeboren. Es gibt allerdings einige Spötter, die andere Vögel nachahmen. Die Vögel an ihren Stimmen zu unterscheiden, ist nicht leicht und braucht große Übung.

Alle Vögel haben Federn. Sie sind für ihr sprichwörtlich leichtes Gewicht außerordentlich stabile Strukturen. Man unterscheidet im wesentlichen zwei Federarten: Die Konturfedern haben einen steifen Schaft und eine feste Fahne; sie bedecken die äußeren Umrisse des Vogels und bestimmen seine Gestalt. Die Dunenfedern hingegen haben einen schwachen Schaft. Sie liegen unter den Konturfedern und dienen vor allem als Wärmeschutz.

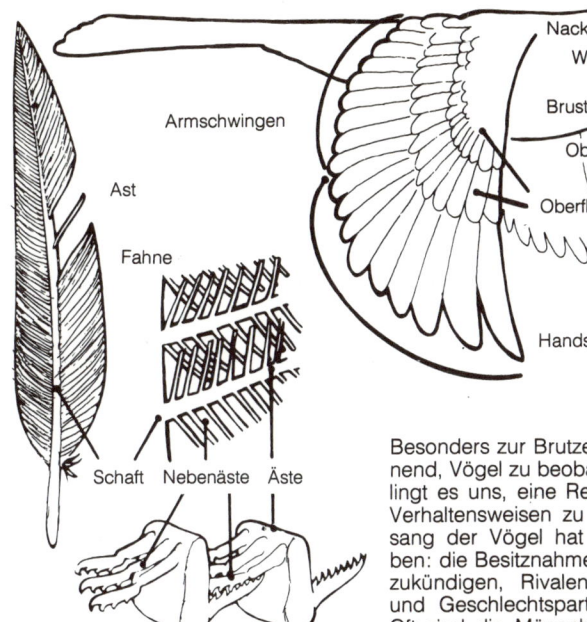

Nacken
Wangen
Schnabel
Brust
Oberschnabel
Unterschnabel
Oberflügeldecken
Armschwingen
Ast
Fahne
Handschwingen
Schaft   Nebenäste   Äste

Im Gegensatz zu den Säugetieren, bei denen wir fliegende, laufende, hüpfende, grabende und kletternde Formen unterscheiden, sind die Vögel in ihrem Körperbau recht einheitlich. In ihren Körpern verbindet sich geringes Gewicht mit Stabilität. Größere Knochen sind innen hohl und von Bälkchen durchzogen, und mit den Lungen verbundene Luftsäcke füllen innere Hohlräume aus. Vögel haben einen sehr hohen Stoffwechsel, was sich in einer Körpertemperatur von 40 – 43 Grad äußert. Der Haussperling atmet in Ruhe 50mal, bei Erregung bis 200mal in der Minute. Sein Herz schlägt 400 bis 800mal.

Die Vögel sehen allgemein sehr gut; man kann ihren Gesichtssinn durchaus mit dem des Menschen vergleichen. Die Greifvögel gar sehen unvergleichlich besser als wir. Die meisten Vögel hören auch sehr gut, insbesondere die Eule. Der Geruchssinn hingegen ist bei ihnen nur sehr gering ausgebildet.

Besonders zur Brutzeit ist es sehr lohnend, Vögel zu beobachten. Dann gelingt es uns, eine Reihe interessanter Verhaltensweisen zu sehen. Der Gesang der Vögel hat mehrere Aufgaben: die Besitznahme des Reviers anzukündigen, Rivalen abzuschrecken und Geschlechtspartner anzulocken. Oft sind die Männchen schöner und bunter gefärbt als die Weibchen und zeigen ihre Farben während der Balz.

Nach der Balz und der Paarung wird ein Nest gebaut. Das entsprechende Verhalten ist nicht erlernt, sondern angeboren. Das Revier eines brütenden Paares muß so groß sein, daß es mit dem Futter, das es in dem Revier findet, seine Jungen aufziehen kann. Das Rotkehlchen begnügt sich mit einem Garten, während ein Steinadlerpaar mindestens 15 Quadratkilometer beansprucht.

Man kann zu Hause beginnen, Vögel zu beobachten. Viele Arten haben sich nämlich an die Nähe des Menschen gewöhnt, während ihre natürlichen Lebensräume weitgehend zerstört wurden. Viele Waldvögel leben heute in Parks und Gärten. Wasservögel finden wir auf Teichen und Stauseen. In Felsen brütende Arten haben sich besonders leicht an den Menschen und die künstliche Felslandschaft der Häuser gewöhnt. Wenn man in seinem Garten Nistgelegenheiten schafft, siedeln sich manche Arten leichter an.

Meisen und meisenähnliche Vögel

Auf dieser Seite sind kleine, gedrungene, kurzschnäbelige Vögel abgebildet, die geschickt und akrobatisch im Geäst umherturnen. Im Sommer ernähren sie sich von Insekten und Gliederfüßlern, während sie im Winter auf Körnerfutter übergehen. Zur eigentlichen Familie der Meisen zählen nur die drei ersten Arten. Sie brüten in Höhlen und gehen deswegen gerne in die angebotenen Nistkästen. Die Schwanzmeise und die Bartmeise gehören zu getrennten Familien, während die Goldhähnchen mit den Grasmükken (siehe Seite 12) verwandt sind.

1 Kohlmeise Parus major, Länge 14 cm
Die größte und häufigste einheimische Meise, brütet bis dreimal im Jahr und legt jedesmal rund ein Dutzend Eier. Dadurch ergibt sich eine enorme Vermehrungsrate; doch nur 15% aller Jungtiere kommen im nächsten Jahr zur Fortpflanzung. Kohlmeisen werden in strengen Wintern stark dezimiert – sie sterben bereits, wenn sie einen Tag lang keine Nahrung finden. Vorkommen vorwiegend in Laub- und Mischwäldern, Parks, Gärten und Hekken. Teilzieher.

2 Blaumeise Parus caeruleus, Länge 11,5 cm
In Verhalten, Stimme und Vorkommen der Kohlmeise ähnlich, an der lebhaft blauen Farbe des Scheitels, der Flügel und des Schwanzes leicht zu erkennen. Weniger häufig als die Kohlmeise, in stärkerem Maße winterempfindlich und weniger vermehrungsfreudig. Teilzieher.

3 Haubenmeise Parus cristatus, Länge 11,5 cm
Im Gegensatz zu den beiden vorigen Arten überwiegend im Nadelwald verbreitet. Läuft gelegentlich wie ein Baumläufer (siehe Seite 27) auf Baumstämmen, ist an der Federhaube und am kurzen Schnabel aber leicht zu erkennen. Standvogel. Die häufigste Meisenart in den Nadelwäldern ist die Tannenmeise (Parus ater): Kopf ähnlich wie bei der Kohlmeise, mit weißem Nackenfleck, Bauch jedoch hell graubraun, Oberseite dunkler blaugrau. Teilzieher.

4 Schwanzmeise Aegithalos caudatus, Länge 14 cm
Die lebhaften Tiere bewohnen Wälder mit Unterholz, Parks, Hecken, seltener Gärten. Sie bauen im Gestrüpp geschlossene, kugelförmige Nester aus Moos und Spinnweben. Stimme: ein schnarrendes „tserrp". Teilzieher.

5 Bartmeise Panurus biarmicus, Länge 16,5 cm, Männchen
Dem Weibchen fehlen die schwarzen Bartstreifen zu beiden Seiten des Schnabels. Die Bartmeise lebt in ausgedehnten Röhrichten und ist leider stark am Zurückgehen. Hauptverbreitung in den Küstengebieten der Nord- und Ostsee sowie am Neusiedler See in Österreich. Nester napfförmig, in Wassernähe. Teilzieher.

6 Wintergoldhähnchen Regulus regulus, Länge 9 cm, Männchen
Kleinster Vogel Mitteleuropas. Scheitel beim Weibchen gelb statt orange. Vor allem in Nadel- und Mischwäldern, seltener in Parks oder Gärten. Nest napfförmig, am Ende von Nadelzweigen hängend. Das Sommergoldhähnchen (Regulus ignicapillus) sieht dem Wintergoldhähnchen sehr ähnlich, unterscheidet sich aber durch einen schwarzen und darüber einen weißen Streifen oberhalb der Augen. Lebensweise sonst wie beim Wintergoldhähnchen. Beide Arten sind Teilzieher.

Grasmücken und Laubsänger

Kleine, lebhafte Vögel mit schlanken Schnäbeln, Insektenfresser, schwer zu bestimmen, weil ihr Gefieder unscheinbar ist und wenig Merkmale bietet. Das beste Bestimmungsmerkmal der rund zwei Dutzend mitteleuropäischen Arten ist die Stimme. Zu den Grasmücken zählen auch die Goldhähnchen (siehe Seite 10). Die Grasmücken leben in Gebüschen und haben eine schön plaudernde Stimme. Die Laubsänger wie Fitis und Zilpzalp kommen vorwiegend in der Baumschicht vor, während die Rohrsänger ihre Nester zwischen den Halmen von Schilfwiesen haben. Ihre laute Stimme hat zur Redensart „er schimpft wie ein Rohrspatz" geführt.

1   Mönchsgrasmücke Sylvia atricapilla, Länge 14 cm, Männchen
Wohl die am weitesten verbreitete und häufigste Grasmücke. Der Kopf des Weibchens und der Jungtiere trägt eine braune Kappe. Gesang zweiteilig, erst leise und zwitschernd, dann lauter und flötend. Teilzieher.

2   Dorngrasmücke Sylvia communis, Länge 14 cm, Männchen
Das Weibchen ist in der Färbung unauffälliger, matter: Kopf bräunlich, Brust heller. Ein sehr bewegungsfreudiger Vogel, hauptsächlich im Unterwuchs anzutreffen. Singt gerne auf Sträuchern sitzend. Zugvogel.

3   Zilpzalp Phylloscopus collybita, Länge 11 cm
Der Name „Zilpzalp" ist lautmalerisch; tatsächlich wiederholt der Vogel diese beiden Silben gerne in oft unregelmäßiger Reihenfolge. Der Zilpzalp ist ein Teilzieher; er kehrt bereits in der ersten Märzhälfte aus seinem Winterquartier im Mittelmeerraum zurück und ist somit ein echter Frühlingsbote.

4   Fitis Phylloscopus trochilus, Länge 11 cm
Der Fitis ist vom Zilpzalp äußerlich kaum zu unterscheiden. Sein Gefieder ist meist etwas gelblicher als beim Zilpzalp, doch kann sich dieser Unterschied im Lauf des Sommers verwischen. Das beste Bestimmungsmerkmal ist die Stimme, die zu beschreiben jedoch nicht leicht fällt: Eine Unterscheidung ist nur dem geübten Ohr möglich. Der Fitis überwintert im tropischen Südafrika und kehrt erst im April zu uns zurück.

5   Teichrohrsänger Acrocephalus scirpaceus, Länge 13 cm
In Europa gibt es sieben Rohrsängerarten, die nur schwer zu unterscheiden sind. Auch hier sind die Stimmen oft das einzige sichere Bestimmungsmerkmal. Der Teichrohrsänger singt auch zur Nachtzeit; er brütet in der ganzen Bundesrepublik Deutschland. Sein zierliches Nest wird oft nur an zwei Schilfrohrhalmen aufgehängt. Die Hauptnahrung stellen Mücken dar, die der Teichrohrsänger sehr geschickt in der Luft fängt. Der Vogel überwintert im tropischen Afrika und kehrt Anfang Mai nach Europa zurück. Der Teichrohrsänger ist ein bekannter Wirt für den Kuckuck (siehe Seite 60). Teichrohrsängereltern brüten zwölf Tage. Dann erscheinen die nackten Jungen; nach weiteren zehn bis zwölf Tagen verlassen sie das Nest. Sie sind noch nicht flügge, klettern aber in den Halmen der Nestumgebung herum.

1

4

5

3

2

Sperlinge und Ammern

Kleine Singvögel mit kurzen, kegelförmigen Schnäbeln, die sie als Körnerfresser ausweisen. In der Gesamtgestalt sehen die Sperlinge und Ammern den Finken (siehe Seiten 16 – 19) ähnlich. Die Sperlinge gehören zu den vorwiegend tropischen Webervögeln, die durch ihre kunstvollen Nester auffallen. Tatsächlich sind auch unsere Sperlinge imstande, hängende Kugelnester zu bauen; doch meist übernehmen sie Nistkästen. Die Ammern, die sich vorwiegend in Bodennähe aufhalten, gehören zu einer Familie, die ihr Hauptverbreitungsgebiet in Amerika hat. Die Heckenbraunelle und der Zaunkönig schließlich gehören zu besonderen Familien.

1 Haussperling Passer domesticus, Länge 14,5 cm, Männchen
Unsere bekannteste Vogelart, durch ihre Zutraulichkeit sprichwörtlich geworden: „frecher Spatz". Der Haussperling hat sich nach dem Ende der Eiszeiten dem ackerbautreibenden Menschen angeschlossen. Er gilt als Getreideschädling, weil er viele Körner frißt. In städtischen Gebieten hat er seine Ernährung jedoch auf Abfälle umgestellt. Im Gefolge des Menschen hat sich der Haussperling fast über die ganze Erde ausgebreitet. Er kommt beispielsweise in Australien, in Neuseeland, in Nord- und Südamerika und im tropischen und südlichen Afrika vor. Das Weibchen unterscheidet sich vom Männchen durch die einfarbige Brust, den braunen Kopf und den klareren hellen Streifen über den Augen. Vorwiegend Standvogel.

2 Feldsperling Passer montanus, Länge 14 cm
Durch den braunen Kopf und den schwärzlichen keilförmigen Fleck auf den Wangen leicht vom Haussperling zu unterscheiden. Die beiden Geschlechter sehen gleich aus. Vorwiegend auf dem Land, in parkartigem Gelände verbreitet, bei uns weniger in Siedlungen vorkommend. Teilzieher.

3 Grauammer Emberiza calandra, Länge 18 cm
Größte einheimische Ammer, bei uns fast überall brütend, doch heute leider am Zurückgehen. Liebt offenes, trockenes Gelände, wie Felder und Äcker mit eingestreuten Hecken, in denen die Grauammer ihr napfförmiges Nest baut. Teilzieher.

4 Goldammer Emberiza citrinella, Länge 16,5 cm, Männchen
Sitzt gerne auf Telefonstangen und -drähten und singt dabei ein Lied, das der Volksmund wie folgt übersetzt: „wie wie wie wie wie hab ich dich lieb". Das Weibchen zeigt im Gefieder weniger Gelb, dafür mehr Braun, insbesondere am Kopf. Wie die vorige Art in heckenreichem, offenem Gelände anzutreffen. Vorwiegend Standvogel.

5 Heckenbraunelle Prunella modularis, Länge 15 cm
Sperlingsartiger Vogel, Schnabel fein, an der Basis weniger verdickt. Das unauffällige Tier lebt verborgen in Gärten, Parks, und anderen unterholzreichen Biotopen. Nest meist in Bodennähe. Teilzieher.

6 Zaunkönig Troglodytes troglodytes, Länge 9,5 cm
Der Zaunkönig ist der einzige europäische Vertreter einer Familie, die sonst in Amerika vorkommt. Wahrscheinlich wanderten seine Vorfahren während der Eiszeit über die trockenliegende Beringsee nach Asien und von dort nach Europa ein. Die winzigen Vögel erkennt man an hochaufgestellten Schwänzchen und an ihrer Rastlosigkeit. Zaunkönige fressen kleine Insekten und Spinnen. Als Standvögel finden sie auch im Winter genügend Futter, weil sie mit ihrem feinen Schnabel in jede Ritze gelangen.

Finken

Kleine Singvögel mit kräftigen, dicken Schnäbeln und kurzen Flügeln. Gefieder oft lebhaft gefärbt, die Weibchen und Jungtiere meist weniger auffällig. Napfförmige Nester in Sträuchern oder auf Bäumen. Vorwiegend Körnerfresser, nehmen im Sommer aber auch Insekten. Im Winter oft an Futterstellen anzutreffen. Die Bezeichnungen „Dreckfink" oder „Schmutzfink" rühren daher, daß Finken früher auch an Pferdeäpfeln pickten; die gleiche Begründung gilt auch für den „Dreckspatz". Finken wurden früher wegen ihrer Farbenpracht und ihrer Stimme oft in Gefangenschaft gehalten, so etwa der Gimpel, der Stieglitz, der Hänfling und andere.

1 **Kernbeißer** Coccothraustes coccothraustes, Länge 17 cm
Mit seinem mächtigen Schnabel kann der Vogel Kirschkerne und sogar Olivenkerne aufbeißen. Die Nahrung besteht aber vorwiegend aus Beeren und weichen Früchten. Ein recht scheuer Vogel, der in Parks, Gärten und lichten Wäldern lebt. Er ist schwer zu sehen, da er sich meist in Baumkronen aufhält. Teilzieher.

2 **Stieglitz** Carduelis carduelis, Länge 12 cm
Unser farbenprächtigster Fink. Heißt auch Distelfink, weil er gerne die Samen aus großen Disteln und Karden klaubt. Kleines Nest hoch in den Bäumen, jährlich 3 Bruten mit je 4 – 5 Jungen. Zweisilbiger Lockruf „didlitt", oft liedartig hintereinander vorgetragen. Teilzieher.

3 **Buchfink** Fringilla coelebs, Länge 15 cm, Männchen
Das Weibchen dieser häufigsten Finkenart ist viel unauffälliger olivbraun gefärbt. Der Buchfink kommt überall in lichten, baumbestandenen Gebieten vor. Carl von Linné gab dem Buchfink den wissenschaftlichen Artnamen „coelebs", was „unverheiratet", „ledig", bedeutet. Der Grund liegt darin, daß zur Winterzeit in Schweden, der Heimat Linnés, fast nur Männchen anzutreffen sind, während die Weibchen weiter in den Süden ziehen.

4 **Bergfink** Fringilla montifringilla, Länge 14,5 cm, Männchen
Kann dem Buchfinken recht ähnlich werden. Die Männchen unterscheiden sich aber durch den weißlichen (statt olivgrünen) Bürzel und die orangefarbene Schulter. Das Weibchen des Bergfinken ist unauffälliger und blasser gefärbt und sieht dem Weibchen des Buchfinken sehr ähnlich; der Bürzel bleibt jedoch reinweiß. Die Bergfinkmännchen zeigen im Sommer einen schwarzen Kopf und Mantel, während sie im Winter unauffällig gefärbt sind (siehe Abbildung). Der Bergfink brütet in subarktischen Wäldern und in der Taiga und kommt erst im Winter zu uns. Bisweilen kann man riesige Schwärme beobachten, die Millionen von Tieren umfassen. Sie suchen dann Gebiete auf, in denen die Buchen viele Eckern gebildet haben.

5 **Gimpel** Pyrrhula pyrrhula, Länge 14,5 cm, Männchen
Dem Weibchen fehlt die prächtige karminrote Färbung auf der Brust, die auch Anlaß zum Namen „Dompfaff" gegeben hat. Die Bezeichnung „Gimpel" steht auch für einen einfältigen, ungeschickten Menschen. Das rührt offensichtlich daher, daß es früher leicht gelang, den Gimpel mit Garn zu fangen. Gimpel ahmen gerne andere Stimmen nach: Sie sind gute Spötter. Sie kommen gerne an winterliche Futterstellen, verbringen also den Winter als Standvögel bei uns.

1

3

5

4

Finken (Fortsetzung)

1 Fichtenkreuzschnabel Loxia curvirostra, Länge 16,5 cm, Männchen

Das Weibchen ist unauffällig olivgrün gefärbt; beide Geschlechter haben den eigentümlich gekreuzten Schnabel. Damit können die Vögel Samen aus Fichtenzapfen herausklauben, von denen sie sich nahezu ausschließlich ernähren. Der Kreuzschnabel brütet im ausgehenden Winter oder im Vorfrühling, bevor die Samen aus den Zapfen fallen. Fichtenkreuzschnäbel bekommt man nicht oft zu Gesicht; hie und da unternehmen sie jedoch Invasionszüge mit vielen tausend Tieren. Standvogel.

2 Hänfling Acanthis cannabina, Länge 13,5 cm, Männchen

Dem Weibchen fehlt die karminrote Färbung auf der Brust. Der Hänfling liebt offenes Gelände mit Gebüschen und Hecken. Seine Nahrung besteht hauptsächlich aus Unkrautsamen, früher besonders aus dem Samen des Hanfes. Von dieser Gewohnheit leitet sich auch sein Name ab. Teilzieher.

3 Birkenzeisig Acanthis flammea, Länge 12,5 cm, Männchen

Wie dem verwandten Hänfling fehlt dem Weibchen die rote Färbung auf der Brust. Der Birkenzeisig brütet im Norden Großbritanniens, in Irland, Island, im nördlichen Teil Skandinaviens und in den Alpen. Er kommt in lokkeren Wäldern und Gesträppen vor. Seine Hauptnahrung besteht aus Birkensamen. Im Winter zieht der Birkenzeisig regelmäßig als Gast oder Durchzügler zu uns. Das Wort „Zeisig" hat seinen Ursprung übrigens in der tschechischen Sprache.

4 Grünling Chloris chloris, Länge 14,5 cm, Männchen

Das Weibchen ist unauffälliger als das Männchen gefärbt und zeigt weniger Gelb. Ein recht häufiger Vogel, besonders in Parkanlagen, Gärten, Gebüschen, Gehölzen und ähnlichen Lebensräumen. Der Grünling bewohnt ganz Europa mit Ausnahme des nördlichsten Skandinaviens. Der Ruf klingt ungefähr wie „gigigigig", was schnell vorgetragen wird. Zur Brutzeit hat der Grünling einen gut hörbaren Ruf, dessen lautmalerische Übertragung dem Vogel den Namen „Schwunsch" eingetragen hat. Teilzieher.

5 Girlitz Serinus serinus, Länge 11,5 cm

Die beiden Geschlechter sind sich sehr ähnlich, das Weibchen ist etwas unauffälliger in den Farben. Der Name Girlitz ist lautmalerisch; den Ruf gibt man heute als „girlitt" wieder. Vorkommen in Gelände mit lockerem Baumbestand. Teilzieher. Der Girlitz sieht einem wildfarbenen Kanarienvogel sehr ähnlich, was allerdings nicht verwundert, denn die beiden Arten sind nahe miteinander verwandt, ja, einige Zoologen sind der Ansicht, es handelt sich nur um zwei Unterarten einer einzigen Art. Die Kanarienvögel gelangten zuerst im 16. Jahrhundert nach Europa. Bald wurden zahlreiche Farb- und Formschläge gezüchtet. Eine der bekanntesten deutschen Rassen ist der Harzer Roller, ein besonders guter Sänger.

Schwalben und Segler

Schlanke, hervorragende Flieger von ungefähr Finkengröße, Körper trop-
fenförmig und windschlüpfig; verhältnismäßig lange, schmale, zugespitzte
Flügel, kurzer Schnabel, der weit geöffnet werden kann. Schwalben und
Segler fangen Insekten im Flug. Alle Arten überwintern in Afrika. Unter-
schiede zwischen den Geschlechtern sind gering. Die Schwalben und die
Segler sind trotz ihres täuschend ähnlichen Aussehens nicht näher miteinander verwandt. Die Segler sind wohl die an das Leben in der Luft am besten angepaßten Vögel: Sie fressen, begatten sich, ruhen und schlafen im
Fluge. Einzig zum Ausbrüten der Eier und zur Fütterung der Jungtiere kehren sie auf festen Untergrund zurück. Segler fliegen schneller, geradliniger
und reißender als die Schwalben.

1 Rauchschwalbe Hirundo rustica, Länge 19 cm
Man erkennt die Rauchschwalbe im Flug an den langen Schwanzspießen.
Sie lebt in offenem Kulturland und baut ihre Lehmnester meist an Hauswän-
den. Der abnehmende Insektenreichtum infolge der Vergiftung der Äcker,
Felder und Ställe macht ihr schwer zu schaffen. Vielerorts findet sie auch
nicht mehr genügend Nistmaterial. Sie braucht nämlich lehmige Tümpel auf
Feldwegen, doch werden diese immer mehr asphaltiert.

2 Mehlschwalbe Delichon urbica, Länge 12,5 cm
Auch die Mehlschwalbe hat sich wie die Rauchschwalbe eng dem Menschen angeschlossen und kommt in Ortschaften vor. Sie besiedelt gelegentlich aber auch abgelegene Felsgebiete. Das Lehmnest ist nicht wie bei
der Rauchschwalbe offen, sondern zeigt ein schmales, seitliches Schlupf-
loch.

3 Uferschwalbe Riparia riparia, Länge 12 cm
Die Uferschwalbe mörtelt ihre Nester nicht, sondern gräbt sie in steile Sand-
wände. Für die 60 bis 160 cm lange Röhre braucht ein Paar nur 2 – 3 Tage.
Fast immer liegen Dutzende von Neströhren nebeneinander. Ursprünglich
bewohnte die Uferschwalbe nur Steilufer an Küsten und Flüssen. Diese werden aber durch Verbauungen immer seltener. Glücklicherweise hat ihr der
Mensch – ohne es zunächst zu beabsichtigen – neue Brutmöglichkeiten
verschafft: in Kiesgruben, Lehmgruben, Steinbrüchen und Aufschlüssen
von Straßen.

4 Mauersegler Apus apus, Länge 16 cm
Mauersegler gehören noch heute zum Bild jeder Stadt: In kreischenden
Trupps fliegen sie mit unerhörter Geschwindigkeit zwischen den Häuser-
schluchten und zeigen ihre Flugakrobatik. Den Namen „Segler" haben sie
eigentlich zu Unrecht, denn – so gut sie auch zu fliegen vermögen – se-
geln, also passiv mit warmen Windströmungen gleiten, können sie nicht.
Mauersegler suchen ihre Nahrung, Insekten, meist in größerer Höhe. Damit
machen sie den Schwalben keine Konkurrenz, weil diese die Kerbtiere lieber nahe dem Boden fangen. Der Mauersegler leidet sehr unter schlechtem
Wetter, weil dann keine Insekten fliegen. Die Jungtiere können solche Zeiten in einer Art Kältestarre überstehen; sie werden, ähnlich wie die Reptilien, wechselwarm und sparen dabei Energie. Junge Mauersegler können
so bis 14 Tage lange Hungerperioden überbrücken.

Drosseln

Mittelgroße, lebhafte Vögel, Schnabel schlank und zugespitzt, Schwanz am Ende abgestumpft, Augen groß und dunkel. Die napfförmigen Nester liegen in Büschen und Bäumen. Die Drosseln suchen im Sommer ihre Nahrung – meist Würmer, Schnecken und Insekten – auf dem Boden. Dabei zeigen sie eine Fortbewegungsweise, die zwischen Rennen und Hüpfen steht. Im Herbst und im Winter fressen die Drosseln gerne Beeren.

1 Misteldrossel Turdus viscivorus, Länge 26,5 cm

Größte Drosselart, in ganz Mitteleuropa verbreitet. Vorkommen in Parks, Gärten und auf von Hecken umsäumten Feldern. Ihren Namen hat die Art von der Vorliebe für Mistelbeeren. Sie trägt ganz wesentlich zur Verbreitung dieser Schmarotzerpflanze bei, denn die Samen gehen unverletzt mit dem Kot ab, bleiben auf Ästen kleben und keimen dort wieder aus. Teilzieher.

2 Singdrossel Turdus philomelos, Länge 23 cm

Der griechische Artname „philomelos" bedeutet „diejenige, die Lieder liebt". Tatsächlich ist die Singdrossel für ihren melodischen, sehr veränderlichen Gesang berühmt. Im Aussehen ähnelt sie sehr der Misteldrossel: Abgesehen von der geringeren Größe unterscheidet sie sich aber durch die braune, statt graubraune Oberseite, die weniger dicht gefleckte Unterseite und die stärker aufgerichtete Haltung. Die Singdrossel frißt gerne Schnecken, deren Schalen sie auf einem Stein, der „Drosselschmiede", mit dem Schnabel zertrümmert. Kommt in Parks und Gärten vor und liebt die Nähe des Menschen. Teilzieher.

3 Amsel Turdus merula, Länge 25,5 cm, Männchen

Häufigste Drosselart, auch Schwarzdrossel genannt. Das Weibchen unterscheidet sich vom Männchen durch das dunkelbraune, an der Kehle etwas gefleckte Kleid und den braunen Schnabel. Die Amsel war einst ein recht seltener und scheuer Waldvogel. Vor ungefähr 180 Jahren begann sie in Städte, Dörfer und Gärten einzuwandern. Hier war sie im Vorteil, weil Konkurrenten und Feinde fehlten, und sie konnte sich so vermehren, daß sie heute zu den häufigsten Vögeln gehört. Teilzieher.

4 Rotdrossel Turdus iliacus, Länge 21 cm

Die Rotdrossel brütet in fast ganz Skandinavien und im Baltikum. Erst im Herbst und im Winter zieht sie zu uns. Man sieht sie oft zusammen mit der Wacholderdrossel in gemischten Schwärmen.

5 Wacholderdrossel Turdus pilaris, Länge 25,5 cm

Der Misteldrossel ähnlich, unterscheidet sich aber durch den hellgrauen Kopf und Bürzel, den fast braunen Rücken und den schwarzen Schwanz. Die Wacholderdrossel war einst eine beliebte Delikatesse. Früher hieß sie auch Krammetsvogel, weil sie gerne Krammets- oder Kranbeeren (Wacholderbeeren) frißt. Noch um die Jahrhundertwende wurden in Deutschland jährlich 100 000 Tiere gefangen. Seit 1908 darf sie glücklicherweise nicht mehr gejagt werden. Seit einigen Jahren zeigt die Wacholderdrossel ein Verhalten, das zuerst in Skandinavien beobachtet wurde: sie attackiert sitzende Greifvögel und bespritzt sie mit Kot. Dieser verklebt die Federn, so daß die angegriffenen Tiere flugunfähig werden und verhungern. Teilzieher.

Drosselverwandte

Kleine, lebhafte Vögel, oft hübsch gefärbt, meist mit schönem oder auffallendem Gesang, mit den Drosseln zur Familie der Sänger gehörend. Insektenfresser.

1 Steinschmätzer Oenanthe oenanthe, Länge 14,5 cm,
Männchen
Es ist das Männchen im Brutkleid (Sommer) abgebildet. Im Ruhekleid (Winter) sind die schwarzen Teile bräunlich gefärbt. Das Männchen ist dann vom Weibchen nicht zu unterscheiden. Ruheloser Vogel, bewohnt offenes Gelände wie Moore, Bergweiden, felsige Gebiete und Dünen. Den Steinschmätzer erkennt man sofort an seinem hart schlagenden Ruf „töck" oder „töck-jiw" und an seinem Verhalten: Der Vogel zeigt gerne seinen gefächerten Schwanz. Im Flug fällt der weiße Bürzel auf. Der Steinschmätzer brütet zwar noch in vielen Gebieten Mitteleuropas, ist aber ohne Zweifel am Zurückgehen. Zugvogel, überwintert in Afrika.

2 Rotkehlchen Erithacus rubecula, Länge 14 cm
Beide Geschlechter zeigen die orangefarbene Brust. Das Rotkehlchen lebt in unterholzreichem Gelände, in Laub- und Nadelwäldern, Parks und Hecken. Dem Menschen gegenüber oft sehr zutraulich. Teilzieher.

3 Schwarzkehlchen Saxicola torquata, Länge 13 cm, Männchen
Das Weibchen ist viel unauffälliger gefärbt, die schwarzen Teile sind bräunlich, der rostbraune Bauch viel matter. Das Schwarzkehlchen, das vorwiegend die westlichen Teile der Bundesrepublik Deutschland bewohnt, ist kein häufiger Vogel. Man kann ihm auf Ödland, Brachland, in Sandgruben, an Bahndämmen und ähnlichen Stellen begegnen. Es ist daran zu erkennen, daß es ständig mit Flügeln und Schwanz wippt. Teilzieher. Dem Schwarzkehlchen ähnlich ist das Braunkehlchen (Saxicola rubetra), das ein vorwiegend braun und schwarz gestreiftes Gefieder aufweist. Es bewohnt Mähwiesen und Weiden und ist leider stark am Zurückgehen. Zugvogel.

4 Nachtigall Luscinia megarhynchos, Länge 16,5 cm
Unser berühmtester Sänger, der Name „Nachtigall" bedeutet eigentlich „Nachtsängerin". Tatsächlich singt die Nachtigall tags und nachts doch fällt nachts ihr melodiöser, flötenartiger Gesang am meisten auf. Sonst ist die Nachtigall schwer zu sehen, weil ihr einfarbig braunes Gefieder eine gute Tarnung darstellt. Zugvogel. In Schleswig-Holstein lebt eine der Nachtigall sehr ähnliche Art, der Sprosser (Luscinia luscinia). Er unterscheidet sich nur durch die etwas olivbraunere Farbe und die ganz leicht gefleckte Brust. Sonst sind beide Arten, auch im Verhalten, nahezu gleich.

5 Gartenrotschwanz Phoenicurus phoenicurus, Länge 14 cm,
Männchen
Das Weibchen erkennt man am einfacheren Gefieder, an der bräunlichen Brust und am Fehlen des schwarzen Latzes unter dem Schnabel. Beide Rotschwanzarten (siehe unten) erkennt man an der eigentümlich zitternden Auf- und Abbewegung des Schwanzes. Zugvogel.

6 Hausrotschwanz Phoenicurus ochruros, Länge 14 cm,
Männchen
Das Weibchen ist schiefergrau mit einem rostroten Schwanz. Es läßt sich damit auch vom Weibchen des Gartenrotschwanzes gut unterscheiden. Ursprünglich lebte der Hausrotschwanz in felsigen Gebieten, heute liebt er die Nähe des Menschen. Teilzieher.

Baumvögel

In Mitteleuropa sind drei Vogelgruppen sehr gut an das Leben in Bäumen angepaßt: Die Spechtmeisen oder Kleiber, die Baumläufer und die Spechte. Sie alle können auf der senkrechten Rinde laufen und suchen ihre Nahrung in Spalten, Ritzen und unter der Rinde. Die Kleiber sind die einzigen Vögel, die auf Rinden mit dem Kopf nach unten abwarts laufen können. Anders als die Spechte stützen sie sich beim Klettern nicht auf ihrem Schwanz ab. Die Baumläufer rutschen in charakteristischer Weise in Spirallinien an Baumstämmen aufwärts; dann fliegen sie weg, landen weiter unten, um von da wieder aufzusteigen. Die Familie der Spechte hat in Deutschland acht Arten. Die Männchen erkennt man daran, daß sie am Kopf rot gezeichnet sind. Zur Brutzeit hämmern die Spechte in schneller Folge auf Stämme und Äste. Mit diesem Trommeln grenzen sie ihr Revier ab und locken Partner herbei. Spechte meißeln mit ihrem Schnabel eine Bruthöhle in alte Bäume.

1 Kleiber Sitta europaea, Länge 14 cm

Im Sommer fressen die Kleiber Insekten, im Winter – es sind Standvögel – nehmen sie auch Früchte und Samen. Diese werden in Spalten eingeklemmt und aufgemeißelt. Die Paare bleiben zeitlebens zusammen und bewohnen stets das gleiche Revier. Das Weibchen legt 6 – 8 Eier in eine Baumhöhle. Das Einflugloch wird als Schutz vor Feinden mit feuchter Erde weitgehend verklebt. Von dieser Verhaltensweise rührt auch der Name „Kleiber" = „Kleber" her.

2 Waldbaumläufer Certhia familiaris, Länge 12 cm

Die Baumläufer brauchen wie die Spechte den Schwanz als „drittes Bein". Häufig in Parks, Gärten und lichten Wäldern. Es gibt in Mitteleuropa noch eine zweite Art, den Gartenbaumläufer (Certhia brachydactyla), der vom Waldbaumläufer kaum zu unterscheiden ist. Beide Arten sind überwiegend Standvögel.

3 Kleinspecht Dendrocopos minor, Länge 14,5 cm, Männchen

Beim Weibchen ist die Kopfkappe weiß. Vorkommen wie der Buntspecht in Laubwäldern, Parks und Gärten. Vorwiegend Standvogel.

4 Buntspecht Dendrocopos major, Länge 23 cm, Männchen

Das Weibchen unterscheidet sich durch einen weißen Genickfleck. Die noch nicht erwachsenen Tiere beider Geschlechter zeigen eine rote Kopfkappe. Der Buntspecht behält das einmal gewählte Revier – meist zwischen 40 und 60 Hektar – zeitlebens bei. Er spielt als Vertilger schädlicher Forstinsekten eine recht bedeutende Rolle. Im Winter frißt er auch ölhaltige Samen. Diese werden in der sogenannten „Spechtschmiede" eingeklemmt und dann mit Schnabelhieben geöffnet.

5 Grünspecht Picus viridis, Länge 32 cm, Männchen

Der Bartstreifen des Weibchens hat keinen roten Kern; überdies ist sein Bauch dunkel gesprenkelt. Im Frühjahr kann man den Grünspecht überall hören. Er hat ein charakteristisches, sehr lautes, weittragendes Lachen. Beim verwandten und ähnlichen Grauspecht (Picus canus) hört sich dieses Lachen etwas anders an: Es sinkt in der Tonfolge ab und wird langsamer. Beide Arten sind Standvögel.

Stelzen, Pieper, Lerchen

Am Boden lebende Vögel, die laufen und rennen, jedoch nicht hüpfen. Auch die Nester liegen auf dem Erdboden (Bodenbrüter). Mit Ausnahme der Stelzen erkennt man recht unauffällig gefärbt und dadurch gut getarnt. Stelzen erkennt man am langen Schwanz, mit dem sie fast unablässig auf eine charakteristische Weise wippen. Pieper und Lerchen sehen einander recht ähnlich, sind aber nicht näher miteinander verwandt. Die Lerchen sind für ihren Gesang geradezu sprichwörtlich geworden. Singend steigen die Tiere bis in eine Höhe von 80 m und gleiten dann fallschirmartig auf den Boden zurück. Mit diesem Verhalten markieren sie ihr Revier.

1 Gebirgsstelze Motacilla cinerea, Länge 18 cm, Männchen
Das Weibchen unterscheidet sich zur Brutzeit vom Männchen durch einen weißen Kehlfleck. Die Gebirgsstelze hält sich gerne an schnell fließenden, klaren Bächen und Flüssen auf. Ursprünglich bewohnte sie nur das Hügel- und das Bergland. In der Mitte des vorigen Jahrhunderts drang sie aber auch in die Norddeutsche Tiefebene vor, wo sie sich besonders gerne in der Nähe von Wehren aufhält. Heute brütet die Art in fast ganz Deutschland. Teilzieher.

2 Bachstelze Motacilla alba, Länge 18 cm, Männchen
Das Weibchen hat weniger Schwarz an Kopf und Brust. Entgegen ihrem Namen kommt die Bachstelze nicht nur am Wasser vor. Sie schließt sich gerne dem Menschen an und folgt etwa dem Bauer beim Pflügen, weil beim Umbrechen des Bodens viele Insekten ans Tageslicht kommen. Die Nester der Bachstelze liegen oft in oder an Gebäuden. Teilzieher.

3 Baumpieper Anthus trivialis, Länge 15 cm
Der Baumpieper nistet in lichtem Wald, auf Heiden und hohem Gras. Die Verwandtschaft des Baumpiepers mit den Stelzen erkennt man daran, daß auch er gerne mit dem Schwanz wippt. Bei der Balz erhebt sich der Baumpieper von einem erhöhten Sitzplatz aus singend in die Luft und gleitet dann wiederum singend zurück. Da der Gesang sehr angenehm ist, heißt der Baumpieper auch „Waldkanarie". Zugvogel.

4 Feldlerche Alauda arvensis, Länge 18 cm
Die Feldlerche, einer unserer Frühlingsboten, brütet zwar noch in der ganzen Bundesrepublik Deutschland und in den angrenzenden Ländern, doch ist sie durch die mechanisierte Landwirtschaft immer mehr gefährdet, weil ihre Nester bei unzeitigem Befahren der Felder und Wiesen zerstört werden. Teilzieher, überwintert vorwiegend im südwestlichen Frankreich und kehrt im Frühjahr wieder an den Geburtsort zurück.

5 Heidelerche Lullula arborea, Länge 15 cm
Im Aussehen von der Feldlerche nicht leicht zu unterscheiden. Die Heidelerche lebt vor allem in lichten Kiefernwäldern des Norddeutschen Tieflandes. Lebensweise ähnlich wie bei der Feldlerche. Die mitteleuropäischen Tiere überwintern gleichfalls in Südfrankreich (Teilzieher).

1

4

2

3

5

Tauben

Mittelgroße, recht plumpe Vögel mit verhältnismäßig kleinem Kopf. Recht schnelle Flieger. Stimme unverwechselbar gurrend. Hauptsächlich Körnerfresser. Geschlechter einander ähnlich. Tauben brüten teils in Baumhöhlen, teils in offenen Nestern. Die Jungtiere werden mit der sogenannten Kropfmilch gefüttert, einem käsigen Brei, den die Schleimhaut des Kropfes absondert. Tauben gelten wahrscheinlich deswegen als Symbole des Friedens, weil sie keine Galle haben.

1 **Felsentaube** Columba livia, Länge 33 cm
Die Felsentaube kommt in steinigen, felsigen Gebieten vor. Sie bewohnt die Kliffs der schottischen und westirischen Küste. Sonst ist sie in der ganzen Iberischen Halbinsel, in Süditalien und im ganzen Balkan verbreitet. Bei uns kommt sie nur als Haus- und Stadttaube (siehe unten) vor. Standvogel.

2 **Haus- oder Stadttaube** Columba livia, Länge 33 cm
Die Haustaube ist von den Römern aus der wilden Felsentaube (siehe oben) gezüchtet worden. Es gibt heute mehrere hundert Rassen. Stadttauben sind verwilderte Haustauben; sie hängen heute in ihrer Ernährung fast vollständig vom Menschen ab und sie werden gerne gefüttert. Stadtverwaltungen und Denkmalpfleger sehen dies allerdings nicht gern, weil die Stadttauben viele Gebäude mit ihrem Kot geradezu überkrusten. Man bekämpft die Tiere deswegen heute mit Giften und einer Antitaubenpille, einem Ovulationshemmer.

3 **Ringeltaube** Columba palumbus, Länge 40,5 cm
Als Wildtier recht scheu, als Parktier zutraulich, das sich gerne unter Stadttaubenschwärme mischt. Im Winter oft in großen Scharen. Der Ruf der Ringeltaube ist ein kennzeichnendes „ku-ku-ru-ku-ku-ru". Beim Wegfliegen erkennt man die Ringeltaube am lauten Flügelklatschen. Teilzieher.

4 **Türkentaube** Streptopelia decaocto, Länge 28 cm
Die Türkentaube kam zu Beginn unseres Jahrhunderts nur in Bulgarien, Rumänien, Nordostgriechenland, Südostjugoslawien und im europäischen Teil der Türkei vor. Vor ungefähr fünfzig Jahren begann sie mit der Ausbreitung: 1932 war sie in Ungarn, 1938 in Österreich, 1943 in Deutschland, 1947 in den Niederlanden und in Dänemark,1954/55 in Norwegen und England. Heute kommt sie in fast ganz Europa vor, mit Ausnahme der Iberischen Halbinsel und Mittel- und Süditaliens. Frühmorgens ist die Türkentaube nicht sehr beliebt, weil sie die Schläfer mit ihrem lauten, eintönigen Ruf „ku-kuu, ku-kuu" weckt. Standvogel.

5 **Turteltaube** Streptopelia turtur, Länge 28 cm
Kommt in Wäldern, Parks und in heckenbestandenem, offenem Gelände vor, sucht die Nahrung aber vorwiegend auf Feldern und ernährt sich dort fast nur von kleinen Sämereien. Der Wortbestandteil „Turtel-" ist lautmalerisch und bezieht sich auf das Gurren dieser Taubenart. Unser Wort „turteln" hat seinen Ursprung im auffallenden Balzverhalten der Turteltaube, bei dem das Rucksen oder Verbeugungsgurren besonders typisch ist. Zugvögel.

Rabenvögel

Mittelgroße bis große, dunkel oder bunt gezeichnete Singvögel. Schnabel lang und kräftig. Geschlechter einander ähnlich. Rabenvögel sind in allen möglichen Lebensräumen vertreten, von der Tiefebene bis ins Hochgebirge; vorwiegend Allesfresser, doch mit starker Tendenz zu einer räuberischen Lebensweise. Besonders gerne fressen die Rabenvögel Nestlinge und Eier anderer Vogelarten. Die Rabenvögel sind nach allgemeiner Auffassung die höchstentwickelten Vögel. Sie haben ein vielseitiges Gemeinschaftsleben und lernen sehr leicht; man darf sie deswegen als intelligent bezeichnen.

1   Rabenkrähe Corvus corone corone, Länge 47 cm

2   Nebelkrähe Corvus corone cornix, Länge 47 cm
Die Rabenkrähe und die Nebelkrähe sind zwei Unterarten der gleichen Art, die wir Aaskrähe (Corvus corone) nennen. Die Rabenkrähe hat ihr Verbreitungsgebiet heute in Westeuropa, Frankreich, der Bundesrepublik Deutschland und England. Die Saatkrähe kommt weiter östlich vor: in der DDR, in Italien, ganz Skandinavien und Osteuropa. Die beiden Verbreitungsgebiete finden ihre Erklärung in den Eiszeiten. Damals stießen riesige Eismassen nach Mitteleuropa vor. Europa wurde dadurch gleichsam in zwei Teile gespalten. Es bildeten sich zwei getrennte Populationen der Aaskrähe aus, die sich nicht mehr vermischen konnten. Durch Selektion entstand im Westen die dunkle Rabenkrähe und im Osten die hellere Nebelkrähe. Man sagt, diese Formen sind durch geographische Isolation entstanden. Als die Gletscher zurückgingen, trafen die Verbreitungsgebiete der beiden Unterarten wieder zusammen. Heute überschneiden sie sich ungefähr bei der Elbe. Dort paaren sich Raben- und Nebelkrähe miteinander und bilden fruchtbare Bastarde. Die Rabenkrähe ist vorwiegend Standvogel, die Nebelkrähe ein Teilzieher, der in strengen Wintern von Osteuropa kommend auch bei uns einfällt.

3   Kolkrabe Corvus corax, Länge 63,5 cm
Ein mächtiger Vogel mit sehr derbem, schwarzem Schnabel und zottigen Kehlfedern. Einst war der Kolkrabe über ganz Mitteleuropa verbreitet. Den Germanen galt er als heiliges Tier. Später wurde er sehr verfolgt, und er zog sich ins Gebirge zurück. Heute brütet er in den Alpengebieten und in Nordwestdeutschland. Man hat damit begonnen, ihn wieder an geeigneten waldreichen Stellen einzusetzen. Der Kolkrabe frißt vor allem Aas und lockt dadurch Steinadler an. Gleichzeitig ist er einer der wenigen Feinde des Steinadlers, weil er bisweilen dessen Gelege plündert. Standvogel.

4   Saatkrähe Corvus frugilegus, Länge 45 cm
Von der ähnlichen Rabenkrähe durch folgende Merkmale zu unterscheiden: Schnabel schlanker, spitzer, grauschwarz (statt schwarz); Gesicht um den Schnabel nackt, weißlich; Schenkelbefiederung struppig. Über ganz Mitteleuropa verbreitet, doch nicht überall brütend, leider am Zurückgehen. Saatkrähen leben in größeren Kolonien und brüten auch gemeinsam. Teilzieher.

VÖGEL

Rabenvögel (Fortsetzung)

1 **Dohle** Corvus monedula, Länge 33 cm
Die Dohle unterscheidet sich von den Krähen (siehe vorige Seite) durch die
erheblich geringere Größe, den kürzeren Schnabel und den grauen Nak-
ken. Sie kommt in Gehölzen, Parks, felsigem Gelände und in Ortschaften
vor und nistet gesellig in Ruinen, Schlössern und Burgen. Die Dohlen haben
das am höchsten ausgebildete Familien- und Gesellschaftsleben. In unserem Gebiet ist die Dohle weitgehend ein Standvogel, doch kommen jedes
Jahr im Winter Tausende von Dohlen aus Nord- und Osteuropa sowie Sibirien zu uns.

2 **Alpenkrähe** Pyrrhocorax pyrrhocorax, Länge 39,5 cm
Am roten gebogenen Schnabel und am glänzend blauschwarzen Gefieder
erkennbar. Die Alpenkrähe kommt in Deutschland nicht regelmäßig vor; sie
bewohnt die Alpengebiete, Teile Südeuropas und die Küsten Irlands und
Westenglands. Die Alpenkrähe nistet kolonieweise in Felsen. Ihre Flugkün-
ste übertreffen sogar noch die des Kolkraben (siehe vorige Seite). Mit der
Alpenkrähe eng verwandt ist die Alpendohle (Pyrrhocorax graculus), die in
der ganzen Alpenkette brütet. Sie unterscheidet sich durch den gelben, kürzeren Schnabel und das eher stumpf-schwarze Gefieder. Beide sind Standvögel, die im Winter in die Täler absteigen.

3 **Elster** Pica pica, Länge 45 cm
Das Sprichwort sagt der Elster nach, sie sei diebisch und stehle alle mögli-
chen glänzenden Gegenstände. Darin liegt wohl nur ein winziges Körnchen
Wahrheit. Die Elster spielt im Volksglauben eine große Rolle und hat
dementsprechend zahlreiche Dialektnamen, zum Beispiel Heister, Häster,
Ekster, Hetze und Atzel. Standvogel.

4 **Eichelhäher** Garrulus glandarius, Länge 34,5 cm
Das lateinische Wort „garrulus" bedeutet „Schwätzer", „Spötter". Tatsächlich ist der Eichelhäher besonders stimmbegabt: Er kann die verschiedensten Geräusche und Vogelrufe täuschend nachahmen. Der Eichelhäher ist
von höchster Bedeutung für die Forstwirtschaft, weil er Eicheln und Buchek-
kern im Boden vergräbt – wahrscheinlich zur Vorratshaltung. Im Frühjahr
keimen die Samen aus und sorgen für den nötigen Jungwuchs. Trotz dieses unbestreitbaren Nutzens wird der Eichelhäher in der Bundesrepublik
Deutschland verfolgt, unter anderem, weil seine blau-schwarz geränderten
Flügelfedern als Hutschmuck beliebt sind. Standvogel.

5 **Star** Sturnus vulgaris, Länge 22 cm
Der Star ist nicht näher mit den Rabenvögeln verwandt, zeigt aber in seinem
intelligenten Verhalten und seinem Äußeren eine gewisse Ähnlichkeit. Den
Star erkennt man im Flug leicht daran, daß er oft mit ausgebreiteten Flügeln
gleitet. Er fängt gerne Insekten im Flug, wird aber besonders als Beeren-
fresser in Kirschenkulturen und Weinbergen lästig. Durch das Fressen von
Raupen macht er sich aber wieder nützlich. Gegen Abend bilden die Stare
riesige Schlafgesellschaften. Teilzieher.

Hühnervögel

Mittelgroße, bis sehr große Vögel, die sich auf dem Boden aufhalten. Sie retten sich rennend und fliegen nur sehr ungern. Die Rauhfußhühner, zu denen das Alpenschneehuhn, das Birkhuhn und das Auerhuhn gehören, tragen am Lauf und oft auch an den Zehen Federn. Sie sind alle sehr scheu, und die Erschließung ihrer Lebensräume für den Tourismus, insbesondere als Skigebiete, bedeutet unweigerlich ihr Aussterben. Viele Hühnervögel sind eine beliebte Jagdbeute.

1 Alpenschneehuhn Lagopus mutus, Länge 36 cm, Männchen
Das Alpenschneehuhn kommt in drei Trachten vor: Im Sommer (Brutzeit) ist das Männchen oben schwarzbraun gefärbt und marmoriert (siehe Abbildung), Flügel reinweiß. Das Weibchen zeigt eine eher braune Färbung. Im Herbst wird das Männchen grau mit schwarzer und weißer Marmorierung, das Weibchen gelblichgrau; Flügel weiß. Im Winter sind beide Geschlechter reinweiß, mit Ausnahme des Schwanzes, der immer schwarz bleibt. Als ausgesprochenes Hochgebirgstier lebt das Alpenschneehuhn auf steinigen Hängen oberhalb der Baumgrenze. Bei Schlechtwetter wandert es in die Täler. Standvogel.

2 Birkhuhn Lyrurus tetrix, Länge 53 cm, Männchen
Das Weibchen ist mit 43 cm Länge viel kleiner, Färbung braun. Im Tiefland auf Mooren und Heiden, im Gebirge in strauchbewachsenen, offenen Lebensräumen um die Baumgrenze verbreitet. Heute leider sehr stark am Zurückgehen, da ungestörte Lebensräume immer seltener werden. Besonders farbenprächtig ist die Gruppenbalz der Männchen, wobei ihre reinweißen, leierförmigen Unterschwanzfedern zur Geltung kommen. Diese Spielhahnfedern gehörten und gehören zu manchen Tiroler Trachten und Uniformen. Der bayerische Schuhplattler-Tanz ist übrigens eine Nachahmung der Birkhahnbalz. Standvogel.

3 Rebhuhn Perdix perdix, Länge 30 cm, Männchen
Dem Weibchen fehlt die dunkle Zeichnung auf der Brust. In der Kulturlandschaft, auf Ödland, Mooren und Dünen verbreitet. Beliebtes Wild, leider am Zurückgehen. „Rebhuhn" bedeutet nicht „Huhn der Rebgärten", sondern „gesprenkeltes" Huhn. Standvogel.

4 Wachtel Coturnix coturnix, Länge 17,5 cm
Dem Rebhuhn ähnlich, aber viel kleiner, in ähnlichen Lebensräumen vorkommend. Selten zu sehen, häufiger am bezeichnenden Ruf, dem Wachtelschlag „pickperwick", zu erkennen. Stark am Zurückgehen, da unsere Kulturlandschaft immer mehr verödet und weil während des Zuges Millionen von Tieren im Mittelmeerraum gefangen werden. Die in Delikatessengeschäften angebotenen Wachteln sind ausschließlich in Großfarmen gezüchtete Japanische Wachteln.

5 Fasan Phasianus colchicus, Länge bis 89 cm, Männchen
Das Weibchen ist erheblich kleiner und schlicht gelbbraun gefärbt. Der Fasan stammt aus Mittelasien und wurde von den Römern in Mitteleuropa eingeführt. Er hat sich bei uns völlig eingebürgert und ist zum wichtigsten Jagdwild geworden. Junge Fasanenmännchen, die noch zum Braten geeignet sind, erkennt man an den spitzen Schwanzfedern und den kleinen, stumpfen Sporen an den Läufen. Standvogel.

Watvögel

Mittelgroße Tiere mit langen Beinen. Suchen im Boden und im seichten Wasser nach Futter. Bewohnen offenes Gelände, feuchte Wiesen, Moore, Schwemmland, Küsten von Seen und Meeren. Zu den Watvögeln, die auch Limikolen heißen, zählen vor allem die Schnepfenvögel, die Regenpfeifer, die Kiebitze, die Uferläufer, die Triele und die Austernfischer.

1   **Goldregenpfeifer** Pluvialis apricaria, Länge 28 cm
Winterkleid einfach, gelbbräunlich, mit dunklen Flecken. Vom Aussterben bedroht, brütet nur noch in wenigen Hochmooren Niedersachsens und ist dort wegen des Torfabbaus auch weiterhin in Gefahr. Zur Zugzeit häufiger zu sehen.

2   **Sandregenpfeifer** Charadrius hiaticula, Länge 19 cm
Bewohnt vor allem sandige und schlammige Meeresküsten und ist im ganzen nördlichsten Teil Deutschlands anzutreffen. Teilzieher. Zwei Arten sind mit dem Sandregenpfeifer nahe verwandt: Der Seeregenpfeifer (Charadrius alexandrinus) unterscheidet sich durch das Fehlen der schwarzen Brustbinde; nur auf den Seiten ist sie ausgeprägt. Vom Massentourismus bedroht, da am Meeresstrand brütend. Teilzieher. Den Flußregenpfeifer (Charadrius dubius) erkennt man an einer weißen Linie über dem schwarzen Fleck an der Stirn. Er brütet auf Schotterinseln und kommt glücklicherweise noch an vielen Stellen der Bundesrepublik Deutschland vor, ist aber gleichfalls am Zurückgehen.

3   **Kiebitz** Vanellus vanellus, Länge 30,5 cm
Dem prächtigen Vogel begegnet man fast in ganz Mitteleuropa. Mit dem Schnabel stochert er in feuchten Wiesen und Mooren nach Nahrung. Das Kiebitzmännchen zeigt sein Revier durch Flugspiele und Luftkämpfe an. Das Nest liegt auf dem Boden. Da die Eier meist erst im April gelegt werden, bedroht spätes Walzen der Wiesen die Gelege. Früher galten Kiebitzeier als ausgesprochene Delikatesse, heute ist ihr Sammeln zu Recht verboten. Das Wort „Kiebitz" ist lautmalerisch und erinnert an den Ruf des Vogels: „kie-witt". Teilzieher.

4   **Bekassine** Gallinago gallinago, Länge 27 cm
Scheuer Vogel, selten aus der Nähe zu beobachten, bewohnt Sumpfwiesen des Binnenlandes. Die Bekassine ist noch recht weit verbreitet, geht aber mit dem Schwinden ihrer Lebensräume gleichfalls zurück. Der Balzflug des Männchens hat der Art auch den Namen „Himmelsziege" eingetragen:Das Männchen stürzt sich von ungefähr 50m Höhe in einem Winkel von ungefähr 45 Grad gegen den Boden. Dabei winkelt es die Flügel an, spreizt die Schwanzfedern fächerförmig ab; der Luftstrom versetzt die äußeren Schwanzfedern in Vibration. Durch rasche, zitternde Flügelbewegungen erhält der Ton sein Tremolo, das sich ähnlich wie das Meckern einer Ziege anhört. Teilzieher.

5   **Steinwälzer** Arenaria interpres, Länge 23 cm
Im Winterkleid oberseits graubraun, ohne das komplizierte Gesichtsmuster. Brütet an Feld- und Kiesküsten Skandinaviens und ist in Mitteleuropa nur als Durchzügler zu sehen. Der Steinwälzer trägt seinen Namen zu Recht: Er dreht bei der Nahrungssuche Steine und Muschelschalen um.

Watvögel (Fortsetzung)

1 Flußuferläufer Actitis hypoleucos, Länge 20 cm

Bewohnt flache Ufer fließender Gewässer im Binnenland. Nest gut versteckt zwischen der Vegetation. Der Flußuferläufer kam einst in ganz Mitteleuropa vor, ist heute aber stark vom Aussterben bedroht. Man kann ihn von anderen ähnlichen Arten, vor allem von Wasserläufern und Strandläufern, dadurch unterscheiden, daß er ständig nervös mit Kopf und Schwanz wippt. Vorwiegend Zugvogel.

2 Rotschenkel Tringa totanus, Länge 28 cm

Brütet in Sümpfen, Mooren, Rieselfeldern und feuchten Wiesen. Wegen des Rückgangs dieser Lebensräume stark bedroht. Der Rotschenkel ist für seine prächtige Boden- und Luftbalz und den melodiösen Ruf des Männchens bekannt. Vorwiegend Zugvogel. Mit dem Rotschenkel ist der Grünschenkel (Tringa nebularia) nahe verwandt. Er unterscheidet sich tatsächlich durch grünliche Beine und das Fehlen der weißen Flügelbinde, die allerdings nur im Flug sichtbar wird. Der Grünschenkel brütet in Skandinavien, ist bei uns aber als Durchzügler und Zugvogel ein regelmäßiger Wintergast.

3 Großer Brachvogel Numenius arquata, Länge 55 cm

Der größte Watvogel Europas, leicht am langen, gebogenen Schnabel zu erkennen, mit dem das Tier im feuchten Boden nach Nahrung stochert. Bewohnt feuchte Biotope an der Küste und im Binnenland. Heute noch in ganz Mitteleuropa verbreitet, doch stark am Zurückgehen. „Brachvogel" bedeutet eigentlich „Vogel des ungepflügten (brachen) Landes". Teilzieher.

4 Austernfischer Haematopus ostralegus, Länge 43 cm

Unverkennbarer Vogel der Meeresküste, besonders in Großbritannien und Nordeuropa verbreitet. Der Austernfischer wandert zur Zeit aber auch ins Binnenland ein und paßt sich der neuen Kulturlandschaft an. Als Brutvogel in der Norddeutschen Tiefebene verbreitet, im Winter zahlreiche Zuzügler aus Skandinavien. Bei Ebbe sieht man den Austernfischer im Wattenmeer nach Nahrung suchen. Bei Flut hält er sich in Gruppen an gewissen Standplätzen auf. Hauptbeutetier ist der Pierwurm oder Sandwurm (siehe Seite 274), der im Schlick lebt. Die Austernfischer spüren ihn mit dem tastempfindlichen Schnabel auf. An Felsküsten öffnet der Austernfischer auch Muscheln und macht damit seinem Namen Ehre. Er führt bei noch niederer Flut den seitlich abgeplatteten Schnabel in die geöffneten Muscheln ein und bricht sie so auf. Eine bekannte Verhaltensweise des Austernfischers ist das „Trillerspiel": Bis zu einem Dutzend Vögel laufen unter lautem Trillergeschrei umher und wenden wie auf Befehl. Der Austernfischer wird sehr alt. Man weiß, daß ein Tier in der Natur 36 Jahre erreichte. Teilzieher.

5 Säbelschnäbler Recurvirostra avosetta, Länge 43 cm

Brütet vorwiegend in Küstennähe auf Sandbänken, an Flußmündungen, Altwässern und Lagunen. Der Säbelschnäbler bewegt bei der Nahrungssuche seinen Schnabel in charakteristischer Weise seitwärts hin und her. Teilzieher; die mitteleuropäischen Tiere überwintern in Nord- oder Ostafrika.

Rallen und Enten

Zu den Rallen gehören das Teichhuhn und das Bläßhuhn. Sie sind nicht mit den Enten verwandt und haben auch keine Schwimmhäute zwischen den Zehen. Schnabel zugespitzt, nicht flach. Die Enten erkennt man an ihrem flach zusammengedrückten Schnabel und an ihren Schwimmhäuten. Schwimmenten gründeln, tauchen aber zur Nahrungssuche ungern. Beim Auffliegen kommen sie ohne Anlauf von der Wasseroberfläche los. Dies gelingt den Tauchenten, die bei der Futtersuche tief tauchen, nicht. Sie müssen, wie auch das Teich- und das Bläßhuhn, einen langen Anlauf nehmen.

1 Teichhuhn Gallinula chloropus, Länge 33 cm
Nistet in Röhricht und Gebüsch, Teichen, Altwässern, Tümpeln und feuchten Wiesen. Im Winter auch in größeren Scharen zu sehen. In ganz Mitteleuropa weit verbreitet. Teilzieher.

2 Bläßhuhn Fulica atra, Länge 38 cm
Unverkennbarer, sehr häufiger Wasservogel. Hat den Namen vom weißen Stirnschild, der Blesse. Bläßhühner halten sich gerne in Entenschwärmen auf, sind dort aber sofort am steten Kopfnicken während des Schwimmens auszumachen. In früheren Zeiten galt das Bläßhuhn als Delikatesse. Teilzieher.

3 Stockente Anas platyrhynchos, Länge 58 cm, Männchen
Unsere häufigste Entenart. Weibchen mit schlichtem braunen Kleid, allerdings wie das Männchen mit dem auffallenden blau-violetten Spiegel am Hinterrand des Flügels. Die Stockente zählt zu den Schwimmenten und ist die Stammform der Hausente. Teilzieher.

4 Tafelente Aythya ferina, Länge 45 cm, Männchen
Das Weibchen ist viel schlichter braun gefärbt, mit hellerer Zeichnung an Auge und Schnabelbasis. Die Tafelente, die zu den Tauchenten gehört, brütet vor allem im östlichen Teil der Bundesrepublik Deutschland, wobei sie Seen bevorzugt und nur selten auf dem Meer anzutreffen ist. Sie war früher wegen ihres gutschmeckenden Fleisches sehr beliebt, worauf auch noch ihr Name hindeutet. Teilzieher.

5 Reiherente Aythya fuligula, Länge 43 cm, Männchen
Weibchen fast einfarbig braun, mit Andeutung einer Kopfhaube. Kommt vor allem im Süden und Norden der Bundesrepublik Deutschland vor, gehört zu den Tauchenten. Im Winter häufig überwintern auf Teichen und Seen. Teilzieher.

6 Brandgans Tadorna tadorna, Länge 61 cm, Männchen
Eine große, gänseartige Ente, auch Brandente genannt. Das Weibchen ohne roten Schnabelhöcker. Brütet fast nur im Norden der Bundesrepublik Deutschland an sandigen und schlammigen Küsten. Das Nest liegt oft in verlassenen Kaninchenhöhlen, deswegen auch der Name „Höhlengans". Nach der Brutzeit treffen sich Tausende von Brandgänsen aus allen Gebieten im Wattenmeer zwischen Weser und Eider, insbesondere auf dem Knechtsand. Sie mausern hier, das heißt sie wechseln ihr Federkleid. In dieser Zeit sind sie flugunfähig. Teilzieher.

Gänse

Große Wasservögel, mit den Enten in einer Familie zusammengefaßt, unterscheiden sich aber von diesen durch den längeren schlankeren Hals und die stärker aufgerichtete Körperhaltung. Lärmige Tiere, die Geschlechter gleich gefärbt. Gänse suchen, im Gegensatz zu den Enten, ihre Nahrung auf dem Festland. Zwischen den Gänsen und Enten vermittelt die Brandgans (siehe vorige Seite). Eines der größten Gänseparadiese ist das Wattenmeer. Es ist Durchzugsstation und Winterquartier für Zehntausende von Gänsen, etwa der Kurzschnabelgans, der Nonnengans, der Ringelgans und der Graugans.

1 Ringelgans Branta bernicla, Länge 56 – 61 cm
Die kleinste unserer Gänse, nur um weniges größer als die Stockente (siehe vorige Seite). Die Ringelgans brütet in der arktischen Tundra und an den Küsten des Nordmeeres. Erst im Spätsommer trifft sie bei uns ein und verbringt den Winter an den Küsten der Nord- und Ostsee. Die Ringelgans ist ans Meer gebunden, weil sie sich fast ausschließlich von Seegras ernährt. Zugvogel.

2 Nonnengans Branta leucopsis, Länge 58 – 68 cm
Auch Weißwangengans genannt. Brütet in Grönland und auf arktischen Inseln. Überwintert im Wattenmeer wie die Ringelgans. Zugvogel.

3 Kanadagans Branta canadensis, Länge 91 – 102 cm
Größte aller hiesigen Gänse. Ursprünglich in Nordamerika beheimatet, in Europa jedoch an mehreren Stellen eingeführt. Heute kommt die Kanadagans halb verwildert in Parks und an Seen vor. In England und Skandinavien ist sie teilweise völlig verwildert, in Neuseeland wurde sie gar zur Plage.

4 Kurzschnabelgans Anser brachyrhynchus, Länge 61 – 76 cm
Unterscheidet sich von der ähnlichen Graugans (siehe unten) durch geringere Körpergröße, die graublaue Oberseite und den dunklen Kopf und Hals. Die Kurzschnabelgans brütet in Island und der Arktis und zieht im Spätsommer zu uns. Zugvogel.

5 Graugans Anser anser, Länge 76 – 89 cm
Die einzige Gänseart, die auch bei uns brütet – vorwiegend im nördlichen Teil der Bundesrepublik Deutschland. Die Graugans ist vor allem durch Professor Dr. Konrad Lorenz bekanntgeworden, der ihr Verhalten untersucht und in mehreren Büchern beschrieben hat. Das eben geschlüpfte Graugansjunge nimmt das erste bewegte Objekt, das ihm begegnet, als Mutter an. In der Natur ist dies natürlich das Gänseweibchen. Wir sagen, das Junge wird geprägt, und sprechen von Prägung. Unter künstlichen Bedingungen ist eine Prägung auf den Menschen möglich: Der Mensch wird dann zur „Gänsemutter". Eine Umprägung auf ein Gänseweibchen ist dann völlig ausgeschlossen. Die Graugans ist die Stammform unserer Hausgans. Teilzieher.

Schwäne, Reiher und Dommeln

Die Schwäne sind mit den Gänsen und Enten verwandt, unterscheiden sich aber durch ihre Größe und den viel längeren Hals. Keine Färbungsunterschiede zwischen den Geschlechtern. Daß der griechische Gott Zeus seine Geliebte Leda in Schwanengestalt besuchte, hat einen handfesten anatomischen Grund: Schwäne, Gänse und Enten haben als Ausnahmen im Vogelreich einen echten Penis. Die Reiher erkennt man am langen Hals und an den schlanken, langen Beinen. Die Dommeln sind gedrungener gebaut. Sie sind äußerst schwer zu sehen, da sie sich im Röhricht hervorragend tarnen und in der Dämmerung aktiv sind. Droht Gefahr, so machen sie sich mit aufgerichtetem Schnabel ganz lang und schlank und bewegen sich mit dem Wind wie die Schilfrohre hin und her (Pfahlstellung). Reiher und Dommeln sind leider stark am Zurückgehen.

1 Singschwan Cygnus cygnus, Länge 152 cm
Der Singschwan hat seinen Namen von den häufigen lauten, trompetenartigen Rufen. Er brütet in arktischen Gebieten und in Sibirien. Von Oktober bis April hält er sich bei uns als Durchzügler oder Überwinterer auf. Man trifft ihn regelmäßig auf dem Bodensee und an der Nordseeküste an. Es ist ein Märchen, daß der Schwan bei seinem Tode zu Singen anfängt, den Schwanengesang anstimmt.

2 Höckerschwan Cygnus olor, Länge 152 cm
Der Schnabelhöcker ist zur Brutzeit beim Männchen größer als beim Weibchen. Unser häufigster Schwan, überall in Parks, Weihern und Seen anzutreffen. Der Höckerschwan ist kein eigentliches Wildtier mehr, da er regelmäßig gefüttert wird. Auf gewissen Seen ist er bereits zu einer Plage geworden, da er gerne eingesetzte Fischbrut frißt. Fliegende Höckerschwäne hört man schon von weitem an ihrem singenden Fluggeräusch. Früher galt der Schwan übrigens als Delikatesse. Teilzieher.

3 Graureiher Ardea cinerea, Länge 91 cm
Auch Fischreiher genannt. Der Graureiher darf heute nicht mehr gejagt werden, doch immer wieder genehmigen einzelne Länder den Abschuß, weil es angeblich zu viele Reiher gibt. Der Reiher hat sich allerdings nicht vermehrt, ganz im Gegenteil. Da aber seine natürlichen Jagdgründe, die Sümpfe und Altwässer, immer mehr vom Menschen zerstört werden, bleibt ihm nur ein Ausweg: sich an den Fischteichen schadlos zu halten und dort in vermehrter Zahl aufzutreten. Teilzieher.

4 Zwergdommel Ixobrychus minutus, Länge 36 cm, Männchen
Das Weibchen ist einfarbig dunkelbraun mit hellbraunen Streifen. Brütet fast nur im südlichen Teil der Bundesrepublik Deutschland, oft in kleinen Kolonien. Zugvogel.

5 Rohrdommel Botaurus stellaris, Länge 76 cm
Die Rohrdommel lebt versteckt, so daß man sie kaum jemals zu Gesicht bekommt. Ihr Ruf hingegen, ein dumpfes Röhren, ist kilometerweit zu hören und hat ihr den volkstümlichen Namen „Riedochse" oder „Moorkuh" eingetragen. Teilzieher.

Tauchvögel

Allen hier abgebildeten Vögeln ist der spitze, kräftige Schnabel gemeinsam. Sie fangen mit ihm Fische unter Wasser. Der prächtige Eisvogel ist kein eigentlicher Wasservogel, weil er auf Pfählen und Ästen sitzt und sich nur dann ins Wasser stürzt, wenn er einen kleinen Fisch erbeuten will. Die anderen Vögel hingegen halten sich fast dauernd auf dem Wasserspiegel auf und tauchen von dort in die Tiefe. Die Seetaucher mit Eistaucher und Prachttaucher haben Schwimmhäute zwischen den Zehen und sind bei uns nur im Spätsommer und im Winter zu sehen, vorwiegend an Meeresküsten. Die Lappentaucher mit Haubentaucher und Zwergtaucher haben keine Schwimmhäute, sondern nur lappig verbreiterte Zehen. Sie brüten an Binnenseen und sind von den Enten durch den langen Schnabel, das „schwanzlose" Aussehen und den aufgerichteten Hals sofort zu unterscheiden.

1 Eistaucher Gavia immer, Länge 69 – 81 cm
Der unverkennbare prächtige Vogel brütet in Island, Grönland und Nordamerika und ist bei uns nach der Brutzeit, die von Mai bis Juni dauert, zu sehen, vor allem an den Meeresküsten, seltener an großen Flüssen und Seen. Zugvogel.

2 Prachttaucher Gavia arctica, Länge 58 – 69 cm
Die Brutgebiete liegen in Skandinavien, Nordschottland, Rußland und Sibirien. Der Prachttaucher kommt nach der Brutzeit oft nach Mitteleuropa. Er liebt die Meeresküsten und wagt sich nur selten in Binnengewässer vor. Zugvogel.

3 Haubentaucher Podiceps cristatus, Länge 48 cm
Der Haubentaucher ist durch sein zauberhaftes Paarungsritual bekannt, das jedermann mit ein bißchen Geduld im Frühjahr beobachten kann. Der Partner nimmt dabei zahlreiche auffallende Stellungen ein; bei der Pinguin-Pose richten sich die Partner im Wasser auf und bieten sich als Niststoff Wasserpflanzen an, die sie zuvor tauchend vom Seegrund geholt haben. Das Nest liegt auf einer Insel aus faulenden Pflanzenteilen. Die jungen Haubentaucher klettern gern auf der Mutter herum und wärmen sich in besonderen „Taschen" unter ihren Flügeln. Glücklicherweise ist der Haubentaucher bei uns nicht gefährdet, obwohl er lange keinen gesetzlichen Schutz genoß. Er wird der Fischerei nicht schädlich, da er wirtschaftlich wertlose Kleinfische frißt. Teilzieher.

4 Zwergtaucher Tachybaptus ruficollis, Länge 27 cm
Selten zu sehen, da sehr versteckt lebend. Den Zwergtaucher bekommt man am ehesten im Winter zu Gesicht, wenn er auf Seen und Flüssen kleine Scharen bildet. Er brütet fast überall in der Bundesrepublik Deutschland. Teilzieher.

5 Eisvogel Alcedo atthis, Länge 16,5 cm
Der Eisvogel ist einer der schönsten Vögel überhaupt. Leider ist er in Mitteleuropa sehr selten geworden. Der Grund liegt im intensiven Wassersport und vor allem in der Regulierung und Verbauung unserer Gewässer. Der Eisvogel legt sein Nest nämlich in einer langen Röhre an, die er selbst in weiche, senkrechte Uferwände gräbt. Solche werden aber wegen der Verbauungen immer seltener. Teilzieher.

Möwen

Langflügelige, mittelgroße bis große Vögel, die vorwiegend an Meeresküsten, teilweise auch im Binnenland brüten. Im allgemeinen weiß oder grau gefärbt. Geschlechter einander ähnlich. Möwen sind nicht leicht zu bestimmen, weil Brutkleid und Ruhekleid sich oft erheblich unterscheiden. Dazu kommt noch, daß Jungtiere noch einmal anders gefärbt sind. Weißköpfige Arten haben im Ruhekleid eine dunkle Zeichnung am Kopf, während schwarzköpfige zur Hauptsache weiß werden. Die wichtigsten Bestimmungsmerkmale sind Größe, Beinfarbe und Flügelzeichnung. Nest auf Felsen oder auf dem Boden, oft größere Kolonien.

1 **Mantelmöwe** Larus marinus, Länge 74 cm
Eine der größten Möwenarten. Die Mantelmöwe brütet an den Küsten Skandinaviens, Irlands, Islands und des westlichen Großbritannien. Man sieht sie an der Nordseeküste häufig, im Winter wie im Sommer. Die Mantelmöwe brütet nämlich nicht jedes Jahr und streift dann bis nach Südspanien umher. Teilzieher.

2 **Lachmöwe** Larus ridibundus, Länge 38 cm
Im Brutkleid sofort am schokoladebraunen Kopf zu erkennen, außerhalb der Brutzeit Kopf weiß mit schwärzlicher Zeichnung. Die am weitesten im Inland verbreitete Möwe. Brütet kolonieweise in Sümpfen, Röhrichten, besonders gerne auf Vegetationsinselchen. Der Name „Lachmöwe" stammt wohl nicht vom lauten Ruf der Art, sondern von ihrem Lebensraum, den seichten Lachen. Teilzieher.

3 **Dreizehenmöwe** Larus tridactylus, Länge 40 cm
Ein arktisches Tier, das nur auf Helgoland brütet, dort allerdings in stetig wachsender Kolonie. Die Dreizehenmöwe hat ihre Nester an steilen Felswänden, und ihr Verhalten ist an diesen Nistplatz angepaßt. Als Nestunterlage dienen Wasserpflanzen, die mit Schlamm verklebt werden. Man erkennt die Dreizehenmöwe an dem schwarzen, dreieckigen Fleck der Flügelspitzen, den schwarzen Beinen und dem einfarbig gelben Schnabel. Teilzieher.

4 **Sturmmöwe** Larus canus, Länge 40 cm
Die Sturmmöwe wandert bei Schlechtwetter gerne ins Inland, daher ihr Name. Sie nistet vorwiegend an den Küsten der Nord- und Ostsee, aber auch im Binnenland. Die erwachsene Sturmmöwe ist sehr schwer von der Silbermöwe (siehe unten) zu unterscheiden. Man erkennt sie an der geringeren Größe und an den grünlichgelben, statt fleischfarbenen Beinen. Die Sturmmöwe sucht ihre Nahrung gerne auf Wiesen und Äckern. Teilzieher.

5 **Silbermöwe** Larus argentatus, Länge 56 cm
Die weitaus häufigste Möwe der Küstengebiete, nistet stellenweise auch im Binnenland. Der rote Fleck am Unterschnabel wirkt für die Jungtiere als Auslöser: Sie picken an den Schnabel der Eltern und erhalten Futter. Silbermöwen fressen alles und kommen gut über den Winter, weil sie Mülhalden aufsuchen. Sie vermehren sich besonders in Vogelschutzgebieten stark und verdrängen daraus jene Vögel, für die diese Gebiete eigentlich errichtet wurden, vor allem Seeschwalben und Regenpfeifer. Teilzieher.

Meeresvögel

Abgesehen von den Möwen (siehe vorige Seite) sieht man an Meeresküsten und auf der Hochsee noch zahlreiche weitere Vogeltypen, besonders Seetaucher (siehe Seite 48), Sturmvögel, Raubmöwen, Seeschwalben, Alken, Kormorane und Tölpel. Die Sturmvögel sind möwenähnlich und haben röhrenförmig ausgebildete Nasenlöcher. Mit ihnen scheiden die Tiere das im Überfluß mit der Nahrung aufgenommene Meersalz wieder aus. Die Raubmöwen sind große, geschickte Flieger. Sie verfolgen andere Meeresvögel, jagen ihnen die Nahrung ab und töten sie gar nach Raubvogelart. Die schlanken Seeschwalben erkennt man am geschickten, eleganten Flug und am gegabelten Schwanz. Zu den Alken zählen unter anderen der Papageitaucher, der Tordalk und die Trottellumme, alles eher plumpe, schwarzweiße, gesellig lebende Vögel, die in gewisser Hinsicht an Pinguine erinnern. Sie haben jedoch gutausgebildete Flügel und fliegen schwirrend, aber nicht sehr geschickt. Kormorane und Tölpel sind auffallend große Tiere, die ihre Nahrung tauchend erbeuten.

1 Eissturmvogel Fulmarus glacialis, Länge 47 cm
Möwenähnlich, doch am Flug, der knapp über den Wellen dahinführt, sofort zu unterscheiden. Der Eissturmvogel folgt gerne Schiffen und brütet seit 1969 in wenigen Paaren auf Helgoland. Die wichtigsten Nistgebiete liegen in Großbritannien, Irland, Island und Grönland. Im Winter kann man Eissturmvögel gelegentlich an der Küste oder gar im Binnenland beobachten. Teilzieher.

2 Schwarzschnabel – Sturmtaucher Puffinus puffinus, Länge 35 cm
Erscheint gelegentlich in Deutschland, hat sein Hauptbrutgebiet jedoch an der Westküste Großbritanniens, in Irland, Island, den nordenglischen Inseln sowie im äußersten Zipfel der Bretagne. Teilzieher.

3 Schmarotzerraubmöwe Stercorarius parasiticus, Länge 66 cm
Sofort an den eigentümlichen Schwanzspießen zu erkennen. Brütet auf Island, im Norden Schottlands sowie den Küsten Skandinaviens. Regelmäßiger Durchzügler und Wintergast. Zugvogel.

4 Küstenseeschwalbe Sterna paradisaea, Länge 38 cm
Unterscheidet sich von der Flußseeschwalbe (siehe unten) durch den völlig roten Schnabel ohne schwarze Spitze. Brütet im Norden Deutschlands an den Küsten, sonst im Baltikum, in Großbritannien, Skandinavien, Grönland und im arktischen Nordamerika. Die Wanderungen der Küstenseeschwalbe gehören zu den längsten des ganzen Vogelreiches: Ihr Winterquartier liegt nämlich in der Packeiszone der Antarktis.

5 Flußseeschwalbe Sterna hirundo, Länge 35 cm
Brütet im Norden und im Süden Deutschlands und kommt auch an Binnengewässern vor. Die reizvollen Tiere sind bei uns am Aussterben, weil sie durch Entwässerung von Feuchtbiotopen und Begradigung der Flüsse keine Brutplätze mehr finden. Ihre Nester liegen vor allem auf Kies- und Sandbänken. Zugvogel.

6 Papageitaucher Fratercula arctica, Länge 30 cm
Unverkennbarer, niedlicher Vogel, brütet in Großbritannien, Irland, Island, Skandinavien und in der Bretagne, früher auch in Deutschland; bei uns regelmäßiger Wintergast. Zugvogel.

Meeresvögel (Fortsetzung)

1   Tordalk Alca torda, Länge 40 cm
Der Tordalk hat seine Brutgebiete in Großbritannien, Skandinavien, Island und Irland. Bis 1960 brütete er auch auf Helgoland, dann verschwand er. 1975 trat er erstmals wieder auf. Nester im eigentlichen Sinne werden nicht gebaut; die Eier liegen unter Steinen oder in Höhlen und Spalten auf dem nackten Boden. Teilzieher.

2   Trottellumme Uria aalge, Länge 42 cm
Auf Helgoland brüten ungefähr 1 000 Trottellummenpaare. Sonst liegen die Brutgebiete in Großbritannien, Irland, Island, Skandinavien, in der Bretagne und im nördlichen Portugal. Die Eier liegen frei auf Felssimsen und sind deutlich birnenförmig, so daß sie nur im Kreise rollen und nicht Gefahr laufen herabzufallen. Die Zeichnung der Eier ist so verschieden, daß Eltern ihre eigenen Eier am Farbmuster erkennen. Teilzieher.

3   Sturmschwalbe Hydrobates pelagicus, Länge 15 cm
Mit den Sturmvögeln (siehe vorige Seite) verwandt: Gemeinsam sind die röhrenförmigen Nasenlöcher. Die Sturmschwalbe heißt auf englisch „Storm petrel". Der Name bezieht sich auf den Flug dieses Tieres. Die Sturmschwalbe liebt es, nahe an Wellentrögen zu fliegen, also auf den Wellen zu reiten. Sie verhält sich damit wie Petrus, der auf dem See Genezareth Jesus nachahmen wollte und auf der Wasseroberfläche wandelte. Die Sturmschwalbe brütet nicht in Deutschland, tritt aber gelegentlich als Durchzügler auf. Teilzieher.

4   Kormoran Phalacrocorax carbo, Länge 91 cm
Großer, schwärzlicher Wasservogel, leicht am langen, vorne abgeknickten Schnabel zu erkennen. Kormorane fangen ihre Nahrung tauchend, wobei sie fast eine Minute unter Wasser bleiben können. In Ostasien werden sie zum Fischfang abgerichtet. Der Besitzer verhindert das Hinunterschlucken der Beute mit einem Eisenring. Der Kormoran ist außerordentlich weit verbreitet, brütet in Deutschland allerdings nur noch an einer Stelle. Im Spätherbst ziehen viele Kormorane zu uns und überwintern gerne auf süddeutschen Seen. Teilzieher.

5   Basstölpel Sula bassana, Länge 91 cm
Gänsegroßer Vogel, der sofort an seinem Flugverhalten zu erkennen ist. Beim Stoßtauchen schießt er mit gestrecktem Körper und angewinkelten Füßen und Flügeln aus einer Höhe von ungefähr 30 Metern ins Wasser. Die Körperhaut enthält Luftsäcke, die den heftigen Aufprall dämpfen. Der Tölpel bleibt nur wenige Sekunden unter Wasser und taucht dann wie eine Boje wieder auf, meist mit einem Fisch im Schnabel. Der Basstölpel hat seinen Namen von der alten Brutkolonie auf dem Bass Rock, einem Inselchen vor der Ostküste Schottlands. Bei uns ist dieser spektakuläre, vorwiegend in Großbritannien, Irland und Island brütende Vogel regelmäßig als Durchzügler zu sehen. Teilzieher.

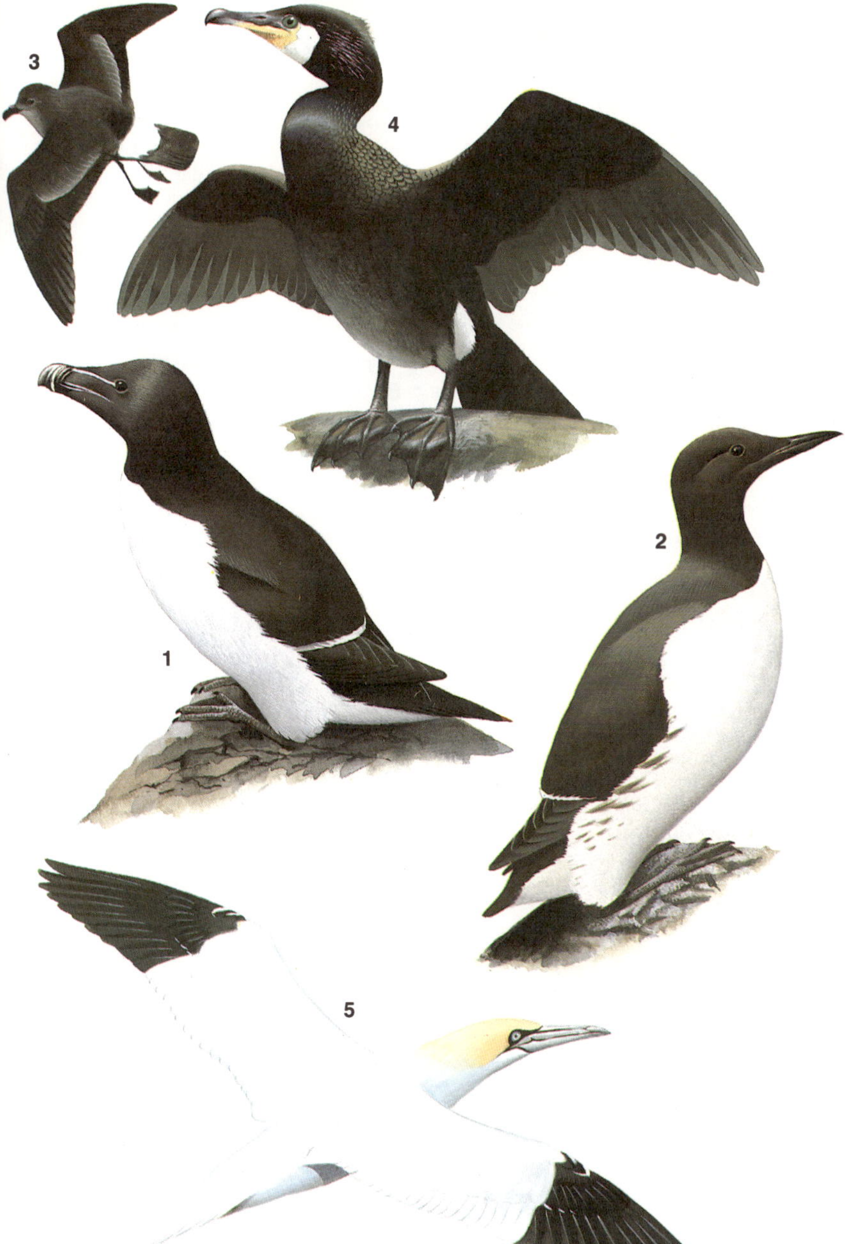
3
4
1
2
5

Eulen und Käuze

Vorwiegend in der Dämmerung und nachts aktive Greifvögel, mit flachem, großem Gesicht, nach vorne blickenden Augen und kranzförmig ausgerichteten Federn, dem „Schleier". Die Eulen sehen und hören hervorragend; den Kopf können sie weit über 180 Grad drehen. Sie brüten meist in Baumhöhlen, zum Beispiel in mulmig gewordenen Spechthöhlen. Da alte Bäume mit solchen Höhlen aber immer mehr gefällt werden, finden die Eulen und Käuze oft keinen zusagenden Nistplatz mehr, ein Hauptgrund für ihr Zurückgehen. Dank besonderen kammförmigen Federn an der vorderen Flügelkante fliegen die Eulen fast absolut geräuschlos. Ihre Nahrung besteht hauptsächlich aus Mäusen, Vögeln und Käfern. Die unverdaulichen Nahrungsbestandteile wie Knochen, Haare und Chitinpanzer werden als Gewölle wieder hochgewürgt. Geschlechter einander ähnlich.

1 Waldkauz Strix aluco, Länge 38 cm
Unsere häufigste Eule. Kommt in Wäldern, Parks und Gärten, auch mitten in Ortschaften vor. Der Waldkauz ist beim Brüten nicht auf Baumhöhlen angewiesen, sondern nimmt auch Felsspalten, Fuchsbaue, sogar Mulden auf dem Boden oder unter Baumwurzeln. Der Waldkauz ist ein geschickter Vogeljäger; in strengen Wintern, in denen sich kaum Mäuse blicken lassen, ist er deswegen weniger vom Hungertod bedroht als andere Eulenarten. Der Ruf „u-u-u" ist jedermann bekannt und gilt als Todesbote. Standvogel.

2 Waldohreule Asio otus, Länge 36 cm
Unterscheidet sich vom Waldkauz durch die schlankere Gestalt und die aufstehenden Federohren. Lebt nächtlich und ist deswegen kaum zu sehen. Der waldkauzähnliche, aber lautere Ruf „u-u-u" hingegen ist in Spätwinternächten nicht selten zu hören. Im Winter kann man oft Scharen von Waldohreulen sehen, wenn sie auf hohen Bäumen sitzend den Tag verbringen. Teilzieher.

3 Sumpfohreule Asio flammeus, Länge 38 cm
In der Bundesrepublik Deutschland leider am Aussterben; brütet nur noch an wenigen Stellen, insbesondere in der Norddeutschen Tiefebene. Die Sumpfohreule ist tagsüber und in der Dämmerung aktiv. Ihr Lebensraum sind Moore, Sümpfe, Dünen und Heiden. Teilzieher.

4 Schleiereule Tyto alba, Länge 34 cm
Am weißen Gesicht und an der gelben, fein marmorierten Oberseite leicht zu erkennen. Einst hatte die Schleiereule auf jedem Dachboden, in jeder Glockenstube, in jeder Mauernische ein Nest. Heute werden die Tiere radikal vertrieben, weil ihr Kot und ihr Gewölle in unserer sterilen Umgebung störend wirken. Deswegen ist die Schleiereule stark am Zurückgehen. Wie alle Eulen paßt sie die Gelegegröße dem Nahrungsangebot an Mäusen an. In guten Jahren liegen bis 12 Eier im Nest. Vorwiegend Standvogel.

5 Steinkauz Athene noctua, Länge 22 cm
Unsere kleinste Eule, ungefähr starengroß. Bei Erregung zeigt der Steinkauz ein merkwürdiges Verhalten: Er richtet sich auf und duckt sich in schneller Folge. Der wissenschaftliche Gattungsname geht auf die griechische Göttin Athene zurück, die als Symboltier die immer wachsame Eule hatte. Die Stadt Athen hatte in antiker Zeit auf ihren Münzen Eulen abgebildet; daher stammt die Redensart „Eulen nach Athen tragen". Der Steinkauz ist mangels Nistgelegenheiten bei uns stark am Zurückgehen. Standvogel.

1

2

4

3

5

Greifvögel

Früher auch Raubvögel genannt, was aber eine ungerechtfertigte, negative Wertung mit sich bringt („Raubzeug"). Die Greifvögel spielen im ökologischen Gleichgewicht eine große Rolle. Sie als Konkurrenten des Menschen anzusehen, wie es heute noch manche Jäger tun, ist äußerst kurzsichtig. Wenn man bedenkt, wieviele jagdbare Tiere den Verkehrstod erleiden, ist es geradezu absurd, Greifvögel abzuschießen, bloß, weil sie sich einmal an einem Rebhuhn vergreifen. Als Endglieder der Nahrungskette auch durch Umweltgifte besonders stark gefährdet. Oft enthalten sie sehr viel DDT, was zur Folge hat, daß sie nur noch dünnschalige Eier legen, die unter dem Gewicht des brütenden Tieres zerbrechen. Der Zoologe unterscheidet zwar Familien von Greifvögeln: die Greif- oder Habichtartigen und die Falken. Im Flug kann man die einzelnen Greifvogelgruppen an der Silhouette erkennen. Adler: breite, große, gestreckte Flügel. Bussarde: adlerähnlich, aber viel kleiner, Schwanzfedern stärker gefächert. Weihen: schlanke, gewinkelte Flügel, Schwanz ziemlich lang. Milane: weihenähnlich, Schwanz gegabelt. Falken: lange, spitze Flügel, Schwanz lang. Flug oft rüttelnd.

1 Steinadler Aquila chrysaetos, Länge 76 – 89 cm
Am majestätischen Segelflug zu erkennen. Eigentlich ein Aasfresser, der nur bei Futtermangel lebende, aber meist kranke Tiere angreift. Einst über ganz Mitteleuropa verbreitet, nistet auf hohen Bäumen und auf unzugänglichen Felsvorsprüngen. Standvogel.

2 Fischadler Pandion haliaetos, Länge 51 – 58 cm
Im Flug an der reinweißen Unterseite und den gewinkelten Flügeln leicht zu erkennen. Streicht über Seen und stürzt sich mit angezogenen Flügeln auf Fische. Der Fischadler vermag 2 kg schwere Karpfen zu fangen und zu tragen, nimmt aber meist mit 100 – 200 g schweren Weißfischen vorlieb und wird deshalb nicht schädlich. In der Bundesrepublik Deutschland brütet der Fischadler zur Zeit nicht, wohl aber im benachbarten Mecklenburg und Pommern. Als Durchzügler hie und da bei uns zu sehen. Zugvogel.

3 Habicht Accipiter gentilis, Länge 47 – 61 cm
Weibchen größer als das Männchen. Dem Sperber (siehe folgende Seite) ähnlich, aber erheblich größer. Beide Greifvogelarten jagen zwischen Bäumen und schießen plötzlich aus der Deckung hervor, um Vögel zu schlagen. Standvogel.

4 Rohrweihe Circus aeruginosus, Länge 48 – 56 cm
Hauptsächlich auf Mooren, feuchten Wiesen und Sümpfen mit Röhrichten anzutreffen, heute jedoch selten geworden und weiterhin stark am Zurückgehen. Dennoch ist die Rohrweihe die noch häufigste Weihenart in Mitteleuropa; die Kornweihe (Circus cyaneus) und die Wiesenweihe (Circus pygargus) sind noch seltener. Teilzieher.

5 Mäusebussard Buteo buteo, Länge 51 – 56 cm
Bei uns weitaus häufigster Greifvogel, oft im Segelflug über Wiesen und Felder nahe an Waldgebieten zu beobachten. Der miauende Ruf hat dem Tier den volkstümlichen Namen „Katzenadler" eingetragen. Färbung der Unterseite sehr verschieden, von fast ungefleckt bis nahezu einfarbig dunkelbraun. Teilzieher.

1

2

3

4

5

Greifvögel (Fortsetzung)

1 Wanderfalke Falco peregrinus, Länge 38 – 48 cm
Das Weibchen ist größer und schwerer als das Männchen. Der Wanderfalke gilt als der schnellste Flieger im Tierreich. Wenn er sich mit angewinkelten Flügeln auf einen unter ihm fliegenden Vogel stürzt, erreicht er Geschwindigkeiten von rund 300 Stundenkilometern. Bei diesem Tempo kann er seine Beute meist nicht packen; er verletzt sie mit den Krallen und fängt sie dann beim Wiederaufsteigen. Wanderfalken nisten fast ausschließlich in Felswänden. Bei uns sind die Tiere äußerst selten geworden, und es besteht die Gefahr des Aussterbens der ganzen Art. Die Gründe dafür sind mannigfaltig: Zunächst schoß man die Tiere, weil sie vor allem Haustauben fressen. Ferner ist der Wanderfalke der begehrteste Beizvogel; auch heute noch werden immer wieder Jungvögel ausgehorstet und für teures Geld verkauft. Störend wirkt sich auch für das Brutgeschäft des Wanderfalken die Kletterei aus. Am schwersten wiegt wahrscheinlich die Vergiftung unserer Umwelt mit Spritzmitteln. Teilzieher.

2 Merlin Falco columbarius, Länge 27 – 33 cm
Sehr kleiner, fast nur amselgroßer Falke, brütet in Großbritannien, Irland, Island und Skandinavien, nicht aber bei uns. In der Bundesrepublik Deutschland ist er aber als Durchzügler und Wintergast häufig zu sehen. Teilzieher.

3 Turmfalke Falco tinnunculus, Länge 34 cm
Der weitaus häufigste Falke Mitteleuropas, brütet in Felswänden und auf alten, hohen Bäumen, folgt gerne dem Menschen. nach und hat Nester auch in der Großstadt. Der Turmfalke rüttelt oft, das heißt er verharrt mit schwirrenden Flügeln an einer Stelle. Die Nahrung besteht zum größten Teil aus Mäusen, aber auch aus größeren Insekten. Teilzieher.

4 Baumfalke Falco subbuteo, Länge 30 – 36 cm
Unterscheidet sich vom Wanderfalken durch die geringere Größe, die rostroten Hosen und die sehr auffällige, schwarz-weiß-gestreifte Unterseite. Lebensweise ähnlich wie beim Wanderfalken. Hauptbeutetiere sind Schwalben und Lerchen. Der Baumfalke bewohnt hauptsächlich mit Wäldern, Seen und Teichen durchsetzte Landschaften. Fast über die ganze Bundesrepublik Deutschland verbreitet, aber nicht häufig. Zugvogel.

5 Sperber Accipiter nisus, Länge 28 – 38 cm
Weibchen viel größer als das Männchen. Vom Habicht (siehe vorige Seite) im wesentlichen durch die gebänderte (gesperberte) Unterseite und die geringere Größe unterschieden. Jagdverhalten sonst ähnlich, frißt zur Hauptsache kleine Singvögel. Gefährdete Art. Teilzieher.

6 Kuckuck Cuculus canorus, Länge 33 cm
Der Kuckuck ist kein Greifvogel, kann aber bei oberflächlicher Beobachtung mit dem Sperber verwechselt werden. Früher glaubte man gar, der Kuckuck verwandle sich im Winter in einen Greifvogel. Der Kuckuck ist berühmt für seinen Brutparasitismus: Er legt je ein Ei in die Nester anderer Vögel und läßt das Junge von den Adoptiveltern ausbrüten und aufziehen. Zugvogel.

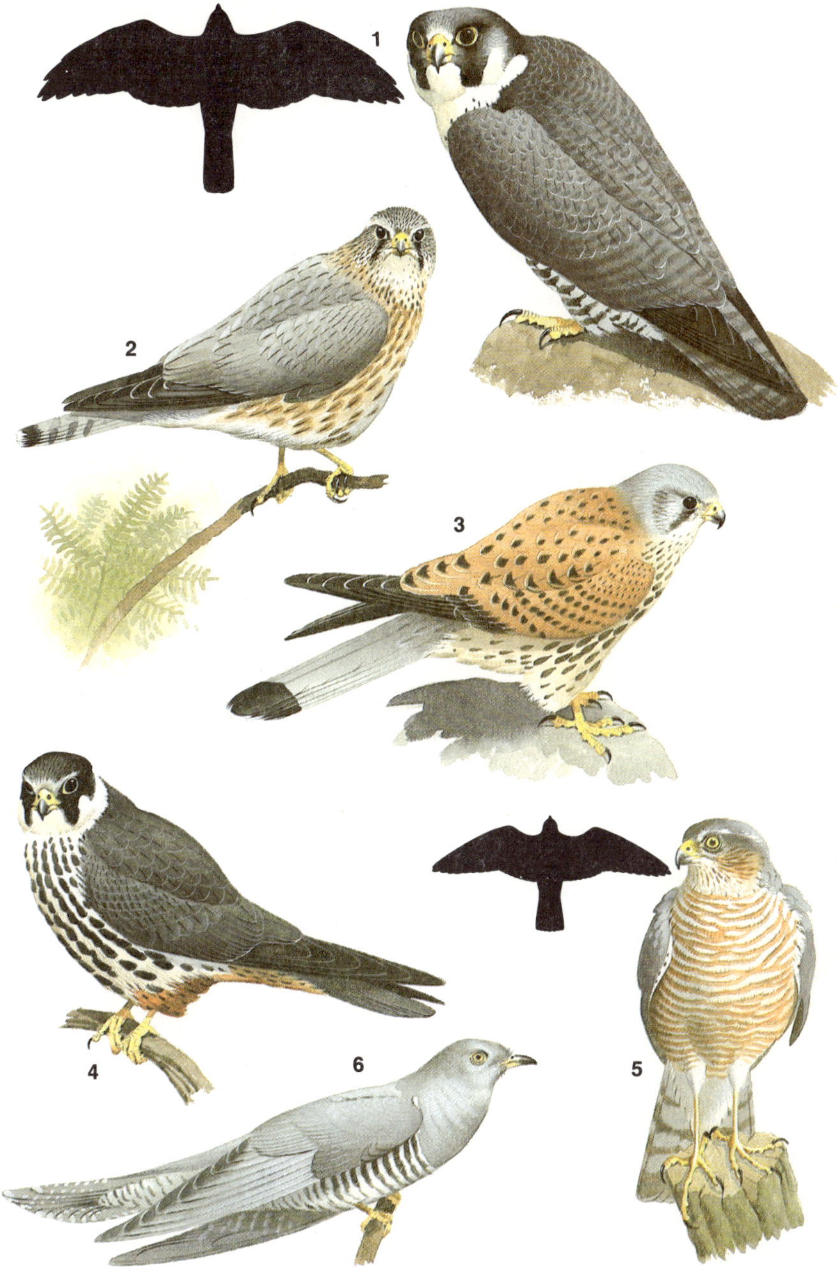
1
2
3
4
6
5

Säugetiere

Gleichwarme Wirbeltiere, die ihre Jungen säugen und meist ein Haarkleid tragen. In der Bundesrepublik Deutschland rund 80 Arten.

Insektenfresser

Kleine, ursprüngliche Säugetiere mit scharfen, spitzen Zähnen und rüsselartiger Schnauze. Durchwegs Fleischfresser. Man darf die nützlichen Spitzmäuse nicht mit den echten Mäusen (siehe Seite 68 – 70) verwechseln, die zu den Nagetieren gehören.

1 Igel Erinaceus europaeus, Länge 22 – 27 cm
Jedermann bekanntes Tier, heute leider ein Hauptopfer des Straßenverkehrs, weil der Igel bei drohender Gefahr stillsteht und sich sogar zusammenrollt. Er ist im Garten nützlich und frißt vor allem Schnecken, aber auch Frösche und sogar Schlangen. Die Milch, die man ihm gerne anbietet, bekommt ihm nicht gut, weil sie oft zu Verdauungsstörungen führt. Statt der Milch gebe man ihm lieber Hackfleisch. Besonders gefährlich für den Igel sind die Schneckenkörner. Sie enthalten ein Gift, das zu tödlichen Durchfällen und Lähmungen führt. Junge, untergewichtige Igel im Winter zu Hause aufzupäppeln und vor allem gegen Parasiten zu behandeln, ist anstrengender als die Pflege eines Babys. Nur wer genau Bescheid weiß, soll sich dieser Aufgabe unterziehen!

2 Waldspitzmaus Sorex araneus, Länge 6 – 8,5 cm
Lebt in feuchten Wäldern, Gebüschen, Parks und Gärten, kommt im Winter in Gebäude, hält keinen Winterschlaf. Sehr schnelles, bewegliches Tier, auf der Jagd unablässig piepsend und zwitschernd, greift „furchtlos" auch größere Tiere an.

3 Zwergspitzmaus Sorex minimus, Länge 4,5 – 6,5 cm
Ähnlich wie die Waldspitzmaus, jedoch kleiner, heller und zweifarbig, Schwanz verhältnismäßig länger. Mit 3 – 6 g Gewicht kleinstes Säugetier Mitteleuropas. Weil die Oberfläche im Verhältnis zum Körperinhalt sehr groß ist, verliert die Zwergspitzmaus viel Wärme. Ihr Stoffwechsel muß deswegen sehr rege sein, und die Tiere müssen jeden Tag mehr als ihr eigenes Körpergewicht an Nahrung aufnehmen. In ganz Mitteleuropa in trockenen Lebensräumen verbreitet, aber selten.

4 Wasserspitzmaus Neomys fodiens, Länge 7 – 9,5 cm
Lebt an den Ufern ruhig fließender Gewässer und schwimmt und taucht vorzüglich. Die Nahrung besteht aus Wasserinsekten und kleinen Fischen. In ganz Mitteleuropa verbreitet, steigt im Gebirge bis 2500 m. Sehr stimmfreudig.

5 Maulwurf Talpa europaea, Länge 11 – 16 cm
Vollendet an das Leben im Boden angepaßt. Vorderbeine zu Grabschaufeln verbreitert. Der Maulwurf frißt keine Pflanzen, sondern ausschließlich Tiere, vorwiegend Regenwürmer, die in seine, insgesamt bis 150 m langen Gänge hineinfallen. Über die Lebensgewohnheiten dieses häufigen Tieres weiß man beschämend wenig, weil sich fast ihr gesamtes Leben im Boden abspielt. Paarung und Aufzucht der Jungen konnten noch nicht beobachtet werden. Das Fell des Maulwurfs ist außerordentlich fein und wurde früher zu allerdings wenig strapazierfähigen Pelzmänteln verarbeitet: Um die 1000 Felle brauchte man für einen einzigen Mantel. „Maulwurf" bedeutet ursprünglich „Haufenwerfer", später umgedeutet in „Erdwerfer", „Mullwerfer", später noch einmal umgedeutet in „Tier, das mit dem Maul Erde aufwirft".

Fledermäuse

Die einzigen, zum echten Ruderflug befähigten Säugetiere. Die Flügel bestehen aus einer Haut, die von den stark verlängerten Fingern, den Beinen und vom Schwanz ausgespannt wird. Fledermäuse sind durchwegs Insektenfresser, und alle halten einen Winterschlaf. Es kommt jeweils ein Jungtier zur Welt, das die Mutter im Flug mit sich herumtragen kann. Die Orientierung erfolgt bekanntlich mit Hilfe einer radarähnlichen Echoortung. Die Fledermäuse sind leider sehr stark am Zurückgehen, zum größten Teil am Aussterben. Die Gründe liegen in der allgemeinen Vergiftung unserer Umwelt und der sich daraus ergebenden Insektenarmut sowie dem zunehmenden Mangel an geeigneten Winterquartieren, wie Baumhöhlen, Kirchtürmen, Höhlen, Stollen, Kellern und Gewölben. Auch viele Sommerschlafplätze, die besonders in Baumhöhlen liegen, sind gefährdet. Dem kann man durch das Aufstellen von Fledermauskästen abhelfen. Die Bestimmung der 21 deutschen Fledermausarten ist sehr schwierig, selbst wenn man die Tiere aus nächster Nähe betrachten kann.

1   Großhufeisennase Rhinolophus ferrum-equinum, Spannweite 35,5 cm
Der Name stammt vom hufeisenartigen, häutigen Aufsatz auf der Schnauze. Schwerfälliger, schmetterlingsartiger Flug, in lichten Wäldern und Parklandschaften verbreitet, steigt im Gebirge bis auf 2000 m. Kommt in ganz Westeuropa, Südeuropa, im Balkan und im südlichen Teil Mitteleuropas vor. Weiter nach Norden – bis in die Norddeutsche Tiefebene hinein – wagt sich die Kleine Hufeisennase (Rhinolophus hipposideros), die viel kleiner ist und die nicht schwerfällig, sondern fast schwärmerartig schwirrend fliegt.

2   Abendsegler Nyctalus noctula, Spannweite 40,5 cm
Größte mitteleuropäische Fledermaus, oft schon in der Dämmerung oder am Tage zu sehen. Fliegt bis 50 m hoch und schaltet Sturzflüge ein. Oft gesellig, laute Stimme, fliegt in lichten Wäldern und Parklandschaften.

3   Braunes Langohr Plecotus auritus, Spannweite 25,5 cm
An den langen, längs gerunzelten Ohren leicht erkennbar. Gern in der Nähe des Menschen, in Gärten, Parks und Gehölzen, fliegt in der Nacht, oft an hohen Bäumen rüttelnd. Dem Braunen Langohr äußerst ähnlich ist das Graue Langohr (Plecotus auritus), das sich auch in der Lebensweise nicht stark unterscheidet.

4   Wasserfledermaus Leuconoë daubentoni, Spannweite 24 cm
Fliegt in der Dämmerung und nachts über das Wasser auf der Suche nach Wasserinsekten, streift dabei bisweilen die Wasseroberfläche und kann sogar schwimmen. Flug schwirrend. Fast stets in Gewässernähe anzutreffen. Über ganz Mitteleuropa verbreitet, aber selten.

5   Zwergfledermaus Pipistrellus pipistrellus, Spannweite 20,5 cm
Unsere kleinste Fledermaus, besonders in der Nähe des Menschen anzutreffen. Die Zwergfledermaus ist die erste, die im Jahr erscheint, oft schon im Spätwinter. Schneller Flug mit zahlreichen unvermittelten Flugmanövern, kurz nach Sonnenuntergang und in der Nacht aktiv. Mit Ausnahme des größten Teils Skandinaviens in ganz Europa verbreitet.

SÄUGETIERE

Hasentiere und Nagetiere

Die Hasentiere (Hasen und Kaninchen) sind den Nagetieren außerordentich ähnlich und wurden mit ihnen auch lange Zeit in einer Gruppe vereinigt. Sie sind aber nicht mit ihnen verwandt und haben sich völlig unabhängig von den Nagetieren entwickelt. Die Ähnlichkeit beider Tiergruppen beruht auf einer gleichsinnigen (konvergenten) Entwicklung und auf Übereinstimmungen in der Lebensweise. Die Hasentiere haben im Oberkiefer 4 Schneidezähne, die paarweise hintereinander stehen. Die hinteren sind dabei kleiner und heißen Stiftzähne. Die Nagetiere hingegen haben nur 2 Schneidezähne im Oberkiefer. Die Nagetiere sind eine sehr erfolgreiche Tiergruppe, stellen sie doch rund die Hälfte aller Säugetierarten. Mäuse und Ratten (siehe die folgenden Seiten) gehören zu den häufigsten Säugern überhaupt.

1 Wildkaninchen Oryctolagus cuniculus, Länge um 40 cm
Ursprünglich nur auf der Iberischen Halbinsel verbreitet, im Mittelalter bei uns eingeführt und verwildert. Das Wildkaninchen ist im Gegensatz zum Hasen ein Nesthocker, der in einer Setzröhre zur Welt kommt. Es hat im Vergleich zum Feldhasen kürzere Ohren ohne schwarze Spitze. Kein Winterschlaf.

2 Feldhase Lepus europaeus, Länge 50 – 67 cm
Wohlvertrautes Tier, größer als das Wildkaninchen. Kreuzt sich nicht mit diesem. Die Jungtiere sind Nestflüchter, die in einer Sasse zur Welt kommen. Der Feldhase liebt offene Landschaften und kommt gerne in der Nähe des Menschen vor. Seine Beliebtheit zeigt sich in vielen Übernamen wie „Meister Lampe" und „Mümmelmann" sowie in Redensarten: „Da liegt der Hase im Pfeffer", „Alter Hase", „Wissen, wie der Hase läuft", „Das Hasenpanier ergreifen".

3 Schneehase Lepus timidus, Länge 52 – 65 cm
Im Winterkleid (siehe Bild) leicht zu erkennen, im braunen Sommerkleid hingegen kaum vom Feldhasen zu unterscheiden: Schwanz auf der Oberseite hellbraun, beim Feldhasen schwarz. In den Alpen und in Nordeuropa verbreitet; hält sich im Sommer in Gebieten oberhalb der Baumgrenze (1 500 – 3 000 m), im Winter oft auch in den Wäldern der Tallagen auf.

4 Eichhörnchen Sciurus vulgaris, Länge 20 – 28 cm
An das Baumleben angepaßtes Nagetier, tagsüber aktiv, teilweise sehr zutraulich, ernährt sich hauptsächlich von Samen, Nüssen und Früchten, raubt aber gerne die Eier der Singvögeln. Kommt in der Ebene vorwiegend in einer rotbraunen, im Gebirge in einer schwarzbraunen Variante vor. Das Eichhörnchen hält keinen Winterschlaf, sondern zieht sich zur sogenannten Winterruhe in sein Nest, den Kobel, zurück. Die sibirischen grauen Eichhörnchen liefern einen hervorragenden Pelz.

5 Murmeltier Marmota marmota, Länge 48 – 61 cm
Charaktertier der Alpen, auch im Schwarzwald und in der Schwäbischen Alp stellenweise angesiedelt. Lebt in Kolonien und warnt die Artgenossen mit einem durchdringenden Pfiff. Verbringt die ungünstige Jahreszeit im Winterschlaf.

Nagetiere (Fortsetzung)

Langschwanzmäuse

Auch Echte Mäuse genannt. Schnauze spitz, Vorderfüße mit 4, Hinterfüße mit 5 Zehen. Schwanz sehr lang, kaum behaart, nackt erscheinend, deutlich geringelt.

1   Hausmaus Mus musculus, Länge um 7 – 10 cm
Kulturfolger, lebt das ganze Jahr über in Häusern, geht im Sommer aber auch ins Freie. Hohe Vermehrungsrate, da die Jungtiere nach 3 Monaten bereits geschlechtsreif werden. Allesfresser, der großen Schaden anrichtet. Die rotäugige weiße Maus ist ein wichtiges Versuchstier der medizinischen und biologischen Forschung.

2   Waldmaus Apodemus sylvaticus, Länge 7,7 – 11 cm
Auch Feld-Waldmaus genannt, etwas größer als die Hausmaus, mit kleineren Ohren und größerem Kopf, lebt vorwiegend in offenem Gelände, an Waldrändern, in Gebüschen und in Dünen. Im Waldesinnern findet sich die nah verwandte, etwas größere Gelbhalsmaus (Apodemus flavicollis), die meist am durchgehenden gelben Kehlband zu erkennen ist. Beide Mausarten gehen im Winter auch in Häuser, die Waldmaus meist in die unteren, die Gelbhalsmaus in die oberen Stockwerke.

3   Zwergmaus Micromys minutus, Länge 5,4 – 7,6 cm
Kleinste Mausart. Ein zauberhaftes Geschöpf mit hochinteressanter Lebensweise: Die Zwergmaus hat als einziges altweltliches Säugetier einen Greifschwanz. Sie lebt in Röhrichten und Getreidefeldern und baut dort aus Halmen und Blättern für ihre Nachkommen ein kugelförmiges Nest, das in einer Höhe von 30 – 50 cm frei aufgehängt ist. Es hat keinen Eingang, und die Mutter muß sich durch die kompakte Wand hindurchzwängen. Sie wirft im Nestinneren ihre 6 Jungen und sie verbringt mit ihnen 3 Wochen. In Mitteleuropa in den tieferen Lagen vorkommend, doch heute selten geworden.

4   Hausratte Rattus rattus, Länge 14,5 – 23,5 cm
Die Hausratte ist viel weniger häufig als die Wanderratte. Äußerlich unterscheidet sie sich durch die kürzeren Ohren und den kürzeren Schwanz. Wärmeliebendes Tier, das die oberen Stockwerke der Häuser bewohnt, deshalb auch der Name „Dachratte". Vorwiegend nachts aktiv. Die Hausratte richtet durch das Anknabbern und Verschmutzen von Vorräten und durch die Übertragung von Krankheitserregern größeren Schaden an als die Wanderratte.

5   Wanderratte Rattus norvegicus, Länge 20,4 – 27,3 cm
Wie die vorige Art vorwiegend in Häusern, allerdings zur Hauptsache in Kellern. Da die Wanderratte gut schwimmt, kommt sie häufig in der Kanalisation vor und erreicht durch diese alle Häuser. Häufig auch auf Müllkippen und Schutthalden, wo sie genügend Nahrung findet. Die Wanderratte zeigt ein ausgeprägt raubtierhaftes Verhalten und ist für die Ausrottung mancher Tierarten verantwortlich. Ausgeprägtes Sozialverhalten, lebt in Rudeln. Die Wanderratte wird mit den verschiedensten Giften bekämpft, läßt sich aber in Großstädten keineswegs ausrotten. Auf der anderen Seite ist die weiße Ratte wie die weiße Maus als Versuchstier von großem Nutzen für den Menschen.

Nagetiere (Fortsetzung)

1 Biberratte Myocastor coypu, Länge 38 – 60 cm

Großes, rattenähnliches Tier, auch Nutria genannt. Aus Südamerika stammend und bei uns in den dreißiger Jahren als Pelztier eingeführt. Die Tiere verwilderten, sind aber nicht eingebürgert, weil sie strenge Winter nicht überstehen und verschwinden. Ein ähnliches, ebenfalls an Gewässern lebendes Tier ist die Bisamratte (Ondatra zibethica). Auch sie wurde als Pelztier aus Amerika eingeführt, ist aber vollständig eingebürgert und sogar zu einem schädlichen Tier geworden, weil sie mit ihren Gängen und Höhlen Dämme und Uferbefestigungen unterminiert. Die Bisamratte (Länge 26 – 40 cm) ist deutlich kleiner als die Biberratte und hat einen seitlich zusammengedrückten Schwanz.

2 Haselmaus Muscardinus avellanarius, Länge 6 – 9 cm

Die Haselmaus gehört, entgegen ihrem Namen, nicht zu einer der Mausfamilien, sondern zu den Bilchen oder Schläfern, die man an ihrem langen, buschigen Schwanz erkennen kann. Sie bewohnt strauch- und buschreiche Gebiete und ernährt sich vorwiegend von Beeren. Zu den Schläfern oder Bilchen gehört auch der 13 – 19 cm lange Siebenschläfer (Glis glis), der oft Dachstühle bewohnt, wo er unter unglaublichem Geschrei herumtollt. Den Römern galt er früher als Delikatesse; er wurde sogar für die Tafel gemästet. Alle Bilche fallen in einen Winterschlaf.

Wühlmäuse

Auch Kurzschwanzmäuse genannt. Schnauze stumpf, Schwanz viel kürzer als bei den Langschwanzmäusen, deutlich behaart, nicht nackt erscheinend. Vorderfüße mit 4 oder 5 Fingern, Hinterfüße mit 5 Zehen. Kein Winterschlaf.

3 Erdmaus Microtus agrestis, Länge 9,5 – 13,5 cm

In recht feuchten Lebensräumen anzutreffen, wie Mooren und Sumpfwiesen. Auf trockeneren Feldern, Mähwiesen, Weiden und Äckern lebt die Feldmaus (Microtus arvalis), die äußerlich nur schwer von der Erdmaus zu unterscheiden ist: meist etwas heller, Innenseiten der Ohren schwächer behaart, Ohrmuschel länger. Die Feldmaus ist häufiger als die Erdmaus und für die eigentlichen Mäuseplagen verantwortlich.

4 Ostschermaus Arvicola terrestris, Länge 12 – 20 cm

Größer und gedrungener als die Erd- und die Feldmaus, bewohnt feuchte, kühle Böden, angefangen von Gewässerufern bis zum Kulturland. Die Ostschermaus gräbt ähnlich dem Maulwurf Gänge in den Boden; diese sind aber hochoval, nicht queroval wie beim Maulwurf, Haufen außerdem flacher, von Pflanzenwuchs durchzogen. Schermäuse verwenden gerne auch die Gänge von Maulwürfen. Die Ostschermaus frißt Pflanzen und nagt gerne an Wurzeln von Obstbäumen und Rosen. Dadurch richtet sie beträchtlichen Schaden an, den man fälschlicherweise oft dem Maulwurf zuschreibt.

5 Waldwühlmaus Clethrionomys glareolus, Länge 8 – 12,3 cm

An der dunkelrotbraunen Farbe zu erkennen. Vorwiegend tagsüber aktiv, kommt im Winter auch in die Häuser. Die Gänge liegen nahe der Erdoberfläche, und die Tiere selbst sind oft auf dem Boden zu sehen. In ganz Mitteleuropa verbreitet.

Raubtiere

Fast ausschließlich Fleischfresser, im Körperbau und der Ausstattung der Sinne an die Jagd angepaßt. Die Raubtiere wurden und werden teilweise heute noch unbarmherzig verfolgt, obwohl sie wichtig für das ökologische Gleichgewicht der Natur sind.

1 Fuchs Vulpes vulpes, Länge 90 cm

Da der Fuchs ein Hauptüberträger der Tollwut sein soll, wird er heute in vielen Gebieten unbarmherzig abgeschossen und sogar in seinen Bauen vergast. Trotz all dieser Verfolgungen hat er es aber verstanden, sich zu halten. Er kommt heute nicht nur in der ungestörten Wildnis, sondern mit Vorliebe auch in Vorstädten, ja sogar in Großstädten vor, wo er gerne Mülltonnen ausräumt. Da er vorwiegend nachts unterwegs ist, bekommen die wenigsten Menschen solche Stadtfüchse zu Gesicht. Ein Wurf umfaßt 4 – 6 Junge, die bei der Geburt um 100 g wiegen und blind sind. Seine Beutetiere, vor allem Kaninchen und Tauben, fängt der Fuchs, indem er sich an sie heranpirscht. Bei Nahrungsmangel frißt er jedoch auch pflanzliche Nahrung. Bei uns gilt der Fuchs als Inbegriff der Schläue. Sein Fabelname Reineke bedeutet ursprünglich „der, der Rat, Bescheid weiß". In ganz Europa verbreitet.

2 Wildkatze Felis silvestris, Länge 47 – 80 cm

Nicht die europäische, sondern die ägyptische Wildkatze, die auch Falbkatze heißt, ist die Stammform unserer Hauskatze. Da aber alle diese Tiere zu einer Art gehören, vermischen sich verwilderte Hauskatzen ohne Schwierigkeit mit echten Wildkatzen und zeugen fruchtbare Nachkommen. Da dies schon seit Jahrhunderten geschieht, gibt es in Mitteleuropa wohl keine reinblütige Wildkatze mehr. Man erkennt sie an den folgenden Merkmalen: größer, schwerer und gedrungener als die Hauskatze, stets deutlich gestreift, Schwanz schwarz und dick, das Ende abgestumpft, stets schwarz. Wildkatzenbestände haben sich im Harz, im Hunsrück, in der Eifel und im Bayerischen Wald gehalten. Wildkatzen sind stets Einzelgänger.

3 Dachs Meles meles, Länge 61 – 76 cm

Bei uns recht häufig, aber selten zu sehen, da nur in der Dämmerung und in der Nacht aktiv. Der Dachs ist ein Allesfresser, der sich auch von pflanzlichen Stoffen, Aas und Insekten ernährt. Im Boden gräbt er einen Bau, der von vielen Generationen jahrzehntelang bewohnt wird. Die Paare sollen lebenslang zusammen leben. Der Dachs zieht sich im Winter tagelang in seinen Bau zurück, obwohl er wie auch das Eichhörnchen keinen Winterschlaf, sondern nur eine Winterruhe hält. Von diesem Verhalten stammt wohl der Ausspruch „schlafen wie ein Dachs". Im Volksmärchen heißt der Dachs Grimbart. Seine Schwanzhaare werden zu den besten Rasierpinseln und zum Dachsbart des Jägers gebunden.

4 Fischotter Lutra lutra, Länge 62 – 83 cm

Äußerst selten gewordenes und wohl dem Aussterben geweihtes Raubtier, das hervorragend an das Wasserleben angepaßt ist. Seine Zehen sind durch Schwimmhäute verbunden, die Gehörgänge und die Nasenlöcher unter Wasser verschließbar. Die Nahrung besteht aus Fischen, Krebsen, Schermäusen, Bisamratten und Wasservögeln. Der Fischotter ist nur nachts unterwegs und legt auf der Jagd bis 20 Kilometer zurück. Der Fischotter wird in Gefangenschaft völlig zahm und wurde früher sogar zum Fischfang abgerichtet.

Raubtiere (Fortsetzung)

1   Hermelin Mustela erminea, Länge 32 – 36 cm

Je nach Landschaft und Strenge des Winters färbt sich das Hermelin im Herbst ganz oder teilweise weiß. Nur die Schwanzspitze bleibt immer schwarz. Die weißen Hermelinpelze wurden früher zu Mänteln und Roben für Fürsten und hohe Geistliche verarbeitet. Das Hermelin lebt in heckenbestandenen Landschaften, Parks und lichten Wäldern. In Häuser geht es nicht. Vorwiegend nachts aktiv. In den Zentral- und Westalpen kommt eine Zwergform vor.

2   Mauswiesel Mustela nivalis, Länge 16 – 23 cm

Das Weibchen ist deutlich kleiner als das Männchen. Das Mauswiesel unterscheidet sich vom ähnlichen Hermelin durch die geringere Größe und das rotbraune, nicht schwarze Schwanzende. Es ist das kleinste Raubtier der Erde. Dank seiner schlanken Gestalt kann es Mäuse in ihren Gängen bis in die hintersten Schlupfwinkel verfolgen. Kein Farbwechsel im Winter. Vorwiegend tagsüber aktiv, gerne in der Nähe menschlicher Siedlungen. In ganz Mitteleuropa verbreitet, aber selten.

3   Amerikanischer Nerz Lutreola vison, Länge 35 – 40 cm

Vor ungefähr einem halben Jahrhundert gab es in Mitteleuropa noch den Europäischen Nerz (Lutreola lutreola). Heute ist er bei uns verschwunden und kommt nur noch in Westfrankreich und Osteuropa wild vor. Nerze liefern ein begehrtes Pelzwerk. Die besten Felle kamen jedoch nicht vom Europäischen, sondern vom Amerikanischen Nerz. Diese Art wurde recht früh in Europa eingeführt und in Pelzfarmen gehalten. Tiere, die daraus entwichen, bildeten den Grundstock für die heutige mitteleuropäische Population des Amerikanischen Nerzes. Der Nerz läuft und schwimmt gleich gut und gräbt Höhlen an Gewässerufern. Der Amerikanische Nerz heißt auch Mink.

4   Baummarder Martes martes, Länge 42 – 52 cm

Ein seltenes, scheues Tier, das im Misch- und Nadelwald lebt und die Nähe des Menschen meidet. Aus diesem Grund ist der Baummarder immer mehr am Zurückgehen. Der verwandte Steinmarder (Martes foina) hingegen schließt sich gern dem Menschen an und kommt auch in Dachstühlen vor, weshalb er auch Hausmarder heißt. Der Steinmarder unterscheidet sich nur geringfügig vom Baummarder: Der Kehlfleck ist weiß, sein unterer Rand gegabelt. Man sagt den Mardern Mordlust nach, weil sie häufig da alle Hühner eines Stalles töten. Dies geschieht aber nur, wenn der Marder seine Beute aus irgendeinem Grund nicht abtransportieren kann. Marder bringen ihre Nahrung immer erst zum Versteck und fressen sie dort.

5   Iltis Putorius putorius, Länge 32 – 45 cm

Der Iltis hat seine Tagesverstecke in Scheunen, Ställen und selbstgegrabenen Höhlen. Bei Bedrohung geben die Tiere aus den Afterdrüsen ein abscheulich stinkendes Sekret ab. Ein gezähmter Abkömmling aus nordafrikanischen spanischen Iltisrasse ist das Frettchen, das vor allem bei der Jagd auf Kaninchen Anwendung findet. Der Jäger läßt es mit einem Maulkorb in die Baue, wo es die Kaninchen heraustreibt, meist in Netze, die am Ausgang aufgestellt werden.

Paarhufer

Paarhufer tragen an jedem Fuß 2 oder 4 Hufe aus Horn. Da die Tiere auf den Zehenspitzen gehen, haben sie einen weit ausgreifenden Schritt und sind sehr schnell. Mit Ausnahme der Schweine sind alle Paarhufer Wiederkäuer: Sie können auf der ungeschützten Weide in kürzester Zeit viel Nahrung aufnehmen und sie dann im Versteck in aller Ruhe wiederkäuen. Mannigfaltige Gruppe mit unterschiedlichen Arten.

1 Hirsch Cervus elaphus, Risthöhe 105 – 150 cm, Männchen
Ursprünglich vor allem ein Tier der Auwälder in den Tiefebenen, heute in Bergmischwäldern verbreitet. Es gibt in der Bundesrepublik Deutschland rund 80 Rothirschvorkommen, die voneinander mehr oder minder stark isoliert sind. Die wichtigsten Verbreitungsgebiete liegen in den Alpen, im Schwarzwald, im Harz, im Spessart und im Bayerischen Wald. Vorwiegend Dämmerungs- und Nachttier, deswegen selten zu sehen. Männchen mit Geweih, das mit dem Alter an Größe und Endenzahl zunimmt. Im Alter von ungefähr 10 – 13 Jahren werden die Geweihe aber wieder kleiner, so daß ganz alte Tiere wieder ein jugendliches Aussehen bekommen und zu Spießern (ein Ende) oder Gablern (zwei Enden) werden. Hirsche leben im allgemeinen in Rudeln, die außerhalb der Fortpflanzungszeit nach Geschlechtern getrennt sind. Ältere Männchen sind oft Einzelgänger. Die Brunftzeit liegt von September bis Oktober; in dieser Zeit ist das tiefe Röhren des Männchens zu hören.

2 Reh Capreolus capreolus, Risthöhe 60 – 80 cm, Männchen
Sommerkleid rotbraun, Winterkleid graubraun. Geweih des Männchen mit höchstens 6 Enden, Weibchen ohne Geweih. Das Geweih wird – wie bei allen Hirscharten – jedes Jahr abgeworfen und neu gebildet. Im Mittelalter war das Reh ein seltenes Wild. Da heute die großen Raubtiere fehlen, hat es sich sehr stark vermehrt und nimmt überhand. Dies hat für den Wald schlimme Folgen. Das Reh als Feinschmecker frißt besonders gerne Knospen von Laubbäumen, während Nadelholztriebe verschmäht werden. Damit verhindern die Rehe, daß Jungwuchs von Laubbäumen aufkommt. Unsere Wälder verwandeln sich langsam in Nadelwälder, die zur Hauptsache aus Fichten bestehen. Diese befestigen den Boden aber längst nicht so gut wie Laubbäume, und so kommt es vermehrt zu Erosion und Erdrutschen. Vom ökologischen Standpunkt aus müßte man die Rehe in Mitteleuropa viel stärker bejagen und auf weniger als die Hälfte ihres heutigen Bestandes reduzieren. Die Brunftzeit liegt von Mitte Juli bis Mitte August; das Jungtier kommt aber erst im Mai und Juni zur Welt, also nach 9 Monaten. Diese überlange Trächtigkeitsdauer erklärt sich dadurch, daß die Entwicklung des Keimlings in der Gebärmutter für ungefähr 4 Monate unterbrochen wird.

3 Damhirsch Dama dama, Risthöhe 84 – 110 cm, Männchen
Der Damhirsch kam früher in ganz Mitteleuropa vor, starb in der letzten Eiszeit bei uns jedoch aus. Nur in Kleinasien und im Mittelmeergebiet konnte er sich halten. Die Römer bürgerten ihn wieder in Deutschland ein, wo er heute das bekannteste Parkwild darstellt. In der Wildbahn ist er sehr scheu. Das Männchen mit schaufelartigem Geweih, das Weibchen ohne Geweih.

1

2

3

Paarhufer (Fortsetzung)

1 Mufflon Ovis aries musimon, Risthöhe 65 – 75 cm, Männchen

Das Mufflon ist das europäische Wildschaf. Es erging ihm ähnlich wie dem Damwild (siehe vorige Seite): Vor der Eiszeit war es noch in Mitteleuropa verbreitet, nach den Eiszeiten konnte es sich nur auf den Inseln Korsika, Sardinien und Zypern halten. Besonders in unserem Jahrhundert wurde das Mufflon in Deutschland an vielen Stellen, vor allem in Mittelgebirgen, ausgesetzt und hat sich auch eingebürgert. Die Tiere leben in gemischtgeschlechtigen Rudeln, die von einem alten Muttertier angeführt werden. Die Männchen haben ein großes, schneckenförmig gebogenes Horn, bei den Weibchen ist es klein oder fehlt ganz.

2 Steinbock Capra ibex, Risthöhe 70 – 92 cm, Männchen

Das Männchen ist am säbelartig gebogenem großen Gehörn kenntlich; beim Weibchen sind die Hörner viel kleiner. Im vorigen Jahrhundert starb der Steinbock im ganzen Alpenbogen aus. Nur im heutigen Nationalpark Gran Paradiso im Aostatal hielten sich die Tiere noch recht zahlreich, weil sie vom sardischen Königshaus geschützt wurden. Erst zu Beginn unseres Jahrhunderts wurden wieder Steinböcke aus jener Gegend in den Alpen ausgesetzt. Heute sind sie wieder an vielen Stellen zu sehen. Der Steinbock spielte einst in der Volksmedizin eine wichtige Rolle. Fast alle Teile seines Körpers wurden als Heilmittel gegen Krankheiten verwendet. Am bekanntesten waren die Bezoarkugeln, die sich im Magen finden und aus verklebten Haaren und Harzen bestehen.

3 Gemse Rupricapra rupricapra, Risthöhe 75 – 85 cm

Typisches hochalpines Tier, außerordentlich guter Kletterer. Die Weibchen unterscheiden sich nur in geringem Maße von den Männchen. Beiden sind die kurzen geraden, am Ende umgebogenen Hörner gemeinsam. Die Gemse hat an den Füßen 2 Hufe und weiter oben 2 Afterklauen. Die Sohle schmiegt sich dem Untergrund gut an. Wenn Gemsenmännchen miteinander kämpfen, geht es darum, den Gegner kampfunfähig zu machen. Der Kampf ist also nicht ritualisiert. Gemsen sind verspielte Tiere, die gelegentlich auf Schneeflächen „rodeln". Die Brunft liegt im Spätherbst und Winter. Das Jungtier kommt zur Welt, wenn in den Alpen am meisten pflanzliche Nahrung vorhanden ist.

4 Wildschwein Sus scrofa, Risthöhe 85 – 95 cm, Männchen

Das Wildschwein gehört zu den Paarhufern, hat aber weder Geweih noch Gehörn und käut seine Nahrung auch nicht wieder. Das Männchen unterscheidet sich vom Weibchen durch die Hauer. Bevorzugte Lebensräume sind Wälder, in denen Lichtungen mit Dickungen abwechseln. Das Wildschwein ist ein ausgesprochener Allesfresser. Es sucht seine Nahrung vorwiegend grabend im Boden, wobei es in Äckern und Feldern große Verwüstungen anrichten kann. Vorwiegend in der Dämmerung und nachts aktiv. Einmal im Jahr wirft das Weibchen, die Bache, 4 – 8 Jungtiere, die gestreiften Frischlinge. Das Wildschwein ist die Stammform unseres Hausschweines.

1

2

3

4

Meeressäuger

Meeresbewohnende, sich hauptsächlich im Wasser aufhaltende Formen gibt es in zwei Säugergruppen, bei den Robben und Walen. Die Robben gelten heute als Untergruppe der Raubtiere (siehe Seite 72 – 75); sie stammen wahrscheinlich von bärenartigen Vorfahren ab. Robben haben ein dichtes Fell, stromlinienförmigen Körper und flossenartige Gliedmaßen. Robben können sich auch außerhalb des Wassers aufhalten und bringen hier auch ihre Jungen zur Welt. Wale hingegen sind völlig an das Wasserleben angepaßt. Außerhalb des Wassers können sie nicht überleben. Wale haben flossenähnliche Vordergliedmaßen; die Hintergliedmaßen fehlen. Das Becken ist bis auf einen winzigen Rest zurückgebildet. Die stets waagrecht gestellte Schwanzflosse ist eine Neubildung. Man unterscheidet bei den Walen zwei Gruppen: Die Zahnwale haben Zähne und machen auf andere Meerestiere Jagd. Die Bartenwale hingegen leben von Plankton, besonders von kleinen Krebsen, die sie mit ihren Barten aus dem Wasser ausseihen. Bartenwale verirren sich nur gelegentlich in unsere Gewässer.

1 Seehund Phoca vitulina, Länge 145 – 200 cm

Am rundlichen Kopf leicht zu erkennen. Fellfarbe stark wechselnd, von hellgrau bis fast gelb. Zahlreiche dunkle Flecken. Vorwiegend in seichten Gewässern mit Sandbänken verbreitet, bei uns besonders im Wattenmeer. Leider stark am Zurückgehen, sei es durch die Jagd, die Verschmutzung des Wassers oder den Fischmangel – über den auch die Fischer klagen, obwohl sie daran hauptschuldig sind. „Heuler" sind verwaiste Seehundjunge, die schreiend auf dem Strand liegen. In vielen Fällen kommt die Mutter zurück, weil sie auf Nahrungssuche gegangen war. Heuler sollte man deswegen nicht einfach mitnehmen, sondern bei der nächsten Polizeistelle melden.

2 Kegelrobbe Halichoerus grypus

Die Männchen werden insgesamt 210 – 330, die Weibchen nur 185 – 220 cm lang. Schnauze kegelförmig gestreckt. Die Kegelrobbe bewohnt vorwiegend Felsküsten und ist hauptsächlich in Großbritannien und in der Ostsee verbreitet. Einzelne wandernde Tiere trifft man immer wieder in der Nordsee an.

3 Schweinswal Phocaena phocaena, Länge 135 – 185 cm

Gehört zu den Zahnwalen und trotz des Namens zu den delphinartigen Tieren, oft auch Braunfisch oder Tümmler genannt, doch nicht mit dem Großen Tümmler (siehe unten) zu verwechseln. Der Schweinswal kommt in der Nordsee häufig, in der Ostsee seltener vor. Bisweilen steigt er flußaufwärts. Er lebt in größeren Gruppen, die oft Schiffe begleiten.

4 Delphin Delphinus delphis, Länge 180 – 260 cm

An der abgesetzten Schnauze leicht zu erkennen, vor allem im Mittelmeer in Schulen zu sehen. In der Nordsee und Ostsee nur gelegentlich, im Sommer jedoch regelmäßig bis nach Südengland vordringend.

5 Großer Tümmler Tursiops truncatus, Länge 280 – 410 cm

Am ehesten mit dem Schweinswal zu verwechseln, aber ungefähr doppelt so groß. Schnauze kurz; der Schweinswal ganz ohne Schnauze. Der Große Tümmler tritt in der Nordsee recht oft, in der Ostsee hingegen selten auf. Auch er steigt bisweilen flußaufwärts.

Reptilien/Kriechtiere

Die Kriechtiere oder Reptilien sind wechselwarm oder – wie man volkstümlich sagt – Kaltblüter. Sie können ihre Körpertemperatur nicht regeln, sondern hängen von der Temperatur der Umgebung ab. Deswegen lieben sie besonders warme Stellen. Haut trocken, mit Hornschuppen bedeckt. In Mitteleuropa 17 Arten, dazu 4 Meeresschildkröten, die gelegentlich als Irrgäste in der Nordsee auftauchen.

1   Kreuzotter Vipera berus, Länge 50 – 80 cm

Häufigste Giftschlange Mitteleuropas, am dunklen Zick-Zack-Band auf dem Rücken leicht zu erkennen. Ganz schwarze Tiere heißen Höllenottern, kupferbraune tragen den Namen Kupferottern. Die Kreuzotter bringt lebende Junge zur Welt. Ihre Giftigkeit wird stark übertrieben: Ein gesunder Mensch überlebt den Biß ohne weiteres. In Mitteleuropa weit verbreitet, steigt im Gebirge bis über 2000 m Höhe. Häufig auf Heiden und Mooren.

2   Ringelnatter Natrix natrix, Länge bis 150 cm

Das Männchen bleibt wohl immer unter 1 m Länge. Die Ringelnatter erkennt man am gelben Hinterkopffleck. Sie ist nützlich und sollte auf jeden Fall geschont werden. Die Ringelnatter lebt gerne an feuchten Ufern und geht oft ins Wasser, wo man sie elegant schlängelnd schwimmen sieht. Die Nahrung besteht aus Fröschen, Kaulquappen, Fischen und kleineren Säugern.

3   Glattnatter Coronella austriaca, Länge bis 75 cm

Schlankes, eher kleines Tier mit braunem Längsband an jeder Kopfseite. Der Glattnatter fehlt das durchgehende schwarze Zick-Zack-Band auf dem Rücken, doch wird sie immer wieder mit der Kreuzotter verwechselt. Sie bewohnt im Gegensatz zur Kreuzotter und Ringelnatter warmes, trockenes Gelände, wo sie häuptsächlich von Eidechsen lebt, die sie mit dem Körper umschlingt. Die Glattnatter beißt zu, wenn man sie packt, doch ist ihr Biß ungiftig.

4   Bergeidechse Lacerta vivipara, Länge bis 17 cm

Die Bergeidechse bringt lebende Junge zur Welt. Sie kann deswegen bis weit in den Norden und bis in großen Höhen vorkommen. Oft auf feuchten Wiesen, Sümpfen und Mooren.

5   Zauneidechse Lacerta agilis, Länge bis 21 cm, Männchen

Nur im Frühsommer sind die Flanken des Männchens lebhaft grün gefärbt. In ganz Mitteleuropa häufig. Steigt im Gebirge bis 1300 Meter. Bevorzugte Lebensräume: Gärten, Hecken, Feldränder, sonnige Wiesen, Waldränder.

6   Blindschleiche Anguis fragilis, Länge bis 50 cm

Die Blindschleiche ist keine Schlange, sondern eine Eidechse, die im Laufe der Entwicklung ihre Beine verloren hat. Typische Echsenmerkmale der Blindschleiche sind: Fortbewegung zwar schlängelnd, aber nicht schlangenartig locker, sondern in starren Windungen; Schwanz bricht leicht ab, wächst aber, anders als bei den Eidechsen, nur noch wenig nach; Augenlider beweglich, nicht starr wie bei den Schlangen. Die Blindschleiche lebt auf sonnigen, mäßig feuchten Böden. Sie ist stark am Zurückgehen. Es werden viele Blindschleichen getötet, weil man sie mit Schlangen verwechselt – wobei man aber auch Schlangen am Leben lassen sollte!

Lurche

Die Lurche oder Amphibien sind wechselwarm. Ihre Haut ist nackt und fühlt sich schleimig an. Amphibien kommen durchwegs in feuchten Lebensräumen, teilweise auch im Wasser vor. Aus den Eiern schlüpfen Larven, die bei den Kröten und Fröschen zu Kaulquappen werden. Diese atmen mit Kiemen. Am Ende ihrer Entwicklung verwandeln sie sich in lungenatmende erwachsene Tiere (Metamorphose). In Mitteleuropa gibt es 23 Lurchenarten.

1 Erdkröte Bufo bufo, Länge bis 13 cm
Die Weibchen werden deutlich größer als die Männchen. Häufige Krötenart, oft in Gärten auftretend, hier besonders nützlich, weil sie schädliche Schnecken und Insekten vertilgt. Die Überwinterungsverstecke und die Fortpflanzungstümpel liegen oft recht weit auseinander. Im Frühjahr kommt es deswegen zu größeren Wanderungen.

2 Kreuzkröte Bufo calamita, Länge bis 8 cm
Gegen Trockenheit und Salz wenig empfindlich, kommt deswegen häufig in den Dünen der Nordseeinseln vor. Im Binnenland oft in Kiesgruben. Stimme laut, auf beträchtliche Entfernung zu hören. Nahe verwandt ist die Wechselkröte (Bufo viridis), die man an der grün gefleckten Oberseite erkennt. Auch sie kommt in Dünengebieten vor und heißt dort wegen ihres trillernden Rufes „Dünennachtigall".

3 Grasfrosch Rana temporaria, Länge bis 10 cm
Der Grasfrosch ist entgegen seinem Namen braun; er ist der häufigste Landfrosch Mitteleuropas. Ebenfalls braun sind der Moorfrosch (Rana arvalis), der oft ein helles Rückenband aufweist, und der schlanke, langbeinige Springfrosch (Rana dalmatina), der auffallend gut springt: bis 2 m weit und über $\frac{1}{2}$ m hoch. Unter den grünen Fröschen ist der Große Seefrosch (Rana ridibunda) und der Wasserfrosch (Rana esculenta) zu nennen.

4 Kamm-Molch Triturus cristatus, Länge bis 16 cm, Männchen
Das Männchen hat zur Fortpflanzungszeit einen orangefarbenen Bauch und einen hohen, gezackten Rückenkamm, der an der Schwanzwurzel unterbrochen ist. In Teichen, Weihern und anderen stehenden Gewässern verbreitet, außerhalb der Fortpflanzungszeit gerne unter Steinen und Brettern. In ganz Mitteleuropa verbreitet, heute aber recht selten.

5 Teichmolch Triturus vulgaris, Länge bis 11 cm
Das Männchen hat zur Fortpflanzungszeit einen orangefarbenen Bauch und einen welligen, hohen Rückenkamm, der an der Schwanzwurzel nicht unterbrochen ist und lückenlos in den Schwanzsaum übergeht. Anspruchslose Art, die bei der Fortpflanzung mit winzigen Tümpeln und Pfützen vorliebnimmt. Im Tiefland verbreitet, erscheint schon im Februar oder März.

6 Fadenmolch Triturus helveticus, Länge bis 9 cm, Männchen
Schlanke, kleine Art. Rückenkamm des Männchens in der Fortpflanzungszeit lückenlos in den Schwanzsaum übergehend. In Teichen, Tümpeln und Seen, aber auch in langsam fließenden Gewässern. Fehlt im östlichen Teil der Bundesrepublik Deutschland.

7 Feuersalamander Salamandra salamandra, Länge bis 20 cm
Unverwechselbares, plumpes Tier, vor allem im Bergland verbreitet, lebendgebärender Landbewohner. Heute leider am Zurückgehen.

Insekten

Gemessen an ihrer Zahl und Vielfalt sind die Insekten mit Sicherheit die erfolgreichste Tiergruppe. Man findet sie, abgesehen von der Hochsee, in fast allen Lebensräumen, angefangen von tiefen Bodenschichten bis zu den Spitzen der höchsten Berge, von tropischen Regenwäldern bis zum Schnee der Arktis, in und auf Pflanzen, ja auch auf dem Menschen.

Die Insekten sind uns besonders als Schädlinge an Nutzpflanzen, Haustieren, Nahrungsvorräten, Häusern, Möbeln und anderem Besitztum bekannt, und Gärtner, Forstleute, Landwirte, Tiermediziner und Hausbesitzer führen einen dauernden Kampf gegen diese Tiere. Viele Formen aber – allen voran die Schmetterlinge – erfreuen uns durch ihre Schönheit und ihre bunten Farben. Wiederum andere Insekten sind – was den Menschen angeht – außerordentlich nützlich: So fressen die Marienkäferchen und ihre Larven schädliche Blattläuse, Bienen bestäuben Pflanzen und liefern uns Honig. Schließlich stellen Insekten die Nahrungsgrundlage für zahllose weitere Tiere dar.

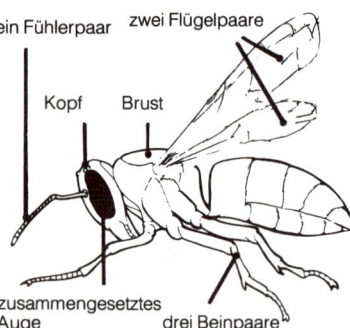

ein Fühlerpaar   zwei Flügelpaare

Kopf   Brust

zusammengesetztes
Auge   drei Beinpaare

Insekten haben einen dreigeteilten Körper: Der Kopf trägt ein einziges Fühlerpaar und meist zusammengesetzte Augen sowie die Mundteile. Diese können ganz unterschiedlich ausgebildet sein, je nachdem, ob das Tier mit ihnen kaut, sticht, leckt oder saugt. Die Brust trägt 3 Beinpaare und 2 Flügelpaare. Bei einigen Formen können die Flügel allerdings fehlen, und die Fliegen haben nur 1 Flügelpaar. Der Hinterleib enthält die Eingeweide, die Verdauungs- und Geschlechtsorgane. Die Weibchen haben meist einen Eilegeapparat, der bei einigen Formen, beispielsweise bei den Arbeiterinnen der Honigbiene, in einen Stachel umgewandelt ist.

Alle Insekten sind verhältnismäßig klein; die größten einheimischen Formen sind der Hirschkäfer und gewisse Nachtschmetterlinge, zum Beispiel der Totenkopfschwärmer und das

Mundteile

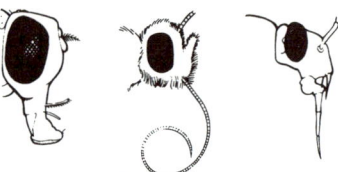

Stubenfliege   Schmetterling   Wanze
(leckend)   (saugend)   (stechend)

Große Nachtpfauenauge. Das Skelett liegt bei den Insekten nicht im Körperinnern wie bei uns, sondern außen. Es besteht aus Chitin, einem sehr widerstandsfähigen, leichten Stoff. Das Außenskelett ist bei den Insekten in einzelnen gelenkig verbundenen Ringen oder Segmenten angelegt. Das Außenskelett der Insekten läßt aus Gründen der Stabilität keine Riesenformen zu, hat aber den Vorteil, daß es den Wasserverlust dieser Tiere in erheblichem Maße mildert.

Die meisten Insekten durchlaufen während ihrer Entwicklung vier Stadien: Ei, Larve, Puppe, erwachsenes Tier. Das gesamte Wachstum findet im Larvenstadium statt. Die Larve selbst sieht ganz anders als das erwachsene Tier aus. Ist sie herangewachsen, so verpuppt sie sich. In der Puppe, die ein Ruhestadium darstellt, entwickelt sich dann das erwachsene Tier, wobei eine erhebliche Gestaltsänderung stattfindet. Wir sprechen von vollkommener Verwandlung.

Einige ursprünglichere Insektengruppen, etwa die Libellen, Schaben und

Heuschrecken, kennen kein Puppenstadium. Bei ihnen vollzieht sich die Verwandlung zum erwachsenen Tier schrittweise in den verschiedenen Larvenstadien. Nach jeder Häutung wird die Larve dem erwachsenen Tier immer ähnlicher. Diese Art der Entwicklung nennen wir unvollkommene Verwandlung.

Die Insekten atmen wie wir Menschen Luft. Selbst im Wasser lebende Insekten steigen zur Oberfläche hoch, um sich mit neuem Luftvorrat zu versehen. Nur einige Larven, etwa von Eintagsfliegen, Libellen und Käfern, haben Kiemen entwickelt, die es ihnen erlauben, den im Wasser gelösten Sauerstoff aufzunehmen. Die landbewohnenden Insekten nehmen die Luft durch Atemöffnungen auf, die an den Seiten der Brust und des Hinterleibes liegen. Sie führen in ein System aus Röhren, den Tracheen, die den Sauerstoff direkt an die Organe und ins Blut abgeben. Dieses wird von einem Herzen in Bewegung gehalten.

Die wichtigsten Insektengruppen sind jedermann vertraut und leicht zu unterscheiden. Die Libellen erkennt man an ihren schlanken Flügeln, dem überaus langen Körper und ihrem meist akrobatischen Flug. Sie sind meist in Gewässernähe zu sehen, weil sich ihre Larven im Wasser entwickeln. Auch die oft grün gefärbten Heuschrecken haben 4 lange Flügel, sie fliegen aber nur selten; meist laufen oder hüpfen sie auf dem Boden oder auf niederen Pflanzen. Wanzen haben stechendsaugende, schnabelartige Mundteile, ihr Körper ist flach. Die vorderen Flügel sind lederartig und bedecken in der Ruhe die häutigen Hinterflügel. Wanzen stechen Pflanzen, seltener auch andere Tiere an. Mit ihnen nahe verwandt sind die Zikaden und die Blattläuse. Bei diesen zarten Tieren sind alle Flügel häutig. Zu den Hautflüglern zählen die allgemein bekannten Bienen, Wespen und Ameisen. Bei den Käfern sind die Vorderflügel zu harten Flügeldecken umgewandelt. Unter ihnen liegen die häutigen Hinterflügel, mit denen die Tiere fliegen können. Die Käfer bilden auch in Mitteleuropa die artenreichste Insektengruppe. Ihre Angehörigen sind fast überall zu finden. Die Schmetterlinge haben große Flügel, die von farbigen Schuppen bedeckt sind. Die Tagfalter klappen ihre Flügel in der Ruhe nach oben zusammen, während die meisten Nachtfalter sie seitlich an den Körper anlegen. Die Fliegen haben nur ein Flügelpaar, gehören aber zu den besten Fliegern im Insektenreich. Die Schwebfliegen, die oft nach Wespenart gelb und schwarz gebändert sind, können wie ein Hubschrauber in der Luft stillstehen. Zu den Fliegen gehören auch die allseits bekannten und lästigen Mücken.

Entwicklung

erwachsenes Tier

Ei

Larve

Larve

Heuschrecke
(unvollkommene Verwandlung)

erwachsenes Tier

Ei

Puppe

Raupe

Schmetterling
(vollkommene Verwandlung)

Flügellose Insekten

Die ursprünglichsten Insekten, darunter die Springschwänze und das Silberfischchen, haben nie Flügel besessen; wir nennen sie deswegen primär flügellos. Daneben gibt es Formen, die früher einmal Flügel hatten, sie im Laufe ihrer Evolution aber eingebüßt haben. Solche Arten gibt es in fast allen Insektengruppen. Die bekanntesten sind die Läuse und die Flöhe. Wir nennen sie sekundär flügellos.

1 Springschwanz Länge 1 – 6 mm

Die Springschwänze oder Collembolen sind eine der individuenreichsten Insektengruppen. In jedem Boden, und sei es auch nur in dem einer Topfpflanze, leben zahlreiche Collembolen. Ihre Dichte kann über 100 000 Tiere pro Quadratmeter Boden betragen. Die Springschwänze sind von größter Bedeutung für die Humusbildung und für den Kreislauf der Stoffe. Die Tiere tragen ihren Namen zu Recht. Am Hinterleibsende ist eine Sprunggabel befestigt, die in der Ruhe nach vorne geklappt wird. Muß das Tier flüchten, so schlagt es diese Sprunggabel ruckartig nach hinten. Gleichzeitig wird der Körper nach vorne geschnellt.

2 Silberfischchen Lepisma saccharina, Länge 11 – 13 mm

Auch Zuckergast genannt, tritt meist in Häusern auf und kann hier lästig oder in geringem Maße schädlich werden, weil es Mehl, Zucker, Leim und Papier frißt. Mit dem Silberfischchen verwandt sind die Felsenspringer (Machilis), die in Felsgebieten häufig auftreten.

3 Menschenlaus Pediculus humanus, Länge 3 mm

Parasitisches, sekundär flügelloses Insekt, das in den Kleidern und im Kopfhaar des Menschen lebt. Hält sich mit den Klammerbeinen fest, saugt Blut und kann dabei gefährliche Krankheiten übertragen, zum Beispiel Flecktyphus, Rückfallfieber oder Fünftagefieber. Ein sicheres Zeichen für den Befall mit Kopfläusen sind die weißlichen Eier (Nissen), die an den Haaren festgeheftet werden. Auch Tiere werden von zahlreichen Lausarten befallen. Am Menschen lebt noch die kürzere, gedrungene Filzlaus (Phthirus pubis), die in der Geschlechtsregion lebt. Beide Lausarten breiten sich zur Zeit stark aus.

4 Floh Länge 1 – 2,5 mm

Die sekundär flügellosen Flöhe sind seitlich abgeplattet, so daß sie sich gut im Haarpelz eines Säugers oder im Gefieder eines Vogels bewegen können. Im Gegensatz zu den Läusen (siehe oben) springen Flöhe sehr weit und können leicht von einem Wirtstier auf das andere übergehen. Alle Flöhe saugen Blut und können dabei schlimme Krankheiten übertragen, zum Beispiel die Pest des Menschen und die Myxomatose des Kaninchens. Nur die erwachsenen Flöhe leben dauernd auf ihren Wirten. Die Larven des Menschenflohs (Pulex irritans) beispielsweise kommen in verschmutzten Bodenritzen vor. Der Menschenfloh ist heute in Mitteleuropa so selten geworden, daß man ihn eigentlich unter Naturschutz stellen müßte!

5 Bücherlaus Liposcelis divinatorius, Länge 2 – 3 mm

Sekundär flügelloses Insekt, das mit den echten Läusen nicht näher verwandt ist. Lebt in Kleidertruhen, muffigen Kammern, Aktenschränken, verstaubten Schubfächern usw. Frißt dort nicht Papier oder Kleider, sondern Schimmelpilze. In der Natur leben zahlreiche Verwandte, die meist geflügelten Staub- oder Rindenläuse.

Heuschrecken

Mittelgroße bis große Insekten, das hinterste Beinpaar meist zu Sprungbeinen umgeformt. Zwei Flügelpaare, das vordere lederartig, das hintere häutig. Die meisten Heuschrecken bringen Laute hervor, sie stridulieren, indem sie eine gezähnelte Schrilleiste über eine Schrillkante ziehen. Ein ähnliches Geräusch entsteht, wenn man mit einem Kamm über den Daumennagel fährt. Die Schrillkante ist eine Flügelader, während die Schrilleiste eine Zäpfchenreihe an den Hinterbeinen oder eine Ader des gegenüberliegenden Flügels (bei den Grillen) sein kann. Anhand des Gesanges kann man einzelne Heuschreckenarten bestimmen.

1 **Heimchen** Acheta domestica, Länge 16 – 20 mm, Weibchen

Auch Hausgrille genannt, bei uns ein ausgesprochener Kulturfolger, der ganzjährig in Häusern lebt. Im Freien könnte das Heimchen den Winter nicht überstehen. Dem Männchen fehlt der lange Eilegeapparat am Hinterleibsende. Das Heimchen kam früher in vielen Häusern vor, ist heute aber stark am Zurückgehen. Nachts aktiv, feiner zirpender Gesang, wurde deswegen früher auch in kleinen Käfigen gehalten. Mit dem Heimchen verwandt ist die häufige Feldgrille (Gryllus campestris). Sie wird allerdings 20 – 26 mm lang, ist schwarz gefärbt und lebt im Freien. Sie hat ihre Röhre in warmen Böden und erfreut uns durch ihren Gesang.

2 **Grünes Heupferd** Tettigonia viridissima, Länge 30 – 50 mm, Weibchen

Auch Grüne Laubheuschrecke genannt. Die Tiere sitzen auf Sträuchern und singen tagsüber und nachts. Das Große Heupferd frißt kaum Pflanzenmaterial, sondern macht auf Raupen, Fliegen, Falter und andere Tiere Jagd. Die Heupferde wurden früher ähnlich wie die Heimchen (siehe weiter oben) wegen ihres Gesanges in kleinen Käfigen gehalten.

3 **Eichenschrecke** Meconema thalassinum, Länge 12 – 15 mm, Weibchen

Lebt auf Bäumen, besonders auf Eichen, fliegt gerne und kommt deswegen nachts auch an das Licht. Die Nahrung besteht wahrscheinlich überwiegend aus kleinen Insekten, weniger aus grünem Laub. In naturnahen Feldern und Gebüschen, aber auch in Parks und mitten in Ortschaften anzutreffen. Weit verbreitet.

4 **Heuhüpfer** Länge 10 – 20 mm

Unter dem Namen „Heuhüpfer" verbergen sich zahlreiche verschiedene, doch einander recht ähnliche Heuschreckenarten, die besonders auf naturnahen Wiesen und auf niederer Vegetation vorkommen. Die Fühler sind im Gegensatz zu den zuvor behandelten Arten kurz und recht kräftig. Heuhüpfer ernähren sich von Pflanzen. Beim Singen reiben sie die Innenfläche der Hinterbeine an einer Schrillader des Vorderflügels.

5 **Maulwurfsgrille** Gryllotalpa gryllotalpa, Länge 35 – 50 mm

Auch Werre oder Erdkrebs genannt. Hervorragend an die unterirdische Lebensweise angepaßt – dabei entwickelten sich gleichsinnige (konvergente) Merkmale wie beim Maulwurf, zum Beispiel die stark verbreiterten Vorderfüße. Obwohl die Maulwurfsgrille überwiegend tierische Nahrung frißt, ist sie doch auf Äckern, Feldern und in Gärten nicht gern gesehen, weil sie beim Graben im Boden die Pflanzenwurzeln schädigt. Die Maulwurfsgrille liebt feuchte Böden und baut ihre Gänge bis in den Grundwasserspiegel hinunter. Überall verbreitet.

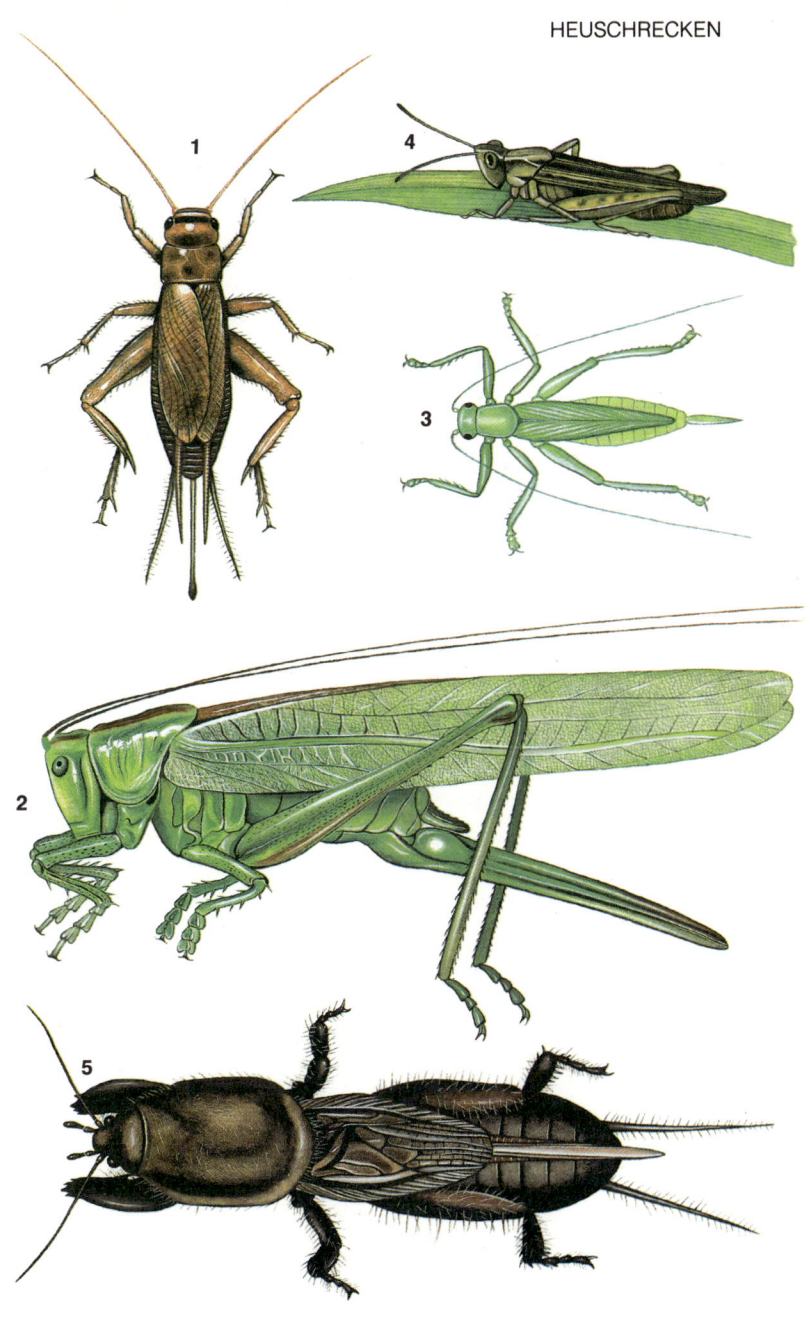

Schaben, Ohrwürmer und Gottesanbeterin

Mit den Heuschrecken näher verwandte Tiere, zum größten Teil in den Tropen verbreitet. Die Schaben sind flache, recht große Insekten mit langen Fühlern; im Gegensatz zu den Heuschrecken haben sie keine Sprungbeine. Sie laufen sehr schnell, fliegen aber selten. Tagsüber meist verborgen, nacht- und dämmerungsaktiv. Lästige Tiere, die besonders in warmen Gebieten vorkommen. Wenige Arten in der freien Natur. Die Ohrwürmer, von denen in Deutschland sechs Arten leben, sind an dem Hinterleibszangen und am langen, schlanken Körper kenntlich. Einige Arten haben die Flügel zurückgebildet.

1 **Hausschabe** Blattella germanica, Länge 11 – 13 mm
Auch „Deutsche Schabe", „Franzose", „Russe", „Preuße" oder „Schwabenkäfer" genannt, je nach den Antipathien der betreffenden Landesgegend! In Mitteleuropa nur in Häusern, durch die neuzeitliche chemische Bekämpfung bereits selten geworden. Allesfresser wie alle Schaben.

2 **Küchenschabe** Blatta orientalis, Länge 19 – 25 mm
Auch Kakerlak genannt. Bei uns nur in Häusern, wie die vorige Art am Zurückgehen, in zoologischen Gärten und in Bäckereien allerdings bisweilen noch häufig anzutreffen.

3 **Amerikanische Schabe** Periplaneta americana,
Länge 23 – 32 mm
In den warmen Gebieten der Erde, besonders in den Tropen, überall häufig, bei uns gelegentlich mit Handelsgütern eingeschleppt. Kann sich in Treibhäusern, zoologischen Gärten und Speichern halten.

4 **Ohrwurm** Forficula auricularia, Länge 10 – 16 mm, Weibchen
„Engherzig schleicht er durch das Moos, beseelt von dem Gedanken bloß, wo's dunkel sei und feucht und hohl, denn da nur ist ihm pudelwohl", schreibt Wilhelm Busch und charakterisiert damit bestens die Eigenschaften des Ohrwurms. Nachtaktiver Allesfresser, der gelegentlich lästig oder gar schädlich werden kann. Die Männchen erkennt man an den viel längeren Hinterleibszangen, die eine ovale oder kreisrunde Fläche umschließen.

5 **Gottesanbeterin** Mantis religiosa, Länge 40 – 75 mm
Das Männchen ist deutlich kleiner als das Weibchen. Die Gottesanbeterin gehört zu den Fangschrecken, die räuberisch von Beutetieren leben. Die Vorderbeine sind zu Raubbeinen umgestaltet, die das Tier in Wartestellung vor der Brust gefaltet hält; daher stammt der Name „Gottesanbeterin". Ausgesprochenes Tagtier, das stillsitzt und auf Beutetiere wartet. Die Gottesanbeterin zeigt bei Gefahr eine beeindruckende Schreckstellung: sie breitet die Flügel aus und zischt dabei hörbar. Die Art bewohnt entsprechend ihrer Herkunft aus dem Mittelmeergebiet nur trockenheiße Stellen. In der Bundesrepublik Deutschland heute nur noch an drei Stellen. In Österreich, im Elsaß und in der Schweiz noch häufiger anzutreffen.

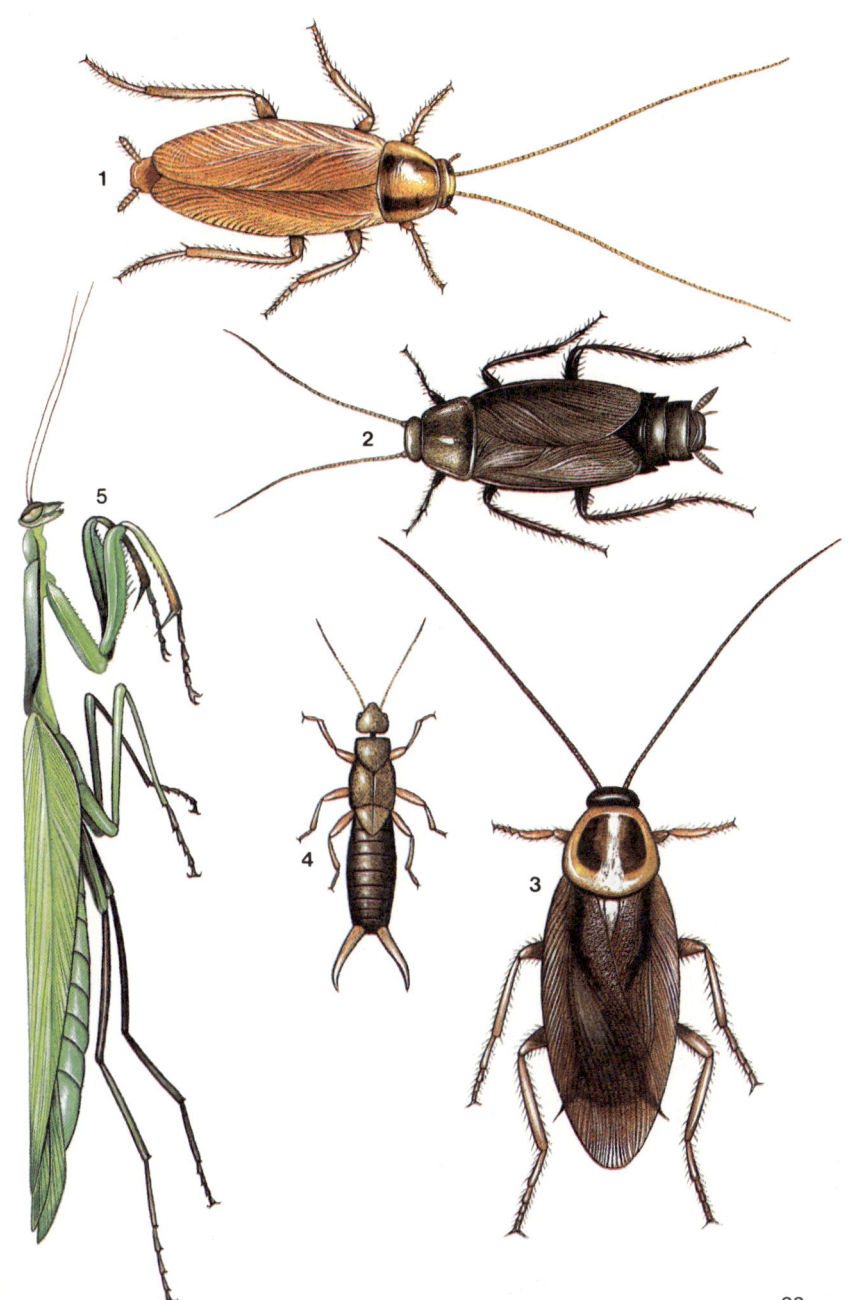

Schnabelkerfe und Netzflügler

Die Schnabelkerfe haben ihren Namen von den schnabelartigen, stechend-saugenden Mundteilen. Fast immer sind 2 Flügelpaare vorhanden. Bei den Wanzen mit ihren flachen Körpern sind die Vorderflügel zum Teil ledrig; sie bedecken die häutigen Hinterflügel. Bei Pflanzensaugern, die im wesentlichen die Zikaden, die Schildläuse und die Blattläuse umfassen, sind alle vier Flügel häutig. Der Körper ist oft seitlich zusammengedrückt. Die Netzflügler sind mit den Schmetterlingen näher verwandt. Man erkennt die Tiere an ihrem langen Körper, den großen, netzartig geaderten Flügeln und den fadenförmigen Fühlern. Die Netzflügler umfassen die Schlammfliegen (siehe Seite 248), die Ameisenjungfern, die Schmetterlingshafte und die Florfliegen.

1 Blattlaus Länge bis 3 mm

Blattläuse sind weichhäutige, rundliche, sehr zarte Tiere – und dennoch gehören sie zu den größten Schädlingen. Sie haben einen komplizierten Entwicklungszyklus, der im Prinzip folgendermaßen aussieht: Aus den Eiern, die überwintern, schlüpfen im Frühjahr flügellose Weibchen (Fundatrices), die durch Jungfernzeugung, also ohne Befruchtung, weitere flügellose und auch geflügelte Weibchen (Fundatrigenien) zeugen. Diese pflanzen sich wiederum durch Jungfernzeugung fort. Am Ende der günstigen Jahreszeit treten besondere Weibchen (Sexuparae) auf, die wiederum durch Jungfernzeugung Männchen und Weibchen hervorbringen. Diese pflanzen sich dann zweigeschlechtlich fort und legen die Eier, die überwintern. Im Verlauf dieser komplizierten Entwicklung kommt es oft vor, daß auch die Wirtspflanze gewechselt wird.

2 Schildlaus Länge bis 6 mm, Männchen

Mit den Blattläusen verwandt und ihnen nicht unähnlich. Die Weibchen sind flügellos und unbeweglich, da die Beine zurückgebildet sind. Sie halten sich an der Wirtspflanze mit den Mundteilen fest und scheiden auf dem Rücken einen wachsartigen Schild aus. Unter diesem Schild werden auch die Eier abgelegt. Die Larve entfernt sich nach dem Ausschlüpfen von der Mutter, setzt sich fest, verliert die Beine und bildet einen Schild. Zahlreiche Arten, zum Teil schlimme Schädlinge an Obstbäumen.

3 Schaumzikade Philaenus spumarius, Länge 6 mm

Die grünlichen Larven dieser unauffälligen Art saugen an Krautstengeln und umgeben sich mit einer weißen Schaumschicht, dem bekannten Kukkucksspeichel. In ganz Europa verbreitet, besonders im Frühjahr auffällig.

4 Schildwanze Pentatoma rufipes, Länge 13 – 16 mm

Die abgebildete Art tritt im Sommer in lichten Wäldern und in Gärten auf und lebt auf Bäumen. Man sieht oft, wie sie Raupen aussaugt. Die Familie der Schildwanzen enthält zahlreiche weitere ähnliche Arten.

5 Florfliege Chrysopa sp., Länge um 20 mm

Recht häufiges Tier, das gerne abends ans Licht kommt und den Winter in Häusern verbringt. Wegen ihrer schönen kugeligen Augen heißt die Florfliege auch Goldauge. Das Weibchen legt langgestielte Eier in der Nähe von Blattlauskolonien ab; diese Tiere bilden auch die Nahrung für die ausschlüpfenden Florfliegenlarven. Dabei bedecken sie ihren Körper zur Tarnung mit den Häuten der gefressenen Blattläuse.

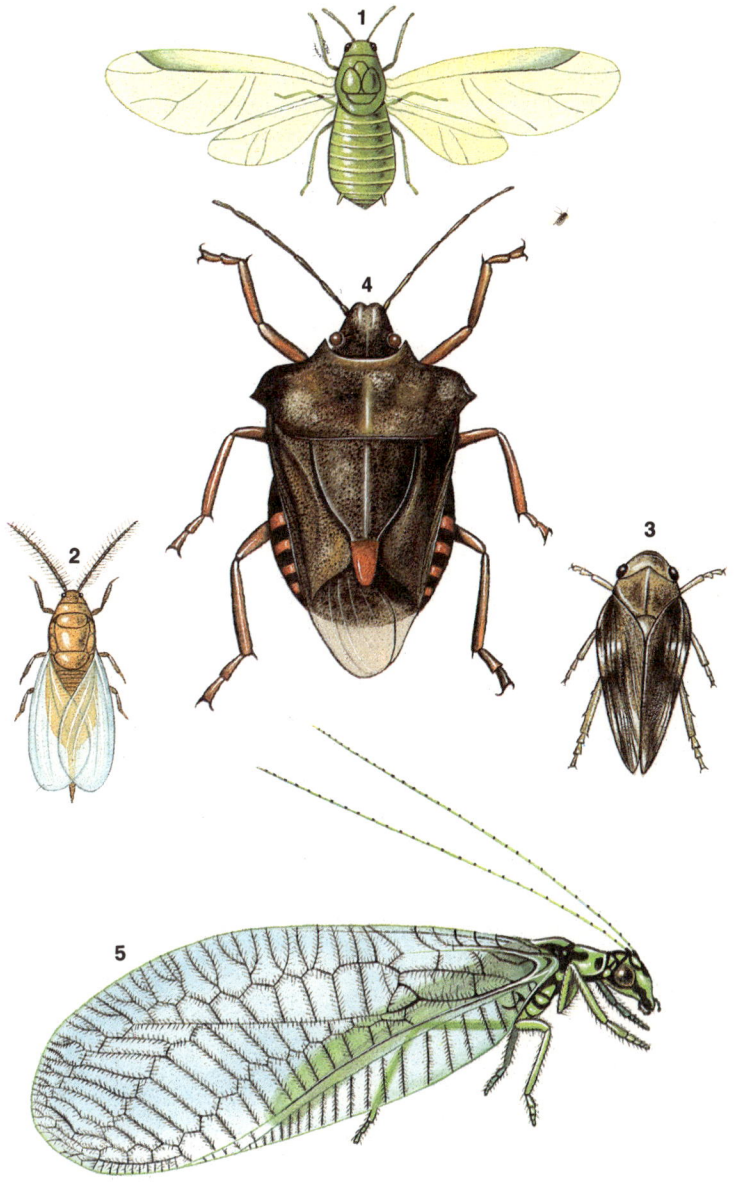

Tagfalter

Als Tagfalter bezeichnen wir einige Schmetterlingsfamilien, deren Angehörige nur tagsüber fliegen. Es zählen dazu etwa die Ritterfalter, die Weißlinge, die Augenfalter, die Edelfalter und die Bläulinge. Alle Schmetterlinge haben eine vollkommene Verwandlung mit den vier Stadien Ei, Larve (Raupe), Puppe und erwachsenes Tier. Die Raupen fressen vorwiegend von Pflanzen und sind teils gut getarnt, teils auffällig gefärbt – um wahrscheinlich mögliche Angreifer vor schlechtem Geschmack zu warnen. In der Bundesrepublik Deutschland fliegen etwa 140 Tagfalterarten, doch sind die meisten in der letzten Zeit katastrophal zurückgegangen.

1 **Schwalbenschwanz** Papilio machaon, Spannweite um 60 mm
Die Raupe lebt auf Doldengewächsen, wie der wilden Möhre, Dill, Kümmel, Petersilie und ist bisweilen in Bauerngärten anzutreffen. Wenn man sie grob anfaßt, stülpt sie eine fleischige Nackengabel aus (siehe Bild), der ein starker, abschreckender Geruch entströmt. Der Schwalbenschwanz tritt jedes Jahr in zwei Generationen auf, einer ersten, die etwas kleiner und heller ist, und einer zweiten, die größer wird und eine sattgelbe Farbe zeigt (siehe Abbildung).

2 **Kohlweißling** Pieris brassicae, Spannweite um 50 mm, Weibchen
Das Männchen unterscheidet sich vom Weibchen dadurch, daß ihm die beiden Punkte und der Strich am Hinterrand des Vorderflügels fehlen. Der Kohlweißling war einst ein schwerer Schädling auf Kohlfeldern, heute gehört er zu den seltenen, ja aussterbenden Schmetterlingsarten. Die Raupe kann man hie und da noch in Gärten sehen, wo sie Kohlblätter skelettiert. Bisweilen sieht man auf ihrem Körper gelbe Puppengespinste; sie stammen von einer parasitischen Schlupfwespe, deren Larven sich im Körper der Raupe entwickeln. In der Bundesrepublik Deutschland leben noch zwei weitere ähnliche Weißlingsarten, die gleichfalls früher sehr häufig waren, heute jedoch selten geworden sind.

3 **Aurorafalter** Anthocharis cardamines, Spannweite 35 – 40 mm, Männchen
Dem Weibchen fehlt der prächtige orangefarbene Fleck des Vorderflügels. Fliegt gerne auf Waldwiesen, gehört zur Familie der Weißlinge. Raupen an Kreuzblütlern, besonders an Kresse und an Wiesenschaumkraut.

4 **Zitronenfalter** Gonepteryx rhamni, Spannweite 40 – 55 mm, Männchen
Das Weibchen ist viel heller gelb, fast weiß. Der Zitronenfalter ist einer unserer ersten Frühlingsboten. Es handelt sich dabei um Tiere, die zwischen trockenem Laub oder frei an Zweigen hängend überwintert haben. Der Zitronenfalter kann als erwachsenes Tier 9 oder 10 Monate leben – ein Rekord unter den Schmetterlingen, deren Lebensspanne sonst höchstens 1 Monat beträgt.

5 **Großes Ochsenauge** Maniola jurtina, Spannweite 35 – 45 mm, Männchen
Dem Weibchen fehlt die orangefarbene Aufhellung auf dem Vorderflügel. Auf Waldlichtungen und an Waldrändern eine der häufigsten Arten. Die Raupe lebt an Gräsern. Auch in feuchten Waldwiesen sieht man oft die ähnlichen, aber kleineren und meist helleren Wiesenvögelchen oder Heufalter, von denen es in der Bundesrepublik Deutschland 6 Arten gibt.

1
1a
2
2a
3
3a
4
4a
5
5a

Tagfalter (Fortsetzung)

1 Bläuling Spannweite 22 – 40 mm, Männchen

Es gibt in der Bundesrepublik Deutschland über 20 Bläulingsarten; die Unterscheidung fällt teilweise auch dem Spezialisten schwer. Nur die Männchen zeigen die blaue Farbe, die Weibchen sind (mit Ausnahmen) einfarbig braun; manche zeigen an den Flügelrändern orangerote Flecken. Zur Familie der Bläulinge zählen allerdings auch Arten, die auf der Oberseite rotgolden oder metallisch glänzen, zum Beispiel die Dukatenfalter und das Feuervögelchen. Der Brombeerzipfelfalter gar ist auf der Unterseite hellgrün, auf der Oberseite eintönig braun gefärbt. Die Raupen der Bläulinge sind asseloder schneckenförmig und haben am Hinterleib meist eine Drüse, die ein süßes Sekret ausscheidet. Die Ameisen schätzen diesen Nektar und „melken" Bläulingsraupen. Die Raupen gewisser Bläulingsarten werden von den Ameisen sogar ins Nest transportiert oder suchen selber Ameisennester auf. Dort spenden sie den Ameisen ihren Nektar, der in gewisser Hinsicht berauschend wirkt, fressen aber gleichzeitig von der Ameisenbrut. Gegen Abend sammeln sich die Bläulinge an gewissen Stellen zu Übernachtungsgesellschaften und hängen kopfüber an den Pflanzenstengeln.

2 Distelfalter Vanessa cardui, Spannweite 45 – 55 mm

Obwohl der Distelfalter jeden Sommer bei uns zu sehen ist, ist er doch in Mitteleuropa nicht heimisch. Alle Tiere wandern nämlich im Frühjahr aus Nordafrika zu uns. Eine einzige Generation kann sich in Mitteleuropa an Disteln entwickeln. Die erwachsenen Tiere versuchen dann im Herbst in den Süden zurückzuwandern. Inwieweit ihnen dies gelingt, ist noch nicht sicher. Dank seines Wandertriebs hat sich der Distelfalter mit Ausnahme Südamerikas über die ganze Welt ausgebreitet.

3 Admiral Vanessa atalanta, Spannweite 50 – 60 mm

Für den Admiral gilt dasselbe, was für die Distelfalter gesagt wurde. Die Tiere wandern im Frühjahr von Südeuropa zu uns. Im Winter können sie sich nicht halten. Die Raupen des Admirals kann man zusammen mit denen des Kleinen Fuchses nicht selten auf Brennesseln sehen.

4 Kleiner Fuchs Aglais urticae, Spannweite 45 – 50 mm

Zusammen mit dem Zitronenfalter (siehe vorige Seite) einer unserer ersten Frühlingsboten. Auch der Kleine Fuchs überwintert als erwachsenes Tier und erwacht unter den ersten Sonnenstrahlen zu neuem Leben. Die Raupen leben gesellig auf Brennesseln. Wenn der Kleine Fuchs mit zusammengeklappten Flügeln auf einem Zweig sitzt, ist er kaum zu erkennen, da die Flügelunterseite eine hervorragende Tarnfärbung aufweist, die den Falter zwischen trockenem Laub verschwinden läßt. Dazu tragen auch die zackigen, scheinbar ausgefransten Flügelränder bei.

5 Tagpfauenauge Inachis io, Spannweite 45 – 50 mm

Einer unserer schönsten Schmetterlinge, zusammen mit den beiden vorigen Arten oft am Sommerflieder (Buddleia) zu beobachten. Lebensweise und Verhalten ähnlich wie beim Kleinen Fuchs.

1

1a

2a

2

3

3a

4a

4

5

5a

Nachtfalter

Die Schmetterlinge, die man als Nachtfalter bezeichnet, haben meist einen dickeren, gedrungeren Körper als die Tagfalter und nicht keulenförmige, sondern fädige oder gekämmte Fühler. Die Zeichnung ist meist einfach, oft düster, in selteneren Fällen auffällig und bunt. Die weitaus meisten, aber nicht alle Nachtfalter fliegen in der Nacht. Tagsüber sind etwa der Blutbär, die Widderchen (siehe Seite 104) und das Taubenschwänzchen (siehe Seite 106) zu sehen.

1 Eichenspinner Lasiocampa quercus, Spannweite um 55 mm, Männchen

Auch Quittenvogel genannt. Das Weibchen ist viel größer (um 75 mm), sein Körper gedrungener, die Flügel ocker bis bräunlich-gelb. Die Flügelfärbung kann aber bei beiden Geschlechtern sehr stark schwanken; so gibt es nahezu schwarze Tiere. Die auffällig behaarte Raupe lebt an Heidekraut, Brombeeren, Weiden, Eichen und anderen Holzgewächsen; sie wird wegen ihres Haarkleides von Vögeln gemieden und ist besonders im Herbst zu sehen, wenn sie über Wege kriecht, um einen Verpuppungsplatz aufzusuchen. Die erwachsenen Schmetterlinge fliegen tagsüber und haben nur ein kurzes Leben, da sie in dieser Zeit nichts fressen.

2 Kieferntriebwickler Evetria buoliana, Spannweite um 25 mm

Ein schädlicher Kleinschmetterling, dessen Raupen von Kieferntrieben fressen. Diese werden entweder braun und sterben ab oder wachsen krumm weiter. Die Verpuppung findet im Trieb statt. Die erwachsenen, hübsch gezeichneten Tiere treten von Juni bis August auf und fliegen abends.

3 Weidenbohrer Cossus cossus, Spannweite 70 – 80 mm

Zusammen mit der folgenden Art einer der altertümlichsten Schmetterlinge. Die dicke, fette Raupe bohrt im Holz Gänge und wird an Weiden und Pappeln, besonders aber auch an Obstbäumen schädlich. Im Frühjahr erfolgt die Verpuppung in einem Gespinst. Die Gänge der Weidenbohrer verraten sich durch Sägemehlhäufchen an der Rinde des befallenen Baumes.

4 Blausieb Zeuzera pyrina, Spannweite um 50 mm

Auch Kastanienbohrer genannt. Lebensweise der Raupe ähnlich wie bei der vorigen Art. Die gefleckten Raupen verbringen 2 oder 3 Jahre im Holz von Obstbäumen und richten dort erheblichen Schaden an. Die Verpuppung erfolgt unter der Rinde, Der Schmetterling erscheint im Juni.

5 Gabelschwanz Cerura sp., Spannweite um 60 – 70 mm

In der Bundesrepublik Deutschland fliegen 2 Gabelschwanzarten, die nicht leicht voneinander zu unterscheiden sind. Trotz einer gewissen Ähnlichkeit sind sie nicht mit dem Blausieb (siehe oben) verwandt. Die Gabelschwanzraupen nehmen bei Bedrohung eine Schreckstellung ein, indem sie den Kopf zurückziehen, das Vorder- und das Hinterende des Körpers hochheben und die gabelförmigen Schwanzfäden ausstülpen (siehe Abbildung). An der Brust liegt eine Drüse, die zur Verteidigung eine scharfe Flüssigkeit ausspritzen kann. Die Raupen leben auf Weiden, Pappeln und Espen und verpuppen sich in einem steinharten Gespinst, das auch abgenagte Holzstückchen enthält.

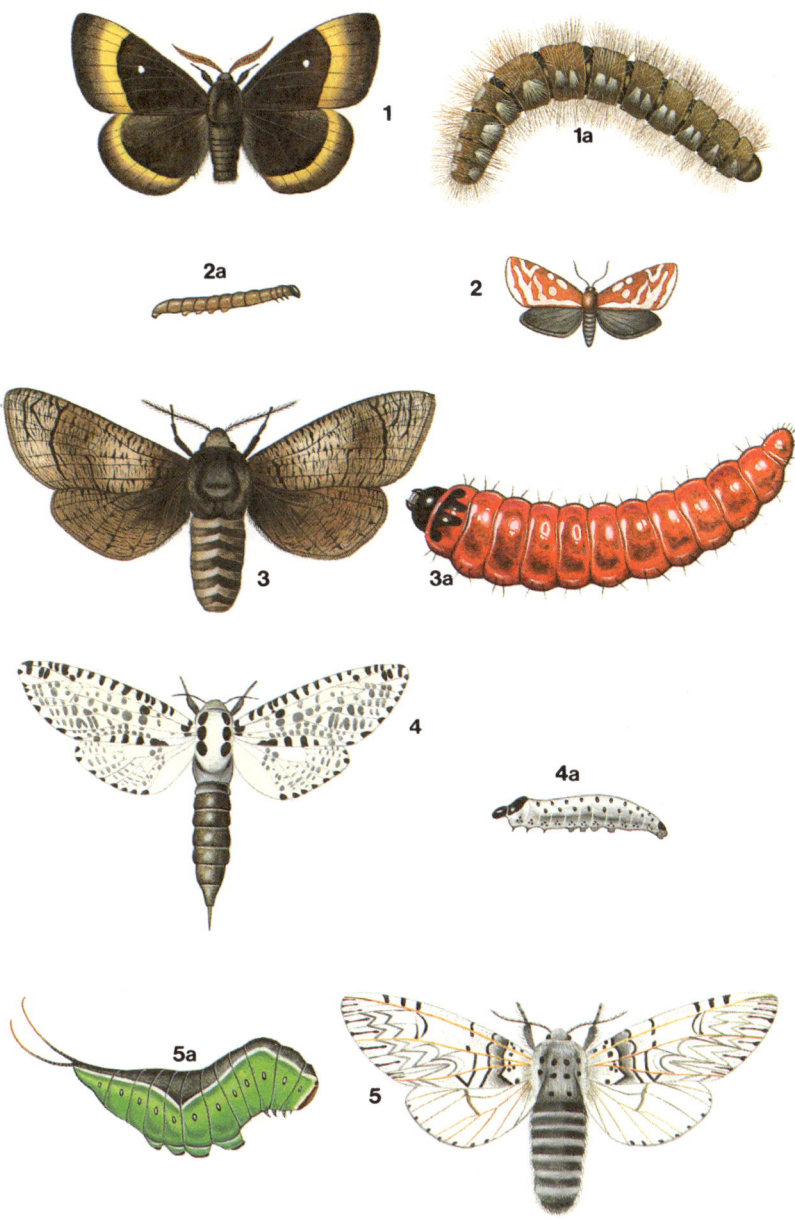

Nachtfalter (Fortsetzung)

1 Rotes Ordensband Catocala nupta, Spannweite 60 − 70 mm
Die Ordensbänder sind große bis sehr große Eulenfalter; sie fallen durch
die bunten Hinterflügel auf. Sechs Ordensbandarten − die häufigste ist die
abgebildete Form − haben rote Hinterflügel. Es gibt aber auch je eine seltene Art mit blauen und gelben Hinterflügeln. Wenn die Ordensbänder auf
Baumrinden sitzen, verdecken sie die Hinterflügel mit den unauffälligen Vor-
derflügeln. Werden sie bedroht, zeigen sie plötzlich ihre bunten Farben und
erschrecken dabei die Angreifer. Ordensbänder kommen in ländlichen
Gegenden recht oft ans Licht. Die Raupen leben von Pappeln, Weiden und
Eichen.

2 Hornissenschwärmer Aegeria apiformis,
Spannweite um 40 mm
Der Hornissenschwärmer gehört zur Familie der Glasflügler, die an den teil-
weise wasserhellen, nicht von Schuppen bedeckten Flügeln kenntlich sind.
Die Tiere fliegen tagsüber, sind schwer zu sehen und meist auch sehr sel-
ten. Der Hornissenschwärmer ahmt mit seinem Aussehen und Verhalten
Stechwespen nach und wird leicht mit ihnen verwechselt. Da diese von
Vögeln nicht gefressen werden, profitiert auch der Hornissenschwärmer
vom Schutz der Wespen. Diese Erscheinung nennt man Mimikry. Sie ist besonders in den Tropen weit verbreitet.

3 Brauner Bär Arctia caja, Spannweite 60 − 70 mm
Die auffallende Färbung des Schmetterlings warnt mögliche Angreifer. Der
Braune Bär ist tatsächlich durch widerlich schmeckende Säfte ungenießbar.
Macht ein Jungvogel einmal eine negative Erfahrung mit diesem Tier, so
wiederholt er sie nicht, weil er sich das Farbmuster des Schmetterlings
gemerkt hat. Die Braunen Bären bleiben also vor weiteren Nachstellungen
sicher. Auch die haarige Raupe wird von Vögeln nicht gefressen, nur der
Kuckuck macht hier eine Ausnahme. Der erwachsene Schmetterling zeigt
eine sehr variable Zeichnung: Die Flecken und Bänder können in jeder
Abstufung vermehrt und verringert sein, so daß es etwa einfarbig weiße
oder einfarbig braune Vorderflügel gibt. Auch Tiere mit gelbem Hinterflügel
kommen vor.

4 Stachelbeerspanner Abraxas grossulariata,
Spannweite 35 − 40 mm
Auch Harlekin genannt. Die auffallende Zeichnung ist wie bei der vorigen
Art eine Warntracht. Die Spanner haben ihren Namen von der eigentümli-
chen Fortbewegungsweise der Raupen, die den Körper bei jedem zweiten
„Schritt" in einer Schlinge nach oben biegen. Dabei setzen sie die hinteren
Beinpaare nahe an den vorderen auf. Der Stachelbeerspanner kam früher
recht häufig an Johannis- und Stachelbeersträuchern vor, ist heute aber sel-
ten geworden.

5 Kleines Nachtpfauenauge Eudia pavonia,
Spannweite um 65 mm, Weibchen
Das Männchen ist kleiner und bunter gefärbt. Die Weibchen locken ihre
Partner mit einem Stoff an, den sie in winzigen Mengen mit dem Hinterleibs-
ende abgeben. Der Geruchssinn der Männchen ist unvorstellbar fein ent-
wickelt, weil sie ein Weibchen von einer Entfernung von über einem Kilome-
ter wahrnehmen. Die auffallende Raupe lebt auf niederen Sträuchern. Die
Schmetterlinge fliegen meist tags auf Lichtungen und auf Mooren.

1

1a

2a

2

3

3a

4a

4

5

5a

Nachtfalter (Fortsetzung)

1 Blutbär Hipocrita jacobaeae, Spannweite 35 – 40 mm
Lokal häufig, in der rot-braunen Warntracht den Widderchen (siehe unten) aähnlich, mit ihnen aber nicht verwandt. Tagsüber fliegend. Raupen an Kreuzkraut, Huflattich und Pestwurz, gleichfalls durch auffallend bunte Warntracht geschützt.

2 Widderchen Zygaena sp.,
Spannweite 35 – 40 mm
Die tagsüber fliegenden Widderchen oder Blutströpfchen kommen in zahl-reichen Arten und Farbvarianten vor. Bei einigen Arten sind die roten Flek-ken weiß gerandet. Die Widderchen bilden eine eigene Familie. Man sieht die Tiere oft in Gruppen auf Skabiosen in Waldlichtungen. Die Tiere sind sehr resistent und sondern bei Bedrohung einen giftigen, abschreckenden Stoff ab. Sie haben deswegen unter den Vögeln keine Feinde.

3 Mondfleck Phalera bucephala, Spannweite 55 – 60 mm
Auch Mondvogel genannt. Die Raupe lebt an Weiden, Pappeln, Eichen, Birken und anderen Laubbäumen. In Ruhestellung auf Baumrinden sit-zend, ist der auffällig gefärbte Schmitterling kaum zu erkennen, weil sein Flügelmuster mit dem der Unterlage verschmilzt.

4 Eichenwickler Tortrix viridanan, Spannweite 35 – 40 mm
Fliegt tagsüber und abends. Ein gefürchteter Schädling, dessen Raupe Knospen und Blätter der Eiche frißt. Die befallenen Blätter werden braun und vertrocknen. Bei Massenvermehrungen fressen die Raupen ganze Bäume kahl und gehen dann auch auch andere Laubbaumarten, ja sogar auf Nadelbäume, über.

5 Frostspanner Cheimatobia brumata, Männchen
Das Männchen hat normal ausgebildete Flügel und eine Spannweite von ungefähr 25 mm. Die Flügel des Weibchens hingegen sind zurückgebildet und höchstens halb so lang wie der Körper. Die erwachsenen Schmetterlin-ge treten von Mitte Oktober bis Ende Dezember auf. Ihre Raupen sind gro-ße Schädlinge an Obstbäumen, wo sie Blätter, Blüten und Fruchtstände mit Seide verspinnen und fressen. Die Bekämpfung ist verhältnismäßig einfach. Die Schmetterlinge schlüpfen nämlich im Boden aus den Puppen; das Weibchen wandert dann die Baumstämme empor und kann mit Leimringen gefangen werden.

6 Birkenspanner Biston betularius, Spannweite 35 – 44 mm
Ein für die Evolutionsforschung bedeutendes Tier, ein Schulbeispiel für Anpassung, Auslese und Veränderung des Erbgutes. In rußigen Industrie-gebieten Englands traten in der zweiten Hälfte des vorigen Jahrhunderts erstmals ganz dunkle Birkenspanner auf. Sie waren auf der einfarbig schwarzen, verschmutzten Birkenrinde gut getarnt, während die normalfar-benen Stücke (siehe Abbildung) den Vögeln sofort auffielen und gefressen wurden. Im Jahre 1895 waren in diesen Gebieten von 100 Birkenspannern 99 dunkel. Die dunkle Variante trat später dann auch auf dem Kontinent auf, während sich die helle Form in ländlichen, unverschmutzten Gebieten hielt. Unter den scharfen Umweltschutzgebieten der letzten Jahre ist eine Rück-kehr zur hellen Form zu beobachten, selbst in Industriegebieten.

Nachtfalter (Fortsetzung)

Holunderspanner Urapteryx sambucaria,
Spannweite um 45 mm
Wegen der Schwänze an den Hinterflügeln auch Nachtschwalbenschwanz (zum Vergleich siehe Seite 96) genannt. Fliegt im Frühsommer an buschigen Waldrändern, in Auwäldern, Hecken, Gärten und Parklandschaften. Die Raupe lebt vorwiegend an Holunder, aber auch an anderen Sträuchern und Laubbäumen. Sie zeigt ein Verhalten, das sie mit vielen anderen Spannerraupen gemeinsam hat: In Ruhestellung halten sich die Raupen nur mit den Hinterbeinen fest und lassen den langen, schlanken Körper schräg von der Unterlage abstehen. Damit sehen sie einem kleinen Zweig täuschend ähnlich, insbesondere wenn der Körper noch Verdickungen und Vorsprünge aufweist, die man mit alten Trieben verwechseln kann.

Schlehenspinner Orgyia antiqua, Spannweite um 25 mm
Das Männchen ist normal geflügelt, während das Weibchen keine Flügel mehr hat und wie ein dicker Sack aussieht. Nach dem Schlüpfen bleibt es auf dem nun leeren Kokon sitzen, läßt sich von einem Männchen besamen und legt dann auf den Kokon die Eier ab. Damit ist seine Lebensaufgabe erfüllt. Der Schlehenspinner heißt auch Bürstenbinder, weil seine Raupe bizarre Haarbüschel aufweist.

Schwärmer

Den Schwärmern sieht man auf den ersten Blick die schnellen, ausdauernden Flieger an: Sie haben einen dicken stromlinienförmigen Leib und schlanke, lange Flügel. Beim Nektarsaugen setzen sie nicht nieder, sondern schwirren über den Blüten, während sie ihren langen Rüssel eintauchen. Schwärmerraupen erkennt man sofort am Horn, das sie am Hinterende tragen. Sie verpuppen sich in der Erde und verbringen dort auch den Winter. Einige Schwärmerarten fliegen jedes Jahr von Südeuropa oder Nordafrika zu uns, können sich hier aber nicht halten. Inwieweit sie im Spätsommer zurückwandern, ist noch nicht bekannt. Zu diesen südlichen Arten zählt der mächtige Totenkopf (Acherontia atropos), der gerne in Bienenstöcke eindringt und als einziger Schmetterling einen Laut ausstoßen kann, der Lindenschwärmer (Herse convolvuli), der seltene, grüngefärbte Oleanderschwärmer (Deilephila nerii), der Linienschwärmer (Deilephila lineata) und auch das Taubenschwänzchen (Macroglossum stellatarum).

3 Taubenschwänzchen Macroglossum stellatarum,
Spannweite um 40 – 45 mm
Häufigste Schwärmerart, dennoch bei uns nicht heimisch, sondern jedes Jahr aus dem Süden zuwandernd. Tagflieger, besucht gerne Gartenblüten, wie Phlox, Petunien und Ziertabak.

4 Ligusterschwärmer Sphinx ligustri, Spannweite um 80 – 90 mm
Raupe recht häufig an Ligusterhecken in Gärten und Parks zu sehen. Schmetterlinge nicht selten am Licht, von Mai bis Juli.

5 Mittlerer Weinschwärmer Pergesa elpenor,
Spannweite 55 – 60 mm
Raupen nicht selten an Weidenröschen auf Ödland. Bei Bedrohung zieht die Raupe den Kopf und den vorderen Teil des Rumpfes zurück, wobei vier mächtige Augenflecke sichtbar werden (siehe Abbildung), die Angreifer offensichtlich erschrecken.

Fliegen

Alle Fliegen, mit einem zoologischen Kunstwort auch Zweiflügler genannt, haben nur ein Paar Flügel. Die Hinterflügel sind zu kölbchenförmigen winzigen Halteren umgewandelt, die als Lagesinnesorgane fungieren. Die Mundteile der Fliegen sind entweder leckend oder stechend-saugend. Die Larve ist fußlos und heißt allgemein Made. Man unterscheidet zwei große Fliegengruppen: Die Mücken haben lange, fadenförmige Fühler mit zahlreichen Gliedern und einen schlanken, gestreckten Körper mit meist sehr langen Beinen, während die eigentlichen Fliegen nur sehr kurze Fühler haben. Blutsaugende Plagegeister gibt es in beiden Gruppen. In Mitteleuropa leben einige tausend Fliegenarten.

1 Zuckmücke Länge 6 – 13 mm
Stechmückenähnliche zarte Tiere, die Männchen mit stark befiederten Fühlern. Zahlreiche Arten in Mitteleuropa. Manche Arten erkennt man daran, daß sie die Vorderbeine in die Luft strecken, während sie sich mit dem mittleren und hinteren Beinpaar auf der Unterlage festhalten. Die erwachsenen Tiere fliegen in Gewässernähe oft in wolkenähnlichen Massen. Die Larven leben im Wasser und spielen als Anzeiger des Sauerstoffgehalts des Wassers eine große Rolle. Formen, die sich in sauerstoffarmem Schlamm aufhalten, haben oft einen roten Farbstoff, der dem Hämoglobin der Wirbeltiere und des Menschen entspricht. Die Zuckmückenlarven bauen sich mannigfaltige Gänge und Röhren auf dem Seeboden.

2 Schnake Länge bis 35 mm
Die großen surrend fliegenden Tiere mit den überlangen Beinen lösen bei den meisten Ekel und Furcht aus. Schnaken stechen jedoch nicht. Sie legen ihre Eier ins Wasser oder in feuchten Boden ab. Die Larven fressen Pflanzenwurzeln und können dadurch schädlich werden, etwa als „Wiesenwurm", der Grünflächen kahlfrißt. Die Kohlschnake (Tipula oleracea), unsere häufigste einheimische Art, kann in Kohlfeldern Schäden anrichten.

3 Bohrfliege Tephritis sp., Länge bis 9 mm
Die Familie der Bohrfliegen umfaßt zahlreiche Formen mit wundervoll gemusterten Flügeln. Die bekannteste Art ist vielleicht die Kirschenfliege (Rhagoletis cerasi), die als Made erhebliche Schäden in Kirschen anrichtet. Sonst bilden die Bohrfliegenlarven in ihren Wirtspflanzen meist Gallen aus. Die abgebildete Bohrfliege lebt in den Blütenständen von Disteln.

4 Taufliege Drosophila sp., Länge um 3 mm
Auch Essigfliege oder – fälschlicherweise – Fruchtfliege genannt. Für den Genetiker unter dem Namen Drosophila eines der wichtigsten Versuchstiere. An den Speicheldrüsenchromosomen dieser Fliegen konnte man erstmals die Orte bestimmter Gene genau feststellen. Die Essigfliegen bzw. ihre Larven werden in Essigfabriken, Weinkellereien und fruchtverarbeitenden Betrieben lästig oder gar schädlich.

5 Schaflausfliege Melophagus ovinus, Länge bis 6 mm
Flügelloses, außergewöhnliches Insekt, früher einfach Schaflaus genannt, gehört aber zur Gruppe der Fliegen. Die Schaflausfliege hält sich dauernd im Pelz von Schafen auf und saugt von ihren Wirten Blut.

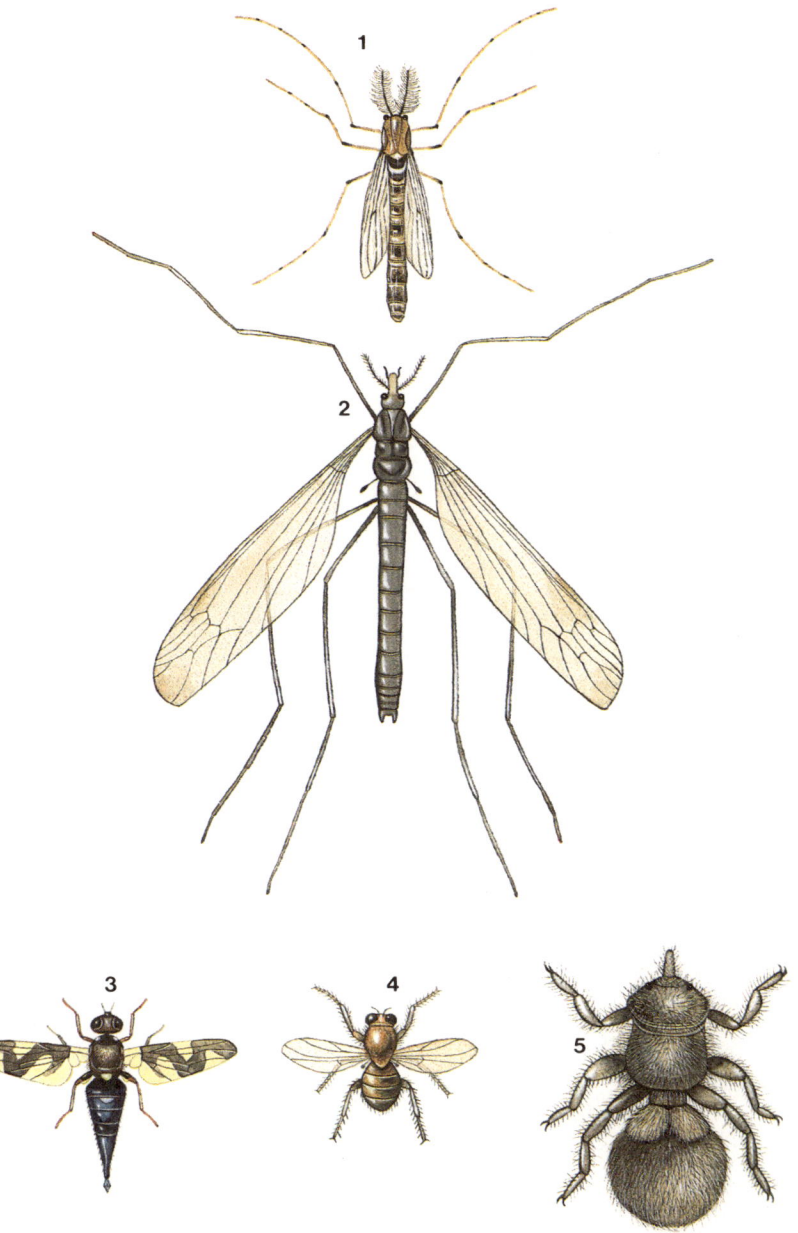

Fliegen (Fortsetzung)

1 Stubenfliege Musca domestica, Länge 7 – 8 mm

Wohl unser lästigstes „Haustier", mit der Lupe betrachtet aber gar nicht so häßlich, sondern von außergewöhnlicher Faszination. Stubenfliegen werden besonders von Dung angezogen und kommen dementsprechend häufig in Ställen vor, wo sie wiederum bei schlechtem Wetter ein wichtiges Futter für unsere Schwalben darstellen. Die Weibchen legen ihre Eier in Dung, Mist, faulendes Fleisch, Pflanzenmaterial und Nahrungsmittel. 12 – 24 Stunden nach der Eiablage schlüpfen die Maden. Nach rund 8 Tagen sind sie ausgewachsen (1a) und verpuppen sich in einer sogenannten Tönnchenpuppe, die sich mit einem Deckel öffnet (1b). Nach 4 – 5 Tagen schlüpft das erwachsene Tier und nach weiteren 3 Tagen kann es sich fortpflanzen. Eine Generation dauert unter günstigen Bedingungen also rund 2 Wochen. Dies erklärt die ungeheure Vermehrungskraft der Stubenfliege. Die Tiere sind übrigens nicht nur lästig, sondern werden auch schädlich, da sie sich auf Speisen und Menschen setzen und Krankheiten wie Trachom und Kinderlähmung übertragen. Auch die Kleine Stubenfliege (Fannia canicularis) kommt zur Sommerzeit gerne in Wohnungen vor. Man erkennt sie an der geringeren Größe und am helleren, schlankeren Hinterleib. Sie zeigt im Zimmer und im Freien typische Schwarmtänze. Weiterhin ähnlich ist der Wadenstecher (Stomoxys calcitrans), der den Menschen schmerzhaft in die Beine sticht.

2 Goldfliege Lucilia sp., Länge bis 14 mm

Unter dem Namen „Goldfliegen" oder „Schmeißfliegen" werden mehrere ähnliche Arten zusammengefaßt. Sie zeigen einen fließenden Übergang vom Aasfresser zum Schmarotzer. Schmeißfliegenlarven leben auf Aas oder in Wunden von Wild- und Haustieren. Sie fressen hier meist nur das abgestorbene Gewebe, so daß sie früher gar zur Wundheilung verwendet wurden. Die Larve einer Schmeißfliegenart ist aber zum Parasitismus am lebenden Tier übergegangen und lebt in den Nasenhöhlen und im Vorderkopf von Erdkröten.

3 Blaue Schmeißfliege Calliphora vomitoria, Länge 14 mm

Häufige Fliege. Die Made lebt wie bei den vorigen Arten an Aas und in eiternden Wunden. An Fenstern sieht man oft tote Fliegen dieser Art, die von einem weißen Puder umgeben sind. Solche Exemplare sind einer Pilzinfektion zum Opfer gefallen.

4 Schlammfliege Eristalomyia tenax, Länge 14 mm

Auch Scheinbiene oder Mistbiene genannt, weil diese Fliege der Honigbiene täuschend ähnlich sieht. Man sieht sie vor allem auf Doldenblüten in größerer Anzahl. Sie setzt sich aber nicht wie die Honigbiene nieder, sondern steht auf hohen Beinen. Die Larven leben in fauligem Wasser, in Abortgruben und atmen mit einem ausziehbaren „Schnorchel", der in der Abbildung 4a in kontrahiertem Zustand dargestellt ist. Am Ende des Atemrohres steht ein Haarkranz, mit dem sich die Larve im Oberflächenhäutchen des Wassers verankert. Die Schlammfliege gehört zu den Schwebfliegen, die mit ihren prächtigen, meist gelben und schwarzen Farben zu den schönsten Fliegen zählen und oft mit Wespen verwechselt werden (Mimikry, siehe Seite 102).

Fliegen (Fortsetzung)

1 Pferdebremse Tabanus bovinus, Länge bis 30 mm

Eine der größten Fliegen Europas. Wie bei allen Bremsenarten sind die Männchen harmlos und saugen Blütennektar, während die Weibchen Blut und Lymphe von Wunden aufnehmen. Die Pferdebremse verschont den Menschen, fügt aber Pferden und Rindern schmerzhafte Stiche oder besser Bisse zu. Die Bremsen, die den Menschen am häufigsten plagen, sind rund 10 mm lang und heißen Regenbremsen (Chrysozona pluvialis), weil sie sich kurz vor Gewittern am schlimmsten aufführen. Man erkennt sie an der grauen Musterung ihrer Flügel. Bremsenlarven leben im Wasser und feuchten Böden und ernähren sich räuberisch von anderen Tieren.

2 Magendasselfliege Gastrophilus intestinalis, Länge bis 13 mm

Auch Magenbremse genannt. Das Weibchen legt seine Eier an die Innenseite der Vorderbeine von Pferden. Die ausschlüpfenden Larven bohren sich in die Haut ein, was einen quälenden Juckreiz hervorruft. Die Pferde lecken sich, und die Fliegenlarven bohren sich in die Zunge des Pferdes ein. Sie wandern bis zum Schlund und werden in den Magen geschluckt, wo sie ihre Entwicklung vollenden. Wenige Tage vor der Verpuppung gelangen die reifen Larven mit dem Dung ins Freie. Die Verpuppung erfolgt im Boden. Bei starker Dasselinfektion wird das Wirtstier erheblich geschwächt. Verwandte Arten kommen auch an Rindern, Schafen und Wildtieren vor. Wenn weibliche Dasselfliegen Wirte aufsuchen, werden die Tiere auf der Weide scheu und galoppieren wild umher. Man sagt, sie biesen.

3 Rinderbiesfliege Hypoderma bovis, Länge 13 mm

Mit der vorigen Art verwandt. Das Weibchen legt seine Eier an die Hinterbeine von Rindern. Die kleinen Larven bohren sich in die Haut ein und wandern ins Rückenmark. Von dort begeben sie sich unter die Haut des Rükkens. Sie bohren eine Öffnung in die Haut, um atmen zu können. Der Sack, in dem sie sich aufhalten, entzündet sich und wird zur Dasselbeule. Die Larven leben von der Lymphflüssigkeit und von Eiter, der sich dort ansammelt. Schließlich verlassen sie den Wirt und lassen sich auf den Boden fallen, wo sie sich verpuppen. Die Dasselbeulen verheilen, hinterlassen aber eine Narbe, die die Häute entwertet. Der Landwirt kann die Dasseln ausdrücken, doch muß dies mit aller Vorsicht geschehen. Auch Rehe, Hirsche und Rentiere werden von Dasselfliegen befallen.

4 Kotfliege Scopeuma stercoraria, Länge 9 mm

Die ockergelben, dicht behaarten Fliegen sind oft auf frischem Rinderdung in großen Mengen anzutreffen. Die erwachsenen Tiere leben räuberisch von anderen Fliegen oder saugen Blütennektar. Die Weibchen legen ihre Eier in den Dung, und die Maden tragen zum Abbau der Rinderexkremente bei. Die Kotfliegen sind im zeitigen Frühjahr eine der ersten, im späten Herbst eine der letzten Fliegen.

Hautflügler

Unter diesem zoologischen Kunstwort fassen wir alle Wespen, Bienen und Ameisen zusammen. Die gemeinsamen Merkmale sind die vier häutigen Flügel und die vollkommene Verwandlung. Man unterscheidet 3 große Gruppen von Hautflüglern: Die Pflanzenwespen haben keine Wespentaille und keinen Stachel. Ihre Larven ähneln Schmetterlingsraupen und fressen wie diese von Pflanzen. Die Schlupfwespen haben eine Wespentaille und meist einen schlanken Körper mit einem langen Legebohrer. Die Larven leben als Schmarotzer an anderen·Insektenlarven oder in Pflanzengallen. Die Stechimmen haben im weiblichen Geschlecht einen Stechapparat. Sie umfassen die Echten Wespen, die Bienen und die Ameisen.

1 **Holzwespe** Urocerus gigas, Länge bis 40 mm
Die Larve dieser völlig harmlosen, aber gefährlich aussehenden Art lebt 3 – 6 Jahre lang in Holz und bohrt dort Gänge. Die erwachsenen Tiere sind im Hochsommer zu sehen und fallen durch ihr surrendes Fluggeräusch auf.

2 **Holzschlupfwespe** Rhyssa persuasoria, Länge 32 mm, Weibchen
Auch Pfeifenräumer genannt. Mit dem körperlangen Legebohrer legt das Weibchen seine Eier in Larven ab, die in Holz wohnen, insbesondere in die Larven der vorher behandelten Riesenholzwespe.

3 **Sandwespe** Länge bis 28 mm
Es gibt zahlreiche Sandwespenarten. Sie kommen fast ausschließlich an warmen, sandigen Stellen vor. Sandwespen jagen Raupen, lähmen sie mit einem Stich und tragen sie in selbstgegrabene Erdhöhlen ein. Auf die Raupen werden Eier abgelegt. Die ausschlüpfenden Larven ernähren sich dann von dieser lebenden „Konserve".

4 **Gemeine Wespe** Paravespula vulgaris, Länge bis 19 mm
Wie alle echten Wespen lebt die Gemeine Wespe in Kolonien, die aus einer fruchtbaren Königin (4a) und unfruchtbaren Weibchen, den Arbeiterinnen (4b), bestehen. Nur die Königin überwintert. Die Arbeiterinnen sterben im Herbst. Im Frühjahr sucht die Königin einen Nistplatz und beginnt mit dem Bau eines Nestes, das aus einer Art Karton besteht. Es handelt sich um feinzerkaute Holzteilchen, die mit Speichel verfestigt werden. Die erste Brut, die nur aus Arbeiterinnen besteht, wird von der Königin aufgezogen. Nachher übernehmen die Arbeiterinnen alle Aufgaben außerhalb und innerhalb des Nestes, während sich die Königin der Fortpflanzung widmet. Im Herbst treten neue fruchtbare Weibchen und Männchen (4b) auf. Ein Nest der Gemeinen Wespe besteht aus ungefähr 2000 Individuen.

5 **Hornisse** Vespa crabro, Länge 40 mm
Größte einheimische Wespe, vorwiegend rotbraun gefärbt. Heute leider selten geworden. Hornissen sehen schreckerregend aus und sind gefürchtet, stechen aber selten.

6 **Rote Waldameise** Formica rufa s.l., Länge 9 mm
Die riesigen Nester der Roten Waldameise sind ähnlich wie die der Gemeinen Wespe (siehe oben) organisiert. Es gibt eine oder mehrere ursprünglich geflügelte Königinnen und zahlreiche ungeflügelte Arbeiterinnen, deren Zahl in die Millionen geht. Diese können aber überwintern und sterben nicht im Herbst. Die Rote Waldameise ist ein sehr nützliches Tier, eine Art Gesundheitspolizei des Waldes.

Bienen und Hummeln

Die Bienen und Hummeln stellen eine Familie der Hautflügler dar. Man unterscheidet nach der Lebensweise 3 Gruppen: einzeln lebende Bienen, soziale Bienen und Schmarotzerhummeln.

1   Sandbiene Andrena sp., Länge bis 13 mm

Auch Erdbiene genannt. Sehr artenreiche Gruppe. Die Sandbienen bauen verzweigte Erdröhren mit Nestkammern und tragen viele Larven und Pollen in ihrem Haarsammelapparat an den Hinterschenkeln aus. Männchen und Weibchen überwintern.

2   Blattschneiderbiene Megachile centuncularis, Länge 13 mm

Der Honigbiene ähnlich, aber mit ganz anderer Lebensweise. Das Weibchen schneidet mit den scharfen Kiefern kreisrunde Teile aus Blättern, meist aus Rosen. Mit diesen Blattstückchen kleidet es die Neströhre aus, die in morschem Holz liegt. In der Neströhre können mehrere solche abgeschlossene Zellen übereinanderliegen. Sie werden mit Pollen beschickt, und das Weibchen legt je 1 Ei hinein.

3   Erdhummel Bombus terrestris, Länge bis 28 mm

Hummeln sind plumpe, stark pelzig behaarte Bienen. Ihre Nester liegen meist im Boden. Das Weibchen legt im Frühjahr einige Brutzellen und einen Vorratstopf für Honig an. Die ersten Arbeiterinnen zieht es selber auch groß. Da das Futter in dieser Zeit eher spärlich ist, bleiben die Arbeiterinnen klein. Laufe des Sommers werden sie größer. Schließlich erscheinen neue fruchtbare Weibchen und Männchen. Im Herbst sterben alle Hummeln mit Ausnahme der begatteten Weibchen ab, die im Frühjahr wieder mit der Gründung eines Nestes beginnen.

4   Schmarotzerhummel Psithyrus sp., Länge bis 25 mm

Etwas weniger stark behaart als die echten Hummeln, bei denen sie parasitieren. Das Weibchen hat keinen Pollensammelapparat, sondern dringt in Hummelnester ein, tötet viele Arbeiterinnen und die Königin und legt dann seine Eier in die Zellen ab. Die verbliebenen Arbeiterinnen der echten Hummeln ziehen dann die Larven der Schmarotzerhummeln auf, bis die gesamte Kolonie praktisch nur aus Schmarotzerhummeln besteht.

5   Honigbiene Apis mellifica, Länge bis 19 mm

Wichtigstes Haustier innerhalb der Insekten, lebt im wesentlichen nur in der Obhut des Menschen, selten frei in der Natur, Heimat wahrscheinlich Südostasien. Die Königin (5b) produziert die Eier. Die Arbeiterinnen (5c) – es sind unfruchtbare Weibchen – bauen die Wachszellen, halten das Nest sauber, suchen Futter und behüten das Nest. Die Männchen oder Drohnen (5a) treten nur im Frühsommer auf. Ihre einzige Aufgabe besteht darin, die neue Königin während des Hochzeitsfluges zu begatten. Diese kehrt dann in ihr Nest zurück, während die alte Königin mit der Hälfte des Stockes ausfliegt, „schwärmt". Die Arbeiterinnen unterrichten sich gegenseitig mit einer Art „Sprache", die aus Schwänzeltanz und Rundtanz besteht, über die Futterquellen im Umkreis des Nestes.

Käfer

Winzige bis sehr große Formen. Die Vorderflügel sind zu harten Flügeldekken umgewandelt, die über den häutigen Hinterflügeln liegen. Oft fehlen diese aber oder sind verkümmert. Körperdecke sehr hart. Vollkommene Verwandlung. Käfer kommen in nahe zu allen Lebensräumen vor, auch im Wasser (siehe Seite 250). In Mitteleuropa rund 5000 Arten.

1 **Violetter Laufkäfer** Carabus violaceus, Länge bis 34 mm

Häufiger auf dem Boden lebender Käfer, verbirgt sich tagsüber unter Steinen, Blättern und im Boden. Geht nachts auf Nahrungssuche, erbeutet Regenwürmer, Raupen und andere Insekten. Die Flügeldecken zeigen einen schönen, metallisch violetten Schimmer. Die lange, schlanke Larve lebt räuberisch. In Mitteleuropa kommen ungefähr 30 Arten dieser großen schönen Laufkäfer (Carabus) vor.

2 **Kurzflügler** Länge bis 20 mm

Die Kurzflügler sind eine sehr weit verbreitete, charakteristische Käferfamilie. Die Flügeldecken sind verkürzt und lassen den größten Teil des Hinterleibs frei. In Mitteleuropa leben mehrere hundert Arten, die nur der Spezialist unterscheiden kann. Die schönsten und größten Formen kann man auf frischem Rinderdung sehen, wo die Tiere Jagd auf andere Insekten machen.

3 **Marienkäferchen** Coccinella septempunctata, Länge 6 mm

Auch Siebenpunkt genannt. Allen bekannter, nützlicher Käfer, der als erwachsenes Tier wie als Larve von Blattläusen lebt. Der Käfer scheidet bei Bedrohung einen übelschmeckenden gelben Saft aus und wird deshalb von Vögeln gemieden.

4 **Hirschkäfer** Lucanus cervus, Männchen

Auch Schröter oder Feuerschröter genannt, weil der Hirschkäfer früher an den Kohlenmeilern eine bekannte Erscheinung war. Die Köhler glaubten, er trüge das Feuer zwischen den Mandibeln fort, um damit strohbedeckte Häuser anzuzünden. Das Männchen des Hirschkäfers (Gesamtlänge bis 76 mm) fällt durch die großen Mandibeln auf. Das Weibchen ist kleiner (Länge bis 45 mm) und hat normale Mandibeln. Es ist ein Märchen, daß ein Hirschkäfer einen Finger abzwicken könne. Die Larve lebt in mulmigem Eichenholz und braucht zur Entwicklung mehrere Jahre. Der Hirschkäfer ist in vielen Gebieten schon sehr selten geworden, weil die Forstleute der Ansicht sind, man müsse jeden faulen Baum sofort entfernen.

5 **Sandlaufkäfer** Cicindela campestris, Länge 10 – 13 mm

Räuberisch lebendes, sehr schnelles Tier, das bei der geringsten Störung auffliegt. Häufig an sandigen, warmen Böschungen in Wäldern, Heiden und Dünen. Die Larve lauert in einer Erdröhre auf vorbeiziehende Beutetiere.

6 **Maikäfer** Melolontha melolontha, Länge bis 25 mm

Allgemein bekanntes Tier, heute vielerorts wegen der chemischen Bekämpfung bereits sehr selten geworden. Die Larven, Engerlinge genannt, fressen Pflanzenwurzeln, während die erwachsenen Tiere bei Massenauftreten Bäume kahlfressen. Der Maikäfer tritt in 2 – 3jährigem Zyklus auf (Maikäferjahre).

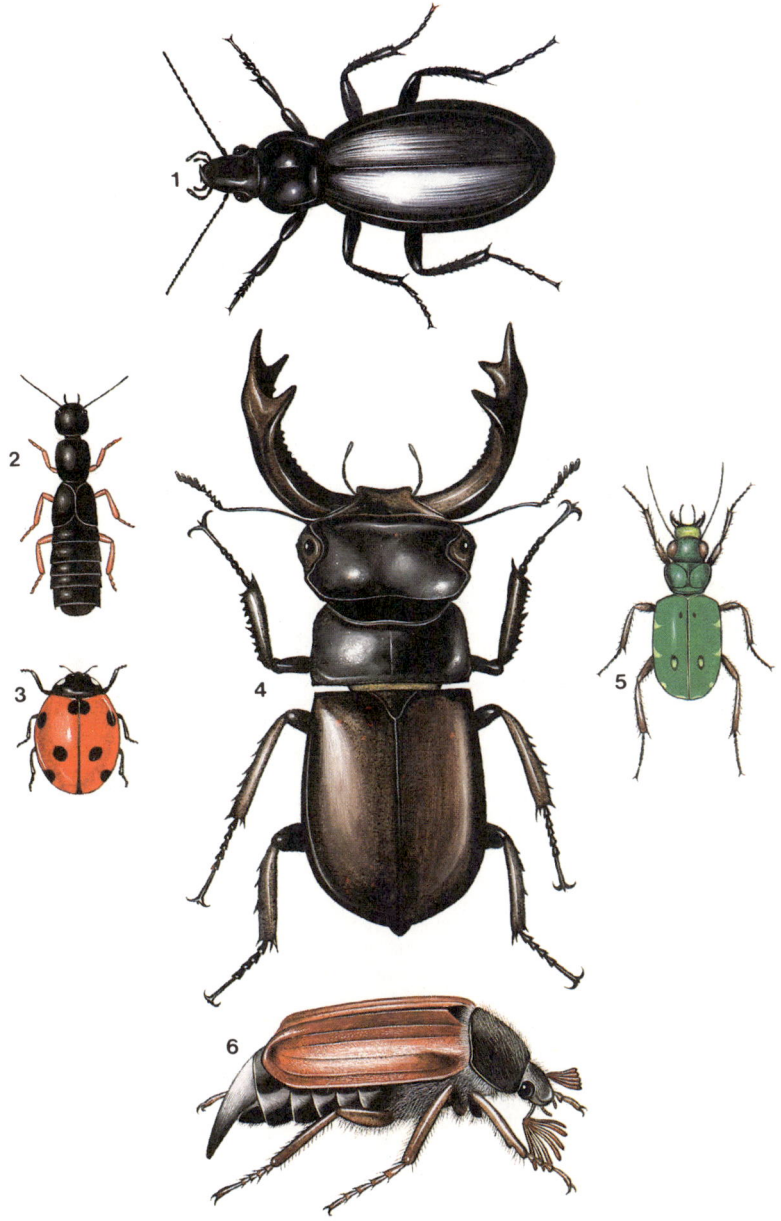

Käfer (Fortsetzung)

1 Teppichkäfer Anthrenus sp., Länge bis 6 mm
Mehrere verwandte Arten, die auch Museumskäfer, Kabinettkäfer oder Pelzkäfer heißen. Diese Namen deuten auf ihre Nahrung: Die Larven leben von den Wollfasern der Pelze und Teppiche und von trockenen Insekten in Museumssammlungen. Tierpräparatoren verwenden die Museumskäfer auch dazu, um trockene Skelette zu reinigen! Die erwachsenen Formen trifft man im Freien gerne auf Blüten an. Eine größere, schlankere Art ist der Speckkäfer (Dermestes lardarius), dessen Larve gerne in Speckschwarten lebt.

2 Bohrkäfer Ptilinus pectinicornis, Länge 3 mm
Das hübsche, winzige Tierchen ist ein arger Schädling in unbehandelten verarbeiteten Hölzern, zum Beispiel in Möbeln, Regalen, Sesseln und Parkettböden. Die weiße Larve lebt ungefähr 3 Jahre; ihr Vorhandensein ist am feinen Sägemehl in den Bohrlöchern zu erkennen. Heute wegen der allgemein geübten Behandlung des Holzes nicht mehr häufig.

3 Mistkäfer Geotrupes stercorarius, Länge bis 22 mm
Mit dem heiligen Pillendreher oder Skarabäus verwandt. Das Weibchen baut unter Rinderdung schräge Erdröhren, versieht sie mit einer Dungpille und legt ein Ei hinein. Die harten, runden Käfer stellen sich, wenn sie angefaßt werden, tot und spreizen alle Beine ab, so daß sie für einen Feind sehr sperrig werden. Im Frühjahr sieht man sie oft auf Wegen laufen und mit hummelähnlichem Geräusch fliegen.

4 Totenuhr Anobium striatum, Länge 4 mm
Die Larven dieses hübschen Käfers, die berüchtigten „Holzwürmer", leben bis 3 Jahre lang in totem Holz und richten dort erhebliche Schäden an. Man erkennt ihre Tätigkeit am Sägemehl, das aus den Bohrlöchern herausrieselt. Die erwachsenen Weibchen geben in den Bohrlöchern Klopfgeräusche von sich, indem sie mit dem Kopf in schneller Folge auf das Holz schlagen. Abergläubige Menschen halten diese Signale für die Vorzeichen eines nahen Todesfalles; daher rührt der Name „Totenuhr". Übrigens klopfen Bücherläuse (siehe Seite 88) in ähnlicher Weise und werden gleichfalls als „Totenuhren" bezeichnet.

5 Schnellkäfer Länge bis 25 mm
Längliche, harte, meist bräunlich oder rötlich gefärbte Käfer, zahlreiche ähnliche Arten. Wenn Schnellkäfer auf den Rücken fallen, können sie aus eigener Kraft sich in die Höhe schnellen. Sie erteilen Brust und Kopf mit Hilfe eines besonderen Gelenkes eine unerhörte Beschleunigung (um das 200fache der Erdbeschleunigung!) und werden von dieser Bewegung mitgerissen.

6 Totengräber Necrophorus sp., Länge bis 25 mm
Die Totengräber, von denen es mehrere Arten gibt, sind eine Art Gesundheitspolizei. Die erwachsenen Tiere versammeln sich bei Kadavern höherer Tiere, graben diese langsam in den Boden ein und verwenden sie als Brutstätte für ihren Nachwuchs. Die größten Totengräberarten erreichen Längen von 35 mm und sind ganz schwarz.

Käfer (Fortsetzung)

1 Moschusbock Aromia moschata, Länge bis 40 mm

Der Moschusbock gehört zur Familie der Bockkäfer, die durch ihren schlanken Körper und die überlangen Fühler auffallen. Der Moschusbock, der in den Farben Grün, Blau oder Violett glänzt, hat einen ausgeprägten Geruch und wurde früher gar dazu verwendet, um Pfeifentabake zu parfümieren. Seine Larve lebt im Holz von Weiden. Der gefürchtetste Bockkäfer ist der schwärzliche, undeutlich weiß gebänderte Hausbock (Hylotrupes bajulus), der besonders das Holz von Dachstühlen befällt und erheblichen Schaden anrichtet.

2 Glühwürmchen Lampyris noctiluca, Länge um 13 mm

Das Weibchen des Glühwürmchens sieht larvenähnlich (2b) aus, während das Männchen (2a) einem normalen, weichhäutigen Käfer gleicht. Das Weibchen zieht das Männchen mit Lichtsignalen an; sie werden in einem Organ erzeugt, das auf der Unterseite des Hinterleibes liegt. Das ausgestrahlte Licht ist kaltes Licht. Der Wirkungsgrad des entsprechenden Vorganges ist viel größer als bei jedem vom Menschen entwickelten technischen Verfahren. Auch die Männchen und die Larven senden Licht aus, wenn auch in geringerem Maße. Die Larven der Glühwürmchen leben von Schnecken, die sie mit einem Biß lähmen und mit Verdauungssaft außerhalb des Körpers verflüssigen.

3 Kartoffelkäfer Leptinotarsa decemlineata, Länge bis 10 mm

Der Kartoffelkäfer stammt aus dem westlichen Nordamerika. Ursprünglich war er nicht häufig und lebte auf einem wildwachsenden Nachtschattengewächs. Als sich der Kartoffelanbau ausbreitete, ging der Käfer auf diese Pflanze über. 1874 hatte er sich bereits bis zur Atlantikküste in Nordamerika ausgebreitet. 3 Jahre später wurde er nach Europa verschleppt, doch konnte man eine weitere Ausbreitung zunächst verhindern. Nach dem Ersten Weltkrieg trat er aber seinen Siegeszug an und kam bald auf allen Kartoffeläckern Mitteleuropas vor. Dieses Beispiel zeigt, wie durch Störung des ökologischen Gleichgewichts ein zunächst harmloses Tier zu einem schlimmen Schädling werden kann. Der Kartoffelkäfer gehört zur Familie der Blattkäfer, von denen es in Mitteleuropa zahlreiche, meist metallisch glänzende Arten gibt.

4 Buchdrucker Ips typographus, Länge um 5 mm

Auch Fichtenborkenkäfer genannt. Der Name Buchdrucker stammt vom Fraßbild, das die Larven unter der Rinde kranker oder frisch gefällter Bäume erzeugen. Die einzelnen Gänge laufen dabei parallel wie die Zeilen eines Buches. Der Buchdrucker und viele andere Borkenkäfer sind arge Schädlinge, die der Forstwirtschaft schweres Kopfzerbrechen bereiten. Wenn gefällte Bäume heute sofort entrindet werden, so ist dies eine Maßnahme, um die Ausbreitung der Borkenkäfer zu verhindern.

5 Rüsselkäfer Länge bis 24 mm

Die Rüsselkäfer sind die größte Käferfamilie. Man erkennt sie an der rüsselförmig verlängerten Schnauze, dem harten, gepanzerten Körper und den rechtwinklig abgebogenen Fühlern. Die Larven der Rüßler leben ausschließlich von Pflanzen und können in Hölzern und Früchten, auf Blättern und in Getreidespeichern erheblichen Schaden anrichten. Die Blattroller sind für ihre komplizierte Brutfürsorge bekannt. Sie rollen Blätter zigarrenförmig ein und legen darin die Wiege für eine Larve an.

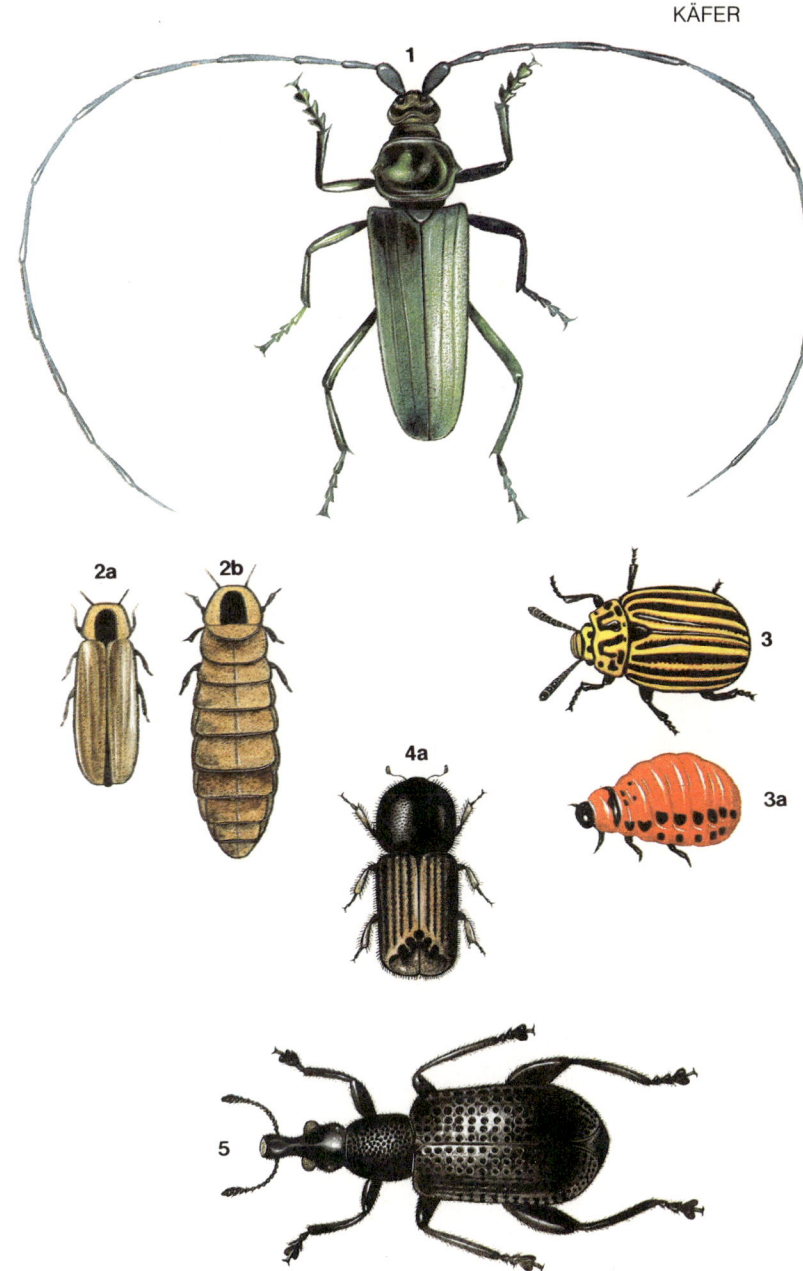

1

2a 2b

3

4a

3a

5

Spinnentiere

Die Spinnentiere unterscheiden sich von den Insekten dadurch, daß sie acht statt sechs Beine aufweisen. Zu den Spinnentieren gehören die Webspinnen, die Weberknechte, die Pseudoskorpione, die Milben und die Skorpione, die nur im südlichen Teil Mitteleuropas vorkommen. Den Spinnentieren fehlen die Fühler, dafür haben sie am Vorderende des Körpers kleine scherenförmige Cheliziren und größere Kneifzangen (Skorpione, Pseudoskorpione, Weberknechte).

1   Weberknecht Körperlänge um 7 mm

Auch Kanker oder Zimmermann genannt. Die auffallend langen Beine brechen leicht ab. Der Körper ist nicht zweigeteilt wie bei den meisten übrigen Spinnentieren, sondern stellt einen einheitlichen Sack dar. Zahlreiche Arten in Mitteleuropa, die häufigste ist wahrscheinlich der Gemeine Weberknecht (Phalangium opilio), der im Herbst häufig auf abgeernteten Feldern zu sehen ist.

2   Pseudoskorpion Länge bis 6 mm

Auch Afterskorpion genannt. Skorpionähnliche Tiere, mit diesen aber nicht näher verwandt. Den Pseudoskorpionen fehlen beispielsweise der spitz ausgezogene Schwanz mit dem Giftstachel. Zahlreiche Arten in Mitteleuropa. Niedliche Tiere, die sich geschickt auf dem Boden, im Moos und unter Rinden bewegen. In muffigen Bibliotheken kann man gelegentlich den Bücherskorpion (Chelifer cancroides) sehen, der auf Bücherläuse (siehe Seite 88) Jagd macht. Die Jungen der Pseudoskorpione wachsen im Körper des Weibchens heran.

3   Kreuzspinne Araneus diadematus, Länge bis 16 mm

In Gärten, Parks und Heiden sehr häufige Webspinne. Verfertigt in ungefähr einer Stunde Arbeit das bekannte Radnetz, das für den Fang fliegender Beutetiere angelegt wird. Die Kreuzspinne setzt sich ins Zentrum des Netzes oder in ein nahe gelegenes Versteck, wobei sie mit der Netzmitte durch einem Faden verbunden bleibt.

4   Baldachinspinne Linyphia sp., Länge 2 – 3 mm

Die Baldachinspinnen weben in oft ungeheurer Zahl waagrechte Decken nahe am Boden, auf Gebüschen, hinter Möbeln, im Gras. Von der Decke ziehen sie zahlreiche Fäden nach oben. Umherfliegende Insekten stoßen an das Netz und fallen auf die Decke herab. Dort werden sie von den Spinnen, die an der Deckenunterseite mit dem Bauch nach oben lauern, mit einem Biß gelähmt und gefangen.

5   Tapezierspinne Atypus sp., Länge bis 10 mm

Die eigentümliche Spinne kleidet eine Erdröhre mit Gespinst aus. Auf der Bodenoberfläche setzt sich diese Röhre als Seidenschlauch fort. Gelangt ein Tier auf dieses Gespinst, so schießt die Tapezierspinne aus ihrer Röhre und schlägt sofort zu. Die Spinne ist an warmen Böschungen anzutreffen.

6   Hausspinne Tegenaria domestica, Länge bis 19 mm

Auch Winkelspinne genannt, da das langbeinige Tier waagrechte dreieckige Gespinste vor Mauerwinkeln webt. Die Gespinste laufen in eine Röhre aus, in der das Tier auf Beute lauert.

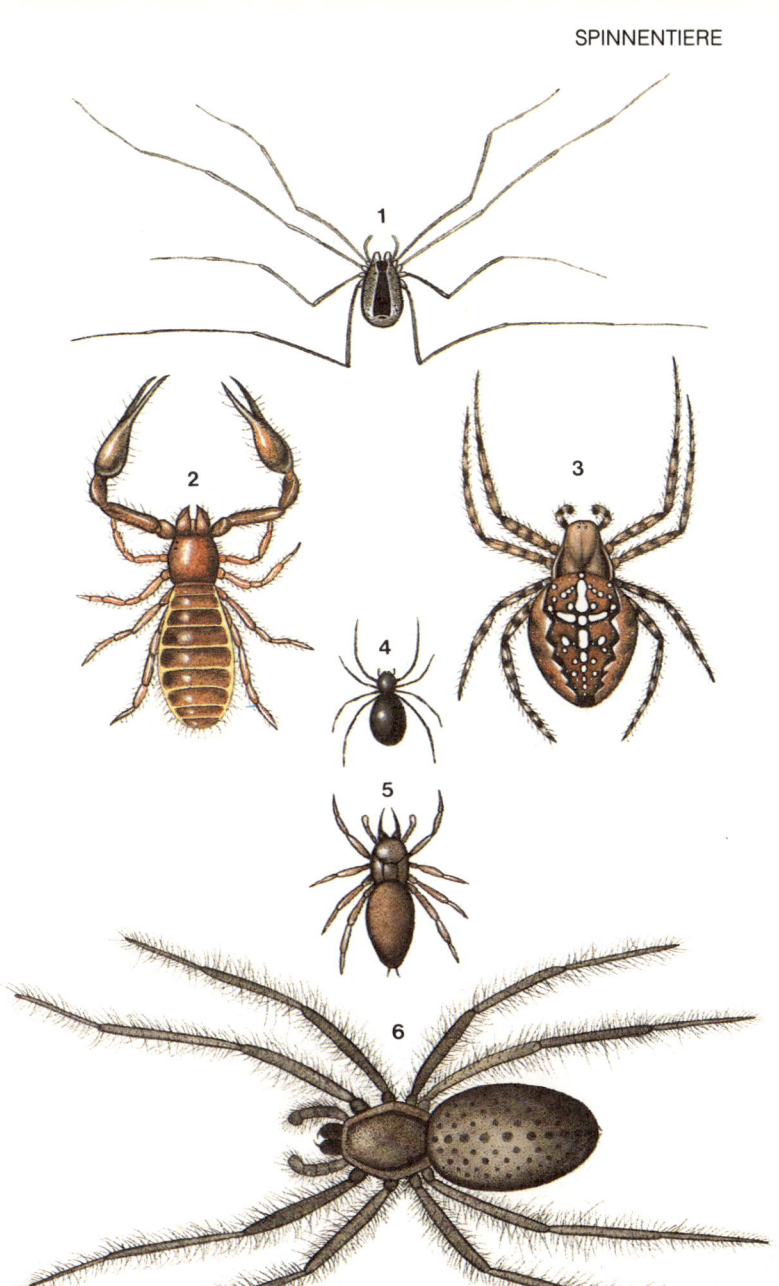

Bodentiere

Die Tiere, die im Boden, in der Waldstreu, unter Steinen und Brettern leben, gehören zu den unterschiedlichsten Gruppen, zum Beispiel den Säugern, den Reptilien, den Spinnentieren, den Insekten, den Krebsen, den Tausendfüßern, den Regenwürmern, den Weichtieren und vielen anderen. Die meisten Bodentiere scheuen das Licht und lieben feuchte Plätze, wo sie vor Austrocknung geschützt sind. Viele Bodentiere fressen abgestorbenes Pflanzenmaterial und Holz und tragen dabei zu dessen Abbau bei, doch gibt es auch zahlreiche Formen, die räuberisch leben.

1 Tausendfüßer Länge 15 bis 40 mm

Der Rumpf besteht aus einer Vielzahl gleichartiger Ringe; bemerkenswerterweise trägt jedes sichtbare Segment zwei Beinpaare. Deswegen heißen die Tiere mit einem zoologischen Kunstwort auch „Doppelfüßer". Beim Laufen bewegen sich die Beine in Wellen. Tausendfüßer kommen im wesentlichen in 3 Gestalten vor: zylindrisch-wurmförmig (hier abgebildet), bandförmig und abgeplattet mit seitlichen Auswüchsen (Bandfüßer, Polydesmus) und kugel- oder asselförmig (siehe unten). In jedem Fall ist das Außenskelett hart und mit Kalksalzen imprägniert. Fast alle Tausendfüßer sind Pflanzenfresser, die eine große Rolle beim Abbau toten pflanzlichen Materials spielen.

2 Saftkugler Glomeris sp., Länge bis 13 mm

Dieser asselförmige Tausendfüßer (siehe oben) kann sich, wie manche Asseln, zu einer vollkommenen Kugel einrollen. Die Tiere leben in den obersten Schichten der Waldstreu und ernähren sich von trockenem abgefallenem Laub.

3 Hundertfüßer Lithobius forficatus, Länge bis 23 mm

Die Hundertfüßer werden immer wieder mit den Tausendfüßern verwechselt. Sie haben aber pro Segment nur 1 Beinpaar. Der Körper ist abgeflacht, das Außenskelett elastisch, meist braun. Die Tiere laufen meist reißend schnell und leben räuberisch. Ihre Beutetiere überwältigen sie mit ihren sichelförmigen Giftklauen am Kopf. Die abgebildete Art ist auch unter dem Namen „Steinkriecher" bekannt und kommt bei uns sehr häufig vor. Daneben gibt es bei uns noch die langgestreckten, fadendünnen Erdläufer, die größeren Skolopender (Cryptops) und schließlich die berühmte Spinnenassel (Scutigera coleoptrata), ein nachtaktives, langbeiniges, äußerst schnelles Tier, das in den wärmsten Gegenden Mitteleuropas vorkommt.

4 Landassel Länge bis 17 mm

Landasseln sind kleine Krebse, die sich an das Leben außerhalb des Wassers angepaßt haben. Auf ihre Herkunft verweist allerdings noch ihre Vorliebe für feuchte Orte. Asseln fressen verrottetes Pflanzenmaterial und tragen erheblich zum Abbau toter Blätter und zur Humusbildung bei. Der Gärtner sollte diese Tiere deswegen schonen! Die Jungtiere entwickeln sich in einem Brutbeutel am Bauch eines Weibchens.

5 Regenwurm

Regenwürmer sind mit den Gliederfüßern nahe verwandt, da ihr Körper aus zahlreichen Ringen oder Segmenten aufgebaut ist. Regenwürmer fressen Pflanzenmaterial und verarbeiten es zu Humus. Überdies lockern sie mit ihren Gängen den Boden. Ihre entscheidende Rolle für die Bodenfruchtbarkeit hat übrigens Charles Darwin entdeckt. Die gesamte Biomasse der Regenwürmer auf einem Hektar Weide entspricht dem Gewicht der Rinder, die darauf grasen können!

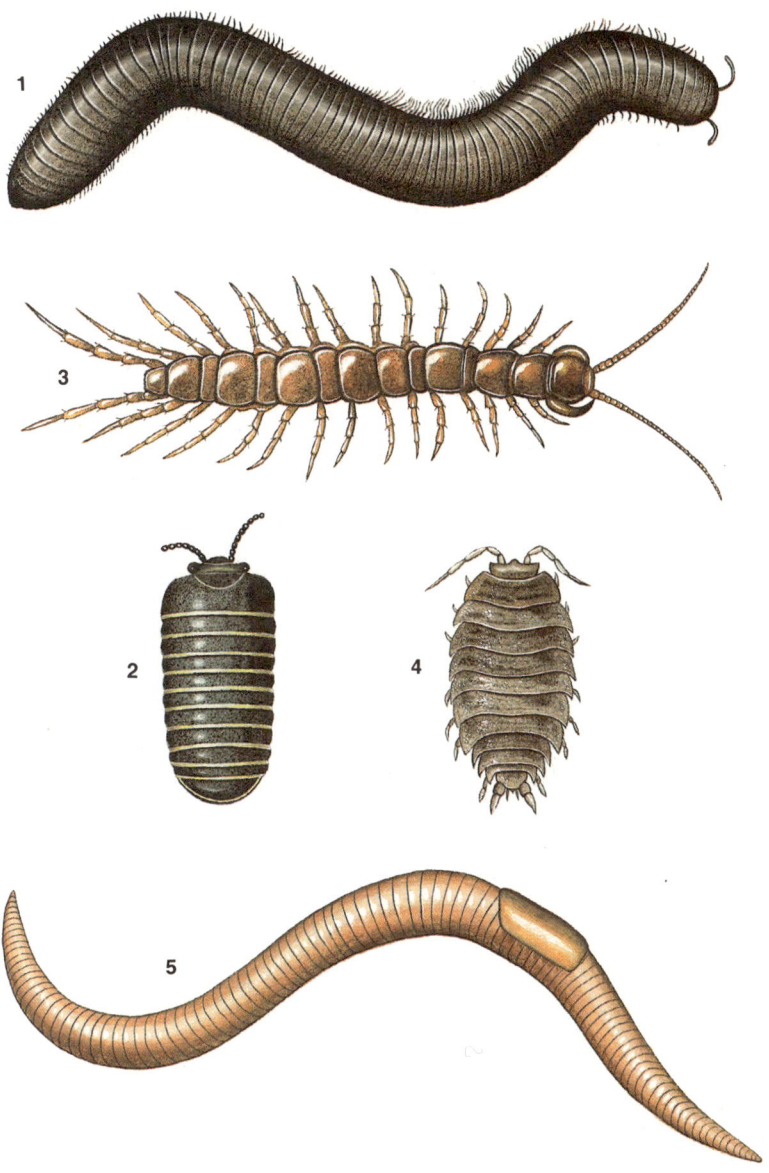

Weichtiere

Zu den Weichtieren zählen vor allem die Muscheln, die Tintenfische und die Schnecken. Nur diese haben sich das Festland erobert und kommen auch auf dem Trockenen vor (siehe auch Seiten 270 – 274). Dazu mußten die Schnecken aber erst Lungen ausbilden (Lungenschnecken). An die Herkunft aus dem Wasser erinnert noch die schleimige Haut und das Bedürfnis nach Feuchtigkeit: die meisten Landschnecken findet man nach Regenfällen. Das spiralig aufgewundene Schneckenhaus ist bei den Nacktschnecken zurückgebildet und vom Mantel überwachsen.

1 Weinbergschnecke Helix pomatia, Gehäuse 38 – 45 mm breit
Auf Kalkböden häufiges Tier, wird seit den Zeiten der Römer gerne gegessen, heute zum größten Teil in besonderen Farmen gezüchtet. Die Weinbergschnecke ist wie alle Lungenschnecken zwittrig. Vor der Paarung stoßen sich die Partner als Reizmittel gegenseitig den Liebespfeil in den Körper. Die Tiere besamen sich gegenseitig, und beide können nachher Eier legen. Zur Überwinterung geht die Weinbergschnecke in den Boden, zieht sich in ihr Haus zurück und verschließt den Eingang mit einem Kalkdeckel. Derart eingedeckelte Weinbergschnecken trugen die Soldaten Napoleons als eiserne Ration mit sich.

2 Gartenschnecke Cepaea hortensis, Gehäuse 16 – 22 mm breit
Weit verbreitet, vor allem in Gebüschen, Laubwäldern und an Felsen vorkommend. Steigt in den Alpen bis in 2000 m Höhe.

3 Hainschnecke Cepaea nemoralis, Gehäuse 17 – 22 mm breit
Bei uns besonders in Gärten, Parks und Hecken verbreitet. Heller als vorige Art, an den dunklen Bändern zu erkennen, die allerdings oft auch fehlen können. In den Alpen bis 1300 m Höhe steigend.

4 Ackerschnecke Deroceras agreste, Körperlänge 40 – 60 mm
Die Färbung ist sehr veränderlich, von hellgrau bis dunkelgrau, von graubraun bis rötlichbraun. Häufiger Schädling in Gärten und Pflanzungen. Reste des kalkigen Gehäuses kann man bei den Nacktschnecken unter dem Mantel in der Gegend des Atemloches finden.

5 Große Wegschnecke Arion ater, Körperlänge bis 150 mm
Jedermann vertraute Art, da sie nach Regenfällen oft über Wiesen und Winkel kriecht. Eine nahe verwandte Form, Arion rufus, ist ziegelrot gefärbt. Die Paarung der Wegschnecken ist eigenartig, weil sich die Partner bei der engen Umschlingung an einem Schleimfaden von einem Ast herabhängen lassen. Ebenso lang wie die Große Wegschnecke werden einige Egelschnecken (Limax), die man an der schön marmorierten Oberseite und am zurückversetzten Atemloch erkennt.

Blütenpflanzen

Die Blütenpflanzen sind die am weitesten entwickelten und auch die farbenprächtigsten Pflanzen. In Mitteleuropa gibt es weit über 2000 Arten. Die Größe schwankt von den wenigen Millimetern der Wasserlinse bis zu den vielen Metern einer alten Eiche. Der weitaus größte Teil der Blütenpflanzen wird von Insekten bestäubt. Dabei gelangt Pollen von einer Blüte auf die Narbe einer anderen Blüte der gleichen Art. Die verhältnismäßig wenigen windblütigen Arten, darunter die Gräser, die Eichen, die Weiden und andere Laubbäume, haben sehr unauffällige Blüten.

Das Pollenkorn der Blütenpflanze ist in gewisser Hinsicht der Samenzelle eines männlichen Tieres vergleichbar. Pollen wird von den männlichen sperm und schließlich von der derben Samenschale umgeben ist (siehe schematische Darstellung). Um die Geschlechtsorgane einer Blüte herum sind die farbigen Kronblätter angeordnet, an deren Grund sich oft Nektarbehälter finden. Die Kronblätter haben mit ihrer Farbe und ihrem Geruch die Aufgabe, Insekten anzulocken.

Außen an den Kronblättern stehen die meist grünen Kelchblätter. Ihre Hauptaufgabe ist es, die jungen Blütenknospen zu schützen. Die Mehrzahl der Blüten ist zwittrig und enthält wie im Fall des Hahnenfußes und der Rose Fruchtknoten und Staubblätter. Bei anderen Pflanzen kommen auf demselben Individuum männliche und weibliche Blüten vor, etwa bei der Haselnuß; wir nennen sie einhäusig. Zu den zweihäusigen Pflanzen zählen jene, die männliche und weibliche Blü-

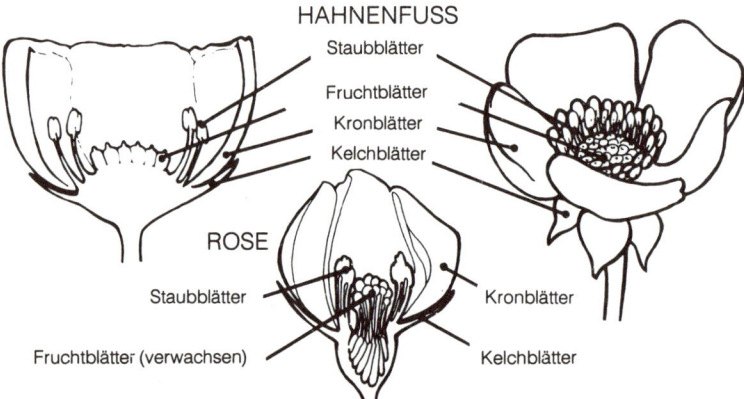

HAHNENFUSS

Staubblätter
Fruchtblätter
Kronblätter
Kelchblätter

ROSE

Staubblätter

Kronblätter

Fruchtblätter (verwachsen)

Kelchblätter

Fruchtblättern, den Staubblättern, hervorgebracht. Diese liegen um den zentralen weiblichen Fruchtknoten herum, der aus mehreren Fruchtblättern bestehen kann. Die Fruchtblätter können getrennt wie beim Hahnenfuß oder verwachsen wie bei der Rose sein. Bei der Bestäubung wird ein Pollenkorn von der Narbe des Fruchtknotens eingefangen. Dort wächst das Pollenkorn zu einem langen Schlauch aus und dringt bis in die Eizelle vor. Nach der Befruchtung entwickelt sich der Samen. Er enthält den Pflanzenkeim, der vom nährstoffreichen Endo- ten auf getrennten Individuen haben. Blüten, die von Insekten bestäubt werden, stehen meist aufrecht, während windblütige Pflanzen ihre Blüte meist hängen lassen. Sie fallen auch durch eine sehr reichliche Pollenproduktion auf.

Auch Früchte haben mannigfaltige Verbreitungseinrichtungen. Die Früchte des Ahorns haben Flügel, die des Löwenzahns fallschirmartige ausgebreitete Haare – beide lassen sich vom Wind transportieren. Die mit Haken versehenen Früchte der Klette und des Labkrautes verfangen sich in

Fellen von Tieren oder in Kleidern. Bunte Früchte werden gern von Vögeln und Säugern gefressen, und die Samen passieren unzerstört deren Darm. Es gibt Früchte, die im Reifezustand explodieren und so ihre Samen verbreiten. Die trockene Frucht des Klatschmohns verstreut ihre Samen ähnlich wie ein Salzfaß.

Man unterscheidet mehrere Hauptgruppen von Blütenpflanzen. Die Nacktsamigen Pflanzen oder Gymnospermen haben ihren Namen daher, daß die Samen nicht in einem Fruchtknoten eingeschlossen sind, sondern freiliegen. Die Nacktsamigen Pflanzen umfassen die Nadelbäume. Ihnen stellt man die Bedecktsamigen Pflanzen oder Angiospermen gegenüber, deren Samen stets von einem Fruchtknoten eingeschlossen sind. Bei den Bedecktsamigen Pflanzen unterscheidet man wiederum zwei Gruppen: die Einkeimblättrigen oder Monokotyledonen und die Zweikeimblättrigen oder Dikotyledonen. Die Einkeimblättrigen haben – wie ihr Name sagt – beim Auskeimen immer nur ein Keimblatt. Die Blätter der erwachsenen Pflanze sind länglich, lineal und streifennervig, das heißt, die Blattadern verlaufen parallel zueinander. Die Einkeimblättrigen umfassen nur Kräuter, keine Holzpflanzen; zu ihnen zählen die Gräser, die Lilien und die Orchideen. Die Zweikeimblättrigen Pflanzen erkennt man an den meist großen, flachen, netznervigen Blättern. Die Keimlinge haben stets zwei Keimblätter. Da die Zweikeimblättrigen zur Holzbildung befähigt sind, gehören zu ihnen alle unsere Holzpflanzen mit Ausnahme der Nadelbäume.

Mit der wissenschaftlichen Aufteilung und Klassifikation des Pflanzenreiches wollen wir hier nicht weiterfahren, denn dieses Buch richtet sich an den Laien und will ihm nur die Bestimmung erleichtern. Deswegen verwenden wir hier ein vereinfachtes System. Auf den folgenden Seiten sind die Pflanzen nach der Blütenfarbe und der Anzahl der Blütenblätter geordnet. Den Hahnenfuß findet man also unter den gelben Blüten mit 5 – 7 Blütenblättern, die

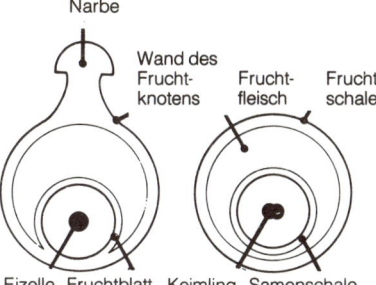

FRUCHTKNOTEN   FRUCHT

Rose unter den roten Blüten mit 5 – 7 Blütenblättern und so weiter. In einigen Fällen sind die Blütenblätter mehr oder minder stark miteinander verwachsen; in diesem Fall zählen wir sie als ein Blütenblatt und bringen sie in der Gruppe „bis zu 4 Blütenblättern" unter. Glockenblumen beispielsweise haben 5 miteinander verwachsene Kronblätter. In diesem Buch sind sie unter den blauen Blüten bis 4 Blütenblättern zu finden. Der Ginster, der zu den Schmetterlingsblütlern gehört, hat 5 Kronblätter, von denen 2 verwachsen sind. Er ist in der Gruppe der gelben Blüten mit bis zu 4 Blütenblättern zu finden.

Blüten weiß, bis 4 Blütenblätter

1 Maiglöckchen Convallaria majalis
Auch Maiblume genannt. Unverwechselbare, stark duftende Blüten, vor allem in warmen Laubmischwäldern verbreitet. Am Ort des Vorkommens meist sehr häufig und große Bestände bildend, da die Pflanzen weitverzweigte unterirdische Sprosse (Rhizome) haben. Frucht leuchtend rot. Die ganze Pflanze, besonders aber Blüten und Blatt, ist giftig und enthält herzwirksame Stoffe, die mit dem Giftstoff des Fingerhuts nahe verwandt sind (Herzglykoside). In richtiger Dosierung angewendet, besitzen sie eine hohe herzstärkende Wirkung. Aus den getrockneten Blüten stellt man ein Niespulver her und mischt dieses auch unter den Schnupftabak. Liliengewächse. Blütezeit Mai bis Juni.

2 Schneeglöckchen Galanthus nivalis
Feuchte Laubwälder und Auenwälder, selten, am Ort des Vorkommens meist in größeren Beständen. Oft auch in Gärten angepflanzt und verwildert. Der Name „Schneeglöckchen" stammt daher, daß die Pflanze im zeitigen Frühjahr erscheint, selbst wenn noch Schnee liegt. Hauptsächlich im südlichen Mitteleuropa verbreitet. Die grünen Flecken an den inneren Blütenblättern sind Duftmale für Insekten. Das Schneeglöckchen ist giftig und enthält mehrere Alkaloide, die einen Brechreiz hervorrufen. Bei uns als Heilpflanze wenig verwendet. Amaryllisgewächse. Blütezeit Februar bis März.

3 Zaunwinde Calystegia (Convolvulus) sepium
Weitverbreitete Pflanze, die an Hecken, Zäunen und Gebüschen emporklimmt. Dabei windet sich der Stengel um die Unterlagen. Die Stengelspitze führt kreisförmige Suchbewegungen durch, wobei sie in ungefähr 2 Stunden einen ganzen Kreis beschreibt. Die Blüten schließen sich bei schlechtem Wetter und werden zum größten Teil von nächtlichen Eulenfaltern bestäubt. Alte Heilpflanze, enthält herzstärkende Stoffe, wird auch als Abführmittel verwendet. Windengewächse. Blütezeit Juni bis Oktober. Nah verwandt ist die Ackerwinde (Convolvulus arvensis) mit halb so großen weißen und rosa gestreiften Blüten; ein viel gehaßtes Unkraut, weil es kaum gelingt, die Wurzel ganz aus dem Boden zu ziehen, ohne daß sie abreißt. Blütezeit Juli bis September.

4 Wolfstrapp Lycopus europaeus
Auch Wolfsfuß genannt. Stark behaarte minzenähnliche Pflanze, bis 1 m hoch. Auf feuchten, bisweilen überschwemmten Böden in Auenwäldern, an Gräben und Kanälen. Früher als Heilpflanze gegen Schilddrüsenerkrankungen verwendet. Lippenblütler. Blütezeit Juli bis August.

5 Augentrost Euphrasia sp.
In trockenen Wiesen, Matten und Rasen häufig. Bis 20 cm hoch, ein Halbschmarotzer, der die Wurzeln von Gräsern anzapft und ihnen Wasser und Nährsalze entzieht. Seit der Antike als Heilpflanze gegen Augenerkrankungen (Name!) bekannt. Die Gattung Augentrost umfaßt zahlreiche Arten, von denen der Gemeine Augentrost (Euphrasia rostkoviana) am häufigsten ist. Rachenblütler. Blütezeit Juli bis Oktober.

Blüten weiß, bis 4 Blütenblätter (Fortsetzung)

1   Weiße Taubnessel Lamium album
Der Name „Taubnessel" stammt von den brennnesselartigen Blättern, die
bei Berührung nicht brennen, weil ihnen die entsprechenden Haare fehlen.
An Wegen, Zäunen, Hecken sehr häufig, stickstoffliebend, bis 50 cm hoch.
Wird gerne von Hummeln besucht, da die Pflanze sehr viel Nektar produziert. Seit dem Mittelalter als Heilpflanze gegen Erkrankungen der Atmungs-
und Geschlechtsorgane verwendet. Lippenblütler. Blütezeit April bis Oktober.

2   Hungerblümchen Erophila verna
Kleines, bis 10 cm hohes Pflänzchen, auf Unkrautfluren und Äckern, an
Wegen und Bahndämmen, nicht häufig. Der Name „Hungerblümchen" be-
zieht sich entweder auf die schlanken, blattlosen Stengel oder auf das Vor-
kommen auf nicht sehr fruchtbaren Böden. Kreuzblütler. Blütezeit März bis
Mai.

3   Schuppenwurz Lathraea squamaria
Weiß bis rosa blühend, Pflanze bis 25 cm hoch, ohne grüne Blätter, da als
Vollschmarotzer lebend. Saugwurzeln zapfen die Wurzeln von Laubbäumen an; die Schuppenwurz entnimmt ihnen alles, was sie zum Leben
braucht. Der Wurzelstock kann mehrere Kilogramm schwer werden. Erst
nach ungefähr 10 Jahren blüht die Pflanze zum erstenmal. Häufig in feuchten Wäldern. Rachenblütler. Blütezeit März bis Mai.

4   Hirtentäschelkraut Capsella bursa-pastoris
Der eigentümliche Name stammt von der Ähnlichkeit der Früchte mit den
Taschen, die Hirten früher mit sich trugen. Eine häufige Pflanze auf Äckern,
Schutt, Wegrändern und in Gärten. Alte Heilpflanze, die vor allem gegen
Blutungen jeglicher Art verwendet wird und auch den Blutdruck reguliert.
Bisweilen sieht man Pflanzen, die von einem weißen Puder bestäubt
erscheinen; sie sind von einem Pilz befallen. Die jungen Rosetten des Hir-
tentäschelkrauts ergeben einen guten Salat. Kreuzblütler. Blütezeit März bis
Oktober.

5   Hexenkraut Circaea lutetiana
Bis 30 cm hohes Kraut mit weißen oder rosafarbenen Blüten, in feuchten
Wäldern und auf Lehmböden verbreitet und häufig. Die Herkunft des Namens „Hexenkraut" ist unsicher, da die Pflanze im Pflanzenaberglauben
keine Rolle spielte und auch keine medizinisch wichtigen Inhaltsstoffe enthält. Der lateinische Gattungsnahme geht auf Circe, eine Zauberin der
griechischen Antike, zurück, die die Gefährten des Odysseus in Schweine
verwandelte. Nachtkerzengewächse. Blütezeit Juli bis August.

Blüten weiß, 5 – 7 Blütenblätter

1 Dolden-Milchstern Ornithogalum umbellatum
Bis 30 cm hohe, ausdauernde Pflanze, blüht im Frühjahr oder Frühsommer,
während die grünen Blätter erst im Herbst erscheinen. In ungespritzten
Weinbergen, auf Ödland, sandigen Böden und in Gebüschen, nicht häufig,
meist aber größere Bestände bildend. Die.Pflanze trägt im Englischen den
Namen „Stern von Bethlehem". Liliengewächse. Blütezeit Mai bis Juni.

2 Buschwindröschen Anemone nemorosa
Sehr häufige, bis 20 cm hohe, mehrjährige Pflanze mit Wurzelstock. Kommt
in Laubmischwäldern und Nadelwäldern vor und blüht in der Zeit um
Ostern, wann die Laubbäume noch nicht belaubt sind und der Waldboden
mithin noch sehr viel Licht erhält. Mit der frühen Blütezeit erklärt sich auch
der volkstümliche Name „Osterblume". Hahnenfußgewächse. Blütezeit
März bis April.

3 Weißes Leinkraut Silene alba
Auch Weiße Lichtnelke oder Weiße Nachtnelke genannt, weil sich die Blüten erst nachts öffnen und von Nachtfaltern bestäubt werden. Ein Unkraut
auf Äckern und Ödland. Eine nahe Verwandte ist die Rote Nachtnelke (siehe Seite 188), mit der sie sich auch kreuzt. Nelkengewächse. Blütezeit Mai
bis Oktober.

4 Taubenkropf Silene vulgaris
Mit der vorigen Art nahe verwandt. Sofort am aufgeblasenen Kelch erkennbar, mit dem Kinder gerne spielen. Auch Aufgeblasenes Leinkraut oder
Gemeines Leinkraut genannt. Unkraut auf Äckern, an Wegrändern und
auch auf Waldlichtungen. Auch der Taubenkropf wird gerne von Nachtschmetterlingen besucht. Nelkengewächse. Blütezeit Juni bis August.

5 Gemeine Schafgarbe Achillea millefolium
Blüten weiß bis rosa, Pflanze bis 50 cm hoch, häufig auf trockenen Rasen,
an Wegrändern, Rainen und Böschungen. Der wissenschaftliche Gattungsname geht auf den griechischen Helden Achilles zurück. Der deutsche
Name deutet darauf hin, daß die Pflanze gerne von Schafen gefressen wird.
Die Schafgarbe spielt in der Volksmedizin und im Pflanzenbrauchtum eine
große Rolle. Wollten Mädchen im Traum ihren Bräutigam sehen, so legten
sie sich die vielfach zerschlitzten Blätter der Schafgarbe auf die Augen.
Absude von Schafgarbe dienten als Schönheitswasser. Da die Pflanze Bitterstoffe enthält, wurde sie in nordischen Ländern anstelle des Hopfens bei
der Bierbereitung verwendet. In der Volksmedizin dient sie als Heilpflanze
gegen Blutungen, Appetitlosigkeit und Verdauungsstörungen. Man bereitet
aus den frischen oder getrockneten Blättern einen Tee. Korbblütler. Blütezeit Juni bis Oktober.

1

2

3

4

5

Blüten weiß, 5 – 7 Blütenblätter (Fortsetzung)

1   Große Sternmiere Stellaria holostea
In Laub- und Nadelwäldern sowie Gebüschen, besonders auf lehmigem Boden, recht häufig. Die bis 30 cm hohe Pflanze unterscheidet sich von der Gemeinen, viel niedrigeren Vogel-Sternmiere (siehe unten) durch die Größe der Blüten, die Form der Blätter und den Standort. Nelkengewächse. Blütezeit April bis Mai.

2   Vogel-Sternmiere Stellaria media
Auch Vogelmiere, Hühnermiere oder Hühnerdarm genannt. In Gärten, auf Äckern und Schuttflächen eines der häufigsten Unkräuter. Kriecht den Boden entlang und bildet ausgedehnte Rasen. Die Pflanze wird seit altersher gegessen und als Heilmittel verwendet, da sie Saponine enthält. Roh gegessen hat die Vogel-Sternmiere einen eigentümlichen Geschmack, der nicht jedermanns Sache ist. Wenn man die Stiele entzweibricht, werden die Bruchstücke noch durch elastische Fäden zusammengehalten; sie gaben wahrscheinlich den Anlaß für den Namen „Hühnerdarm". Die Volksmedizin verwendet die frische Vogelmiere als Auflage bei Erkrankungen der Lunge und bei Rheuma. Nelkengewächse, Blütezeit März bis Oktober.

3   Walderdbeere Fragaria vesca
In Wäldern, Lichtungen, Kahlschlägen und an Wegböschungen sehr häufig. Die wohlschmeckende Frucht ist für den Botaniker eine „Scheinfrucht" – oder genauer eine „Sammelfrucht": Das eßbare Gewebe ist vergrößerter Blütenboden; die Samen (Nüßchen) liegen auf der Außenseite der Sammelfrucht. Die Erdbeere galt im Mittelalter als Symbol der Versuchung und Verlockung, besonders geschlechtlicher Art. Die würzigsten Früchte liefert übrigens nicht die Walderdbeere, sondern die Zimterdbeere (Fragaria moschata), die kleiner und selten zu finden ist. Unsere Gartenerdbeere ist aus der Kreuzung einer südamerikanischen mit einer nordamerikanischen Art entstanden. Die Walderdbeere ist einzig die Stammform der sogenannten Monatserdbeeren. Schon im 2. Jahrhundert beschrieb der römische Schriftsteller Apuleius die therapeutischen Eigenschaften der Erdbeere. Die Blätter und Wurzeln, als Tee angerichtet, wirken harntreibend und beruhigen Dysenterien. Rosengewächse. Blütezeit Mai bis August.

4   Erdglöckchen Linnaea borealis
Auch Moosglöckchen genannt. Der große Naturforscher Carl von Linné, der sich seiner Bedeutung wohl bewußt war, liebte diese Pflanze ganz besonders. Es gibt kaum ein Bild von ihm, auf dem er sie nicht in Händen hielte. Der Leidener Botaniker Gronovius benannte die Pflanze nach seinem Kollegen Linné, weil es als äußerst unfein gilt, eine Pflanze oder ein Tier nach sich selbst zu benennen. Das Erdglöckchen kommt auf Moospolstern in Nadelwäldern vor. Es ist in Nordeuropa, Norddeutschland, den Alpen und anderen europäischen Gebirgen verbreitet und steigt bis in eine Höhe von 2400 Meter. Geißblattgewächse. Blütezeit Juni bis August.

5   Bärenlauch Allium ursinum
In feuchten Wäldern weit verbreitet, bildet meist ausgedehnte reine Bestände. Die Blätter gleichen denen des Maiglöckchens (siehe Seite 132), verströmen aber einen scharfen, knoblauchartigen Geruch, wenn man sie zerreibt. Tatsächlich heißt der Bärenlauch auch Waldknoblauch und wird als Knoblauchersatz verwendet. Liliengewächse. Blütezeit Mai bis Juni.

1

3

4

5

2

Blüten weiß, 5 – 7 Blütenblätter (Fortsetzung)

1 Rundblättriger Sonnentau Drosera rotundifolia
In der Bundesrepublik Deutschland gibt es 3 Sonnentau-Arten, von denen die hier abgebildete die bei weitem häufigste ist. Die köpfchenförmigen Tentakel der Blätter sondern einen klebrigen Tropfen ab, der wie Tau funkelt. Er zieht Insekten an, die darauf wie auf einer Leimrute kleben bleiben. Durch den Berührungsreiz krümmen sich die Tentakel und das ganze Blatt sehr langsam nach innen. Schließlich wird das Insekt verdaut. Der Sonnentau gehört also zu den fleischfressenden Pflanzen. Er kommt nur auf Mooren vor, wobei er meist im reinen Torfmoos wurzelt. Solche „Böden" sind fast stickstofffrei, doch ohne Stickstoffsalze kann keine Pflanze leben. Deswegen beschafft sich der Sonnentau seinen Stickstoff durch die Verdauung tierischen Eiweißes. Durch den rapiden Rückgang der Moore wird auch der Sonnentau selten, obwohl er am Ort seines Vorkommens meist größere Bestände bildet. Blüten sind selten zu sehen. Der Sonnentau wird seit altersher als Heilmittel gegen Keuchhusten und andere Atembeschwerden genommen. Sonnentaugewächse. Blütezeit Juni bis September.

2 Wald-Sauerklee Oxalis acetosella
Häufig in Nadel- und Laubmischwäldern, selbst an den dunkelsten Stellen. Steigt in den Alpen bis über 2 000 m. Ausdauernde Pflanze, Blütenblätter mit rosafarbenen oder violetten Adern. Bei Nacht und nach wiederholter Berührung klappen die Teilblättchen zusammen. Die Pflanze enthält Oxalatkristalle und schmeckt deswegen säuerlich. Vom Genuß sei aber abgeraten, da sie wegen dieser Salze leicht giftig wirkt. Der Sauerklee wurde früher in geringen Mengen von der Volksmedizin gegen mehrere Krankheiten verwendet. Sauerkleegewächse. Blütezeit April bis Mai.

3 Weißer Mauerpfeffer Sedum album
Häufigste Mauerpfefferart, fällt durch ihre fleischigen, sukkulenten Blätter auf, die als Wasserspeicher dienen. Trockene heiße Stellen, wie steinige Rasen, Felsen, Mauern. Dickblattgewächse. Blütezeit Mai bis August.

4 Schwarzer Nachtschatten Solanum nigrum
Einjähriges, verzweigtes, bis 100 cm hohes Kraut. Blüten kartoffelähnlich. Vor allem auf Ödland, ungepflegten Äckern, Schuttflächen und an Mauern. Die Pflanze enthält giftige Alkaloide. Die Homöopathie verwendet stark verdünnte Auszüge gegen Krämpfe. Nachtschattengewächse. Blütezeit Mai bis Oktober.

5 Weißer Kerbel Anthriscus sylvestris
Eine der häufigsten Wiesenpflanzen. Liebt hohen Stickstoffgehalt und nimmt deswegen in den heutigen, meist überdüngten Wiesen überhand. Mit dem Gartenkerbel (Anthriscus cerefolium), der als Gewürzpflanze in ganz Europa angebaut wird, nahe verwandt. Doldenblütler. Blütezeit April bis August.

1

2

3

4

5

Blüten weiß, 8 oder mehr Blütenblätter

1 Gänseblümchen Bellis perennis

Auch Maßliebchen oder Tausendschönchen genannt. Bekannte, ausdauernde Pflanze, die besonders trittfest ist und sich deswegen in Rasen ausbreitet. Das Gänseblümchen ist ein Symbol der Liebe, insbesondere, wenn die sonst weißen Zungenblüten am Rande rötlich gefärbt sind. Wie mit der Margerite (siehe unten) kann man mit ihm abzählen, ob man geliebt wird oder nicht. Der Name Maßliebchen hat nichts mit „messen" zu tun, sondern stammt von einem alten Wort „mas" für „Dorfwiese" oder „Dorfplatz". Andere Forscher leiten den Namen von einer altgermanischen Wurzel „mat", „Speise" ab. Tatsächlich wird das Gänseblümchen noch heute als Salat gegessen und wegen seines angenehmen, nußartigen Geschmacks geschätzt. Es soll bei Leber- und Hauterkrankungen gute Dienste leisten. Korbblütler. Blütezeit März bis November.

2 Margerite Chrysanthemum leucanthemum

Auch Wucherblume, weil sie auf mageren Böden wuchert. Die Bauern schätzen die Margerite nicht, weil ihre Stengel zäh und holzig sind und ein schlechtes Heu abgeben. Mit der allgemein starken Düngung unserer Wiesen ist die einst gemeine Pflanze erheblich zurückgegangen und hat sich auf landwirtschaftlich nicht genutzte Böden zurückgezogen, zum Beispiel auf Bahndämme, Ödland und Halbtrockenrasen. Die Namen „Margerite" und „Margarete" sind gleichen Ursprungs, haben sich aber sonst unabhängig voneinander entwickelt. Sie stammen vom griechischen Wort „margarites", das „Perle" bedeutet. Korbblütler. Blütezeit Mai bis Oktober.

3 Wiesen-Labkraut Galium mollugo

Auf stickstoffreichen, lehmigen Böden, in Wiesen und an Wegrändern sehr häufig. Blattränder und Stengel glatt. Bei ähnlichen Arten, zum Beispiel beim Kletten-Labkraut (Galium aparine) sind rückwärts gerichtete steife Haare vorhanden, die bei Berührung den Eindruck erwecken, die Pflanze sei klebrig. Mit ihnen klimmt das Kletten-Labkraut an anderen Pflanzen hoch. Rötegewächse. Blütezeit Mai bis August.

4 Weißklee Trifolium repens

Kriechende, ausdauernde Pflanze, die gegen Tritt nahezu unempfindlich ist und deswegen in Rasen und Sportanlagen häufig auftritt. Schmetterlingsblütler. Blütezeit Mai bis September.

5 Silberwurz Dryas octopetala

Die ausdauernde Gebirgspflanze wandert den Stromtälern entlang auch in die Ebene, geht aber selten unter 1 000 m. Kalkliebend, gerne auf Geröll oder spalierartig auf großen Felsblöcken. Als Heilpflanzen gegen Magenbeschwerden und Entzündungen der Mundschleimhaut geschätzt. Rosengewächse. Blütezeit Mai bis August.

1

2

3

4

5

Blüten weiß, 8 oder mehr Blütenblätter
(Fortsetzung)

1 Echte Kamille Matricaria chamomilla
Auf Ödland, Schuttstellen, ungepflegten Äckern und an Wegrändern nicht selten. Unterscheidet sich von verwandten Arten durch den hohlen Blütenboden und die herabgeschlagenen Zungenblüten. Berühmte, seit der Antike bekannte Heilpflanze, enthält dunkelblaue, ätherische Öle. Die Kamille wirkt magenstärkend, entzündungshemmend und antiallergisch. Korbblütler. Blütezeit Juli bis August.

2 Strandkamille Matricaria maritima
Unterscheidet sich von der Echten Kamille durch den nur schwachen Geruch, heißt deswegen auch Geruchlose oder Falsche Kamille. Wird in der Heilkunde wegen der geringen Wirkstoffmengen kaum verwendet. Standorte ähnlich wie bei der vorigen Art. Korbblütler, Blütezeit Juni bis August.

3 Sumpf-Schafgarbe Achillea ptarmica
Die inneren Röhrenblüten können auch viel heller sein als in der Abbildung, fast weiß. Kommt an nassen Stellen vor, nicht häufig, mit der Gemeinen Schafgarbe (siehe Seite 136) verwandt, wie diese eine alte Heilpflanze. Korbblütler. Blütezeit Juni bis September.

4 Mutterkraut Chrysanthemum parthenium
Mit der Margerite (siehe vorige Seite) nahe verwandt, aber sofort am verzweigten Stengel zu erkennen. Die Heimat ist Südeuropa, was sich auch im Namen „Römische Kamille" zeigt. Heute bei uns eingebürgert, kommt an Wegrändern, Schuttstellen und in der Nähe von Gärten vor. Die Pflanze enthält ätherische Öle wie die Echte Kamille und wird auch wie diese verwendet. Der Name „Mutterkraut" stammt wahrscheinlich von der krampflösenden Wirkung bei Geburten. Korbblütler. Blütezeit Juni bis August.

5 Scheiden-Wollgras Eriophorum vaginatum
Diese und verwandte Wollgrasarten geben mit ihren weißen Schöpfen – keine Blüten, sondern Samenhaare – feuchten Wiesen, Sümpfen und Mooren das Gepräge. Die Arten sind allesamt am Zurückgehen, weil sie für Trockenblumensträuße zu sehr gepflückt wurden, obwohl sie schon lange unter Naturschutz stehen. Sauergräser. Blütezeit von April bis Juni, Blüten jedoch sehr unscheinbar.

1

2

3

4

5

Blüten gelb, bis 4 Blütenblätter

1   Besenginster Sarothamnus scoparius

Bis 2 Meter hoher Strauch, recht häufig auf Lichtungen, Kahlschlägen, Heiden, an Wegböschungen und Waldrändern. Der deutsche Name leitet sich von der Verwendung der Äste als Ausgangsmaterial zur Besenherstellung ab. Die Pflanze enthält giftige Alkaloide und wird in der Volksmedizin zu einem herzstärkenden und harntreibenden Mittel verarbeitet. Schafe sollen durch den Genuß von Besenginster gegen Schlangenbisse weitgehend immun werden. Schmetterlingsblütler. Blütezeit Mai bis Juni.

2   Deutscher Ginster Genista germanica

Bis 60 cm hoher Kleinstrauch, auf Magerwiesen, Heiden und in trockenen Wäldern verbreitet, aber nicht häufig. Samen wegen Alkaloidgehaltes giftig. Aus dem nahe verwandten Färberginster (Genista tinctoria), der ebenfalls bis 60 cm hoch wird und keine Kurztriebsdornen aufweist, gewann man früher einen gelben Farbstoff, mit dem man Wolle und Leinen färbte. Schmetterlingsblütler. Blütezeit Mai bis Juni.

3   Gemeine Nachtkerze Oenothera biennis

Ein Unkraut auf Ödland, Schuttstellen, Wegböschungen, Bahndämmen usw. Ursprünglich in Nordamerika beheimatet, wurde vor 350 Jahren eingeschleppt und hat sich dann völlig eingebürgert. Die Blüten öffnen sich meist erst gegen Abend und werden von Nachtschmetterlingen besucht. Der eigentümlich verklebte Pollen wird dabei einen Tag früher reif, als die Narben befruchtungsfähig werden. So wird eine Selbstbefruchtung ausgeschlossen. An den Nachtkerzen wurden übrigens die Mendelschen Regeln der Vererbung wiederentdeckt. Nachtkerzengewächse. Blütezeit Juni bis August.

4   Goldnessel Lamium galeobdolon

Wie die nahverwandte Weiße Taubnessel (siehe Seite 134) brennesselähnlich, aber ohne Brennhaare. Häufig in lichten Wäldern, wird gerne von Hummeln besucht. Lippenblütler. Blütezeit Mai bis Juni.

5   Aufrechtes Fingerkraut Potentilla erecta

Auch Tormentill oder Blutwurz genannt, weil der Wurzelstock rot gefärbt ist und tatsächlich als Heilmittel gegen Blutungen – daher der Name Blutwurz – und Darmerkrankungen verwendet wird. Die meisten Magenbitter enthalten Extrakte aus den Wurzeln des Fingerkrautes. Die Pflanze ist häufig auf sauren, feuchten bis nassen Böden, in Wäldern wie auf Wiesen. Die Gattung Fingerkraut umfaßt in der Bundesrepublik Deutschland 26 wildwachsende Arten (siehe auch Seite 154), die nicht leicht voneinander zu unterscheiden sind. Die meisten lieben trockene, magere Böden und kommen gerne im Gebirge vor. Rosengewächse. Blütezeit Juni bis August.

Blüten gelb bis 4 Blütenblätter (Fortsetzung)

1 Goldlack Cheiranthus cheiri

Bis 50 cm hohe, zweijährige oder ausdauernde Pflanze, in Südosteuropa beheimatet, als Zierpflanze in Gärten, im Westen und Südwesten der Bundesrepublik Deutschland verwildert und eingebürgert. Die Samen und Blüten enthalten herzstärkende Stoffe. Früher wurde der Goldlack als Heilmittel gegen Verstopfung und Lebererkrankungen genommen. Kreuzblütler. Blütezeit Mai bis Juni.

2 Bilsenkraut Hyoscyamus niger

Bis 60 cm hohes ein- oder zweijähriges Kraut, auf Schuttstellen, an Wegrändern und Mauern recht häufig. Das Bilsenkraut spielte in der Pflanzenkunde des Mittelalters eine große Rolle. Es enthält mehrere giftige Alkaloide und ruft – in Salbenform („Hexensalbe") verwendet – tatsächlich Halluzinationen hervor, in denen das Fliegen in der Luft eine wichtige Rolle spielt. Daher stammt wohl der Glaube, Hexen würden sich auf ihrem Besen in die Luft erheben. Die „Hexensalbe" regte auch die sexuelle Phantasie an, und es kommt nicht von ungefähr, wenn in Hexenprozessen immer wieder von der Buhlerei mit dem Teufel die Rede war. Wegen dieser Eigenschaften wurde das Bilsenkraut auch oft in Liebestränken verwendet. Nachtschattengewächse. Blütezeit Juni bis August.

3 Echter Steinklee Melilotus officinalis

Auch Honigklee genannt. Zweijährige, bis 120 cm hohe Pflanze, an Wegrändern, Schuttplätzen und Bahnböschungen nicht selten. Liebt stickstoffreichen Boden. Der getrocknete Steinklee enthält den gleichen Stoff wie der Waldmeister, das aromatische Cumarin. Man verwendete ihn, um übelschmeckende Heilmittel zu aromatisieren. Gleichzeitig wurde Steinkleetee von der Volksmedizin auch gegen Krämpfe eingesetzt. Schmetterlingsblütler. Blütezeit Juni bis September.

4 Gemüsekohl Brassica oleracea

Stammform unserer zahlreichen Kohlsorten, wobei durch Züchtung ganz unterschiedliche Teile der Pflanze vergrößert wurden. Sie sind in der folgenden Liste in Klammern angegeben: Kohlrabi (Stengel), Weiß- und Rotkohl und Wirsing (Blätter), Blumenkohl (Blütenstand), Rosenkohl (Seitentriebe). Die Wildpflanze kommt im Gebiet der Bundesrepublik Deutschland nur auf Helgoland vor. Sonst in Südengland sowie im Mittelmeergebiet verbreitet, wo sie auch ihre Heimat hat. Kreuzblütler. Blütezeit Mai bis September.

5 Kleiner Klappertopf Rhinantus minor

In mageren, kalkarmen Wiesen recht häufig. Die Pflanze ist wie ihre zahlreichen Verwandten ein Halbschmarotzer, der mit Saugwurzeln die Wurzeln anderer Pflanzen anzapft und ihnen Wasser und Nährsalze entzieht. Der Name Klappertopf rührt daher, daß zur Reifezeit die Samen in den dürren Kapseln klappern, wenn sie vom Wind bewegt werden. Rachenblütler. Blütezeit Mai bis Juli.

Blüten gelb, bis 4 Blütenblätter (Fortsetzung)

1 **Gemeiner Hornklee** Lotus corniculatus
Ausdauernd, bis 30 cm hoch, häufig auf trockenen Rasen, an Böschungen und Wegrändern. Gerne auf kalkreichen Böden. Der Name „Hornklee" bezieht sich auf die Form der Früchte, die gekrümmt aussehen. Schmetterlingsblütler. Blütezeit Mai bis September.

2 **Schöllkraut** Chelidonium majus
Ausdauerndes, bis 1 m hohes Kraut, wächst auf Schuttstellen, an Mauern, Wegrändern und in Gebüschen. Der gelbe Milchsaft ist ein Volksheilmittel gegen Warzen, daher auch der Name „Warzenkraut". Die Homöopathie verwendet das Schöllkraut gegen Lebererkrankungen und Gelbsucht. Man darf aber nicht vergessen, daß die Pflanze wegen der Alkaloide in ihrem Milchsaft sehr giftig ist. Mohngewächse. Blütezeit April bis Oktober.

3 **Wiesen-Wachtelweizen** Melampyrum pratense
Bis 30 cm hohe Pflanze, die entgegen ihrem Namen vor allem in lichten Wäldern und Gebüschen häufig vorkommt. Die Gattung enthält noch mehrere andere schwer zu unterscheidende Arten. Alle Wachtelweizenarten sind Halbschmarotzer, die den Wurzeln anderer Pflanzen Wasser und Salze entziehen. Oft sieht man, wie Hummeln Blüten aufbeißen, um an den begehrten Nektar zu gelangen. Ohne diesen diebischen Weg, der an das Aufbrechen von Zigarettenautomaten erinnert, könnten die Hummeln mit ihrem kurzen Saugrüssel nichts ausrichten. Der Name „Wachtelweizen" erklärt sich aus der falschen volkstümlichen Annahme, Wachteln fräßen die Samen dieser Pflanze besonders gern. Rachenblütler. Blütezeit Juni bis September.

4 **Hufeisenklee** Hippocrepis comosa
Dem Hornklee (siehe oben) ähnlich, unterscheidet sich aber durch zahlreiche schmalere Fiederblättchen. Der Name „Hufeisenklee" rührt von der entsprechenden Form der Früchte her. Nicht sehr häufig, auf trockenem Rasen, an Bahnböschungen, Wegrändern und in Steinbrüchen. Schmetterlingsblütler. Blütezeit Mai bis Juli.

5 **Sommerwurz** Orobanche sp.
In der Bundesrepublik Deutschland gibt es 21 Sommerwurzarten, die nur schwer zu unterscheiden sind. Es handelt sich durchwegs um Vollschmarotzer, denen der grüne Blattfarbstoff Chlorophyll völlig fehlt. Sie müssen sich parasitisch von anderen Pflanzen, besonders von Klee, ernähren. Mit Saugwurzeln entziehen sie ihren Wirten alles, was sie zum Leben benötigen. Vorwiegend auf trockenen, mageren Rasen verbreitet, im allgemeinen selten. Sommerwurzgewächse. Blütezeit Mai bis Juli.

1

2

3

4

5

Blüten gelb, 5 – 7 Blütenblätter

1 Wiesenprimel Primula veris
Auch Himmelschlüssel, Wiesen-Schlüsselblume oder Duftende Schlüssel-blume genannt. In lichten Laub- und Mischwäldern, in Gebüschen und auf Wiesen sehr häufig. Mit deutlich wahrnehmbarem Duft. Der lateinische Name „Primula", von dem sich das deutsche „Primel" unmittelbar herleitet, heißt wörtlich übersetzt „Kleiner Erstling", weil die Pflanze zu den ersten Frühlingsblühern gehört. Die Bezeichnung „Schlüsselblume" bezieht sich wahrscheinlich auf den einseitswendigen Blütenstand, der dem Bart eines Schlüssels ähnlich sieht. Die Wiesenprimel enthält Saponine und wird seit altersher als Heilmittel gegen Erkrankungen der Atemwege und der Aus-scheidungsorgane verwendet. Man bereitet meist einen Absud der Wurzel. Auch im Liebesbrauchtum spielten Schlüsselblumen eine wichtige Rolle. Fand das Mädchen in der Karwoche – also sehr zeitig – eine solche Blu-me, so glaubte man, daß es noch in demselben Jahr heiraten und später so-viele Kinder bekommen werde, wie sich Blüten am Stengel befanden. Pri-melgewächse. Blütezeit April bis Mai.

2 Stengellose Schlüsselblume Primula vulgaris
Blüten im Gegensatz zur vorigen Art einzeln. In feuchten, lichten Wäldern und Gebüschen, bis 1 000 m, nicht überall in Deutschland, meist selten. Pri-melgewächse. Blütezeit April bis Mai.

3 Wald-Gilbweiderich Lysimachia nemorum
In feuchten Laubmischwäldern, Gebüschen, an Stellen mit hohem Grund-wasserstand, verstreut und nicht häufig. Stengel meist aufsteigend, bis 30 cm hoch. Nah verwandt mit dieser Art ist das sehr häufige Pfennigkraut (Lysimachia nummularia), das auf feuchten Wiesen, an Gräben und Ufern weit verbreitet ist. Sein Stengel ist niederliegend. Die Blüten werden größer und erreichen einen Durchmesser von 15 mm. Eine auffallende Pflanze ist der Gemeine Gilbweiderich (Lysimachia vulgaris), der eine Länge von über 1 m erreicht und der die Blüten nicht einzeln, sondern in Gruppen trägt. Pri-melgewächse. Blütezeit für alle Arten Juni bis August.

4 Sonnenröschen Helianthemum nummularium
Wärmeliebender, kriechender Halbstrauch, weit verbreitet auf steinigen Böden, in Trockenrasen und an Wegböschungen, gern auch auf Alpenmat-ten. In der Bundesrepublik Deutschland gibt es 4 Sonnenröschenarten; sie alle leben an trockenen Stellen und kommen gern im Gebirge vor. Die zer-knittert wirkenden Blütenblätter deuten auf die Verwandschaft mit den medi-terranen Zistrosen hin. Die Naturheilkunde setzt das Sonnenröschen bei Blutungen, Durchfall und Darmbeschwerden ein. Schon die alten Griechen kannten diese Heilpflanze. Zistrosengewächse. Blütezeit Juli bis Oktober.

5 Gewöhnlicher Odermennig Agrimonia eupatoria
An trockenen, warmen Stellen wie Halbtrockenrasen und Wegrändern. Heilpflanze, die seit der Antike – der Artname eupatoria geht auf den grie-chischen König Mithridates Eupator (2. bis 1. Jahrhundert v. Chr.) zurück – bei Leber- und Gallenkrankheiten und bei schlecht heilenden Wunden ver-wendet wird. Rosengewächse. Blütezeit Juni bis August.

Blüten gelb, 5 – 7 Blütenblätter (Fortsetzung)

1 Kriechendes Fingerkraut Potentilla reptans
Mit dem Aufrechten Fingerkraut (siehe Seite 146) nahe verwandt, aber mit 5
Blütenblättern. Stengel kriechend oder aufsteigend, bis 50 cm hoch. Auf
feuchten Wiesen, Schuttflächen und Äckern häufig, liebt hohen Stickstoffge-
halt des Bodens. Ohne pharmakologische Bedeutung. Rosengewächse.
Blütezeit Mai bis August.

2 Gänse-Fingerkraut Potentilla anserina
Auf feuchten, lehmigen Böden häufig, auch im nicht blühenden Zustand an
den typischen Blättern zu erkennen. Die Homöopathie verwendet das Gänse-Fingerkraut als krampflösendes Mittel bei Magenerkrankungen und Störungen der weiblichen Periode. Rosengewächse. Blütezeit Mai bis Juli.

3 Echte Nelkenwurz Geum urbanum
In zahlreichen Lebensräumen vorkommend, zum Beispiel in Wäldern,
Gebüschen, an Wegen, auf Schuttflächen und öden Plätzen, liebt stickstoffreichen Boden. Der alte lateinische Apothekername „Herba benedicta",
„gesegnetes Kraut", auf deutsch auch „Benediktenkraut", deutet auf die
heilsame Wirkung dieser alten Heilpflanze. Der Name „Nelkenwurz" stammt
daher, daß man früher den getrockneten Wurzelstock als Ersatz für die tropischen Gewürznelken verwendete. Rosengewächse. Blütezeit Juni bis
August.

4 Kleinblütige Königskerze Verbascum thapsus
Stark behaarte, bis 1,5 m hohe Pflanze, auch Wollkraut genannt, in Unkrautfluren weit verbreitet, auf Ödland, an Schuttstellen, Wegrändern und Bahndämmen. In der Bundesrepublik Deutschland kommen noch 7 weitere Kö-
nigskerzenarten vor, darunter die Großblütige Königskerze (Verbascum
densiflorum), die mit einer Höhe von bis 2 m besonders auffällt. Viele Brusttees enthalten getrocknete Königskerzenblüten. Rachenblütler. Blütezeit
Juli bis September.

5 Beinbrech Narthecium ossifragum
Auch Ährenlilie genannt. Zarte, bis 30 cm hohe Pflanze, auf Mooren Nord-
westdeutschlands, Schleswig-Holsteins und Dänemarks vorkommend,
aber selten und gefährdet. Einst glaubte man, der Beinbrech würde eine
Fußkrankheit der Schafe auslösen. Daher stammt der Name, der sich auch
im lateinischen Artnamen niedergeschlagen hat, denn „ossifragum" bedeutet nichts anderes als „Beinbrech". Liliengewächse. Blütezeit Juli bis
August.

Blüten gelb, 5 – 7 Blütenblätter (Fortsetzung)

1 Gelbes Stiefmütterchen Viola lutea
Hauptsächlich in Wiesen, Weiden und Triften verbreitet, oft in Höhen um 1000 m. Eine besondere Form des Gelben Stiefmütterchens ist das Galmei-veilchen (Viola calaminaria), das nur auf stark zinkhaltigen Böden vor-kommt. Man findet es im Rheinisch-Belgischen Schiefergebirge. Stiefmüt-terchen und Veilchen (siehe Seite 170) gehören zur gleichen Gattung. Beim Stiefmütterchen sind die seitlichen Blütenblätter nach oben, beim Veilchen nach unten gerichtet. Die weitaus bekannteste Art ist das Gewöhnliche Stiefmütterchen (siehe Seite 170). Veilchengewächse. Blütezeit Juni bis August.

2 Mannsblut Hypericum androsaemum
Bis 90 cm hoher Halbstrauch, mit der folgenden Art nahe verwandt. Im Mit-telmeergebiet, im Tessin und in Westeuropa bis nach England verbreitet, vorwiegend in feuchten Wäldern. Teilweise auch kultiviert, da heilkräftig. Auf die Verwendung als Heilmittel deutet auch der englische Name dieser Pflanze, „tutsan", der sich vom französischen „toute saine", „ganz gesund" ableitet. Der deutsche Name geht auf den roten Farbstoff zurück, den die Pflanze enthält. Johanniskrautgewächse. Blütezeit Juni.

3 Johanniskraut Hypericum perforatum
Auch Tüpfel-Hartheu genannt, weil die Blätter durch eingelagerte rote Öltröpfchen im Gegenlicht wie getüpfelt aussehen. Mit dem Johanniskraut machten früher die Mädchen eine „Liebesprobe"; sie zerdrückten die Blü-ten in einem Tuch. Färbte sich dieses rot, so war ihr Bräutigam treu. Das Mittelalter verwendete das Johanniskraut zur Abwehr des Teufels. Das Jo-hanniskraut ist in lichten Wäldern, auf mageren Wiesen und Weiden häufig und wird seit altersher als Heilpflanze verwendet. Mit dem roten Öl behan-delt man vor allem Brandwunden und Geschwüre; innerlich wird das Heil-mittel bei Lungenerkrankungen angewendet. Johanniskrautgewächse. Blü-tezeit Juni bis September.

4 Goldrute Solidago virgaurea
Besonders in lichten Wäldern und auf Kahlschlägen verbreitet, gern größe-re Bestände bildend. Es treten bis 12 Blütenblätter (eigentlich randständige Zungenblüten) auf. Die Pflanze wird in Form von Tinkturen und Tees vor allem bei Nierenerkrankungen eingesetzt, weil sie harntreibend und entzün-dungshemmend wirkt. Korbblütler. Blütezeit Juli bis September.

5 Scharbockskraut Ficaria verna
Auch Feigwurz genannt. 15 cm hohes Kraut, einer der ersten Frühlingsbo-ten, mit dem Hahnenfuß nahe verwandt. Der Name Scharbockskraut zeigt, daß die Pflanze früher gegen den Skorbut, die Vitamin-C-Mangel-Krankheit, verwendet wurde. Heute wird die Pflanze kaum mehr heilkundlich oder kuli-narisch genutzt, weil sie auch giftige Stoffe enthält, besonders zur Blütezeit. Hahnenfußgewächse. Blütezeit März bis Mai.

1

2

3

4

5

Blüten gelb, 5 – 7 Blütenblätter (Fortsetzung)

1 Kriechender Hahnenfuß Ranunculus repens
Wie der Name sagt, bildet die Pflanze oberirdische Ausläufer. Der Kriechende Hahnenfuß ist in Rasen, Wiesen und Äckern als lästiges Unkraut verschrien, weil er schwer auszurotten ist. Er lebt auf schweren, lehmigen und stickstoffreichen Böden. Die Bezeichnung „Hahnenfuß" – es gibt in der Bundesrepublik Deutschland rund 30 Arten – geht auf die Form der Blätter zurück, die an einen Vogelfuß erinnern. Einige Hahnenfußarten kommen auch im Wasser vor (siehe Seite 242). Alle Hahnenfußgewächse enthalten Giftstoffe. Die beiden folgenden Arten werden von der Homöopathie verwendet. Hahnenfußgewächse. Blütezeit Mai bis September.

2 Knolliger Hahnenfuß Ranunculus bulbosus
An den herabgeschlagenen Kelchblättern und an der knolligen Verdickung am Grunde des Stengels zu erkennen. Stark giftig. Diese und die folgende Art werden in Extraktform als Heilmittel gegen Hautkrankheiten und Rheuma verwendet. Hahnenfußgewächse. Blütezeit Mai bis Juli.

3 Scharfer Hahnenfuß Ranunculus acris
Größte Art der Gattung, erreicht eine Höhe von rund 1 m. Sehr häufig auf feuchten, stickstoffreichen Wiesen. Die Kühe fressen den Scharfen Hahnenfuß und alle anderen Hahnenfußarten nicht, weil sie ein scharf schmeckendes Gift enthalten. Aus diesem Grund wird der Scharfe Hahnenfuß vom Rind begünstigt, da er auf den Wiesen stehenbleibt und nicht abgeweidet wird wie alle anderen Pflanzen. Als trockenes Heu ist der Scharfe Hahnenfuß jedoch bekömmlich. Hahnenfußgewächse. Blütezeit Mai bis Juli.

4 Osterglocke Narcissus pseudonarcissus
Auch Gelbe Narzisse genannt. Die Osterglocke kommt wild in kalkarmen Bergwiesen vor, ist aber selten. Man kann ihr im Gebiet des Bodensees, in den Vogesen, im Venn, im Hunsrück und in der Eifel begegnen. Die Pflanze wächst in der Wildform und in zahlreichen Kulturformen vorwiegend in Gärten und verwildert mancherorts. Die Zwiebeln wurden früher als starkes Brechmittel, eine Essenz davon als Heilmittel bei Erkrankungen der Atemwege verwendet. Amaryllisgewächse. Blütezeit März bis April.

5 Wildtulpe Tulipa silvestris
Die Wildtulpe kommt vor allem in ungespritzten Weinbergen, in Gebüschen und Wäldern vor, geht aber stark zurück. Am häufigsten kann man ihr noch im Elsaß begegnen. Früher wurden in jener Gegend jedes Jahr Wildtulpensträuße feilgeboten. Die Wildtulpe wurde im 17. Jahrhundert – zur Zeit der ersten Tulpenbegeisterung – aus Südeuropa eingeführt und hat sich bei uns eingebürgert. Die zahlreichen Formen der Gartentulpe sind meist Hybride aus mehreren asiatischen Tulpenarten. Liliengewächse. Blütezeit April bis Mai.

Blüten gelb, 8 oder mehr Blütenblätter

1 **Huflattich** Tussilago farfara

Einer der ersten Frühlingsblüher, in der Blütezeit noch ohne die grünen Blätter, die sich erst später entwickeln. Als Unkraut auf Schuttplätzen, Wegrändern, in Steinbrüchen und an Ufern häufig. Die Blätter sind unterseits von einem weißen Filz überzogen und hufeisenförmig (Name!). Der lateinische Name „Tussilago" zeigt schon, gegen welche Krankheiten der Huflattich eingesetzt wurde, denn „tussis" heißt „der Husten". Der Huflattich enthält zahlreiche Schleimstoffe, die erweichend, reizmindernd und lösend wirken. Huflattich ist Bestandteil von Brusttees und von vielen Hustenbonbons. Korbblütler. Blütezeit März bis April.

2 **Löwenzahn** Taraxacum officinale

Eine der bekanntesten Pflanzen, weder vom Gärtner noch vom Landwirt sonderlich geliebt. Auch Kuhblume oder Butterblume genannt. Wissenschaftlich gesehen ist die Gattung Taraxacum trotz der Häufigkeit ihrer Arten eine der schwierigsten im ganzen Pflanzenreich. Die Botaniker wollen allein in der Bundesrepublik Deutschland über 120 Formen unterscheiden. Den Löwenzahn kann man vielfältig nutzen: Die jungen Blätter ergeben vor der Blütezeit einen guten, leicht bitter schmeckenden Salat, der überdies auch heilsam sein soll, weil er die Funktionen von Leber und Niere fördert. Die harntreibende Wirkung des Löwenzahns findet drastischen Ausdruck in manchen Volksnamen, etwa „Bettseicher" oder im französischen „pisse-en-lit". Aus gerösteten Löwenzahnwurzeln kann man einen Kaffeersatz gewinnen, auch wenn der Zichorienkaffee (siehe Seite 176) besser schmeckt. Korbblütler. Blütezeit April bis Juli.

3 **Kleines Habichtskraut** Hieracium pilosella

Auch Mausohr genannt. Die „Blüte" besteht nur aus Zungenblüten. Die Gattung Hieracium ist sehr formenreich, und die Unterscheidung der vielen Arten gelingt nur dem Spezialisten. Der Grund für die Formenvielfalt liegt an der Erscheinung, die der Botaniker Apomixis nennt, die Entstehung von Embryonen in den Samenanlagen ohne Befruchtung. Dadurch können sich zufällige Mutationen und Kreuzungen in der Natur leichter halten und ausbreiten. Korbblütler. Blütezeit Mai bis Oktober.

4 **Rauher Löwenzahn** Leontodon hispidus

Unterscheidet sich vom Löwenzahn (siehe oben) vor allem durch die rauhe Behaarung der Blätter. Häufig auf nährstoffreichen, feuchten Wiesen. Korbblütler. Blütezeit Juli bis Oktober.

5 **Flohkraut** Pulicaria dysenterica

Pflanze bis 60 cm hoch, auf nassen Wiesen, nicht häufig, leicht zu erkennen. Früher glaubte man, das Flohkraut halte Flöhe fern. Die Pflanze wurde auch als Heilmittel gegen Ruhr und Dysenterien genommen; daher stammt auch der lateinische Artname sowie die deutsche Bezeichnung „Ruhrkraut". Korbblütler. Blütezeit Juli bis September.

1

2

3

4

5

Blüten gelb, 8 oder mehr Blütenblätter
(Fortsetzung)

1   Gemeines Kreuzkraut Senecio vulgaris
Bis 50 cm hohes, sehr häufiges Unkraut auf Äckern, Schuttflächen und in Gärten. Das Kreuzkraut müßte eigentlich „Greiskraut" heißen, wie auch der lateinische Gattungsname Senecio verrät, denn senex ist der Greis. Wahrscheinlich wird hier auf die weißen Flughaare der Samen angespielt. Die Kreuzkräuter enthalten Alkaloide und wurden früher als Heilmittel gegen Menstruationsbeschwerden und andere Blutungen eingesetzt. Korbblütler. Blütezeit Juni bis September.

2   Jakobs-Kreuzkraut Senecio jacobaea
Auch Jakobs-Greiskraut (siehe oben) genannt. Häufig an Wegrändern, Böschungen und auf Trockenrasen. Die Pflanze ist giftig und wird bis 1 m hoch. Korbblütler. Blütezeit Juli bis Oktober.

3   Saat-Wucherblume Chrysanthemum segetum
Mit der Margerite (siehe Seite 142) nahe verwandt, die randständigen Zungenblüten aber gelb. Die Saat-Wucherblume ist ein Getreidekraut, das aus dem östlichen Mittelmeergebiet stammt und sich an einigen Stellen eingebürgert hat. Korbblütler. Blütezeit Juni bis August.

4   Gemeine Eberwurz Carlina vulgaris
Auch Golddistel genannt. An sonnigen Stellen, auf Trockenrasen, an Wegrändern und in lichten Wäldern nicht selten. Bekannter ist die nahe verwandte Silberdistel (Carlina acaulis), die allerdings weiß blüht und einen sehr kurzen Stengel aufweist, so daß die Blütenstände nahe dem Boden liegen. Die Pflanze liebt gleichfalls trockene und warme Böden. Bei Regenwetter schließt sich der Blütenstand, bei trockenem Wetter ist er ganz ausgebreitet. Daher stammt auch der Name „Wetterdistel". Den Namen „Carlina", „kleiner Karl", soll die Pflanze von Karl dem Großen haben, der sie anscheinend sehr verehrt hat. Im Mittelalter galt die Silberdistel als Wunderpflanze. Die Volksmedizin verwendete sie gegen viele Krankheiten. Korbblütler. Blütezeit für beide Arten Juni bis September.

5   Gemeine Kohldistel Cirsium oleraceum
Die Blütenstände sind bei dieser Art von hellgelben, großen Hochblättern umgeben. Die Pflanze kommt in feuchten Wiesen, in Auenwäldern und Hochstaudenfluren vor und steigt in den Alpen bis 2800 m. Korbblütler. Blütezeit Juni bis September.

1

2

3

4

5

Blüten blau oder violett, bis 4 Blütenblätter

1 Wildhyazinthe Endymion non-scriptus
Die prächtige, bis 50 cm hohe Pflanze kommt in Westeuropa bis hinauf nach England vor. In Mitteleuropa wird gelegentlich eine nahverwandte spanische Art in Gärten angepflanzt, aus denen sie bisweilen verwildert. Liliengewächse. Blütezeit April bis Mai.

2 Rundblättrige Glockenblume Campanula rotundifolia
Rund sind bei dieser Glockenblumenart nur die langgestielten Grundblätter. Sehr häufige Pflanze auf Wiesen, Rasen, Matten und in lichten Wäldern, bis 50 cm hoch. Glockenblumengewächse. Blütezeit Juni bis September.

3 Kriechender Günsel Ajuga reptans
Die Grundblätter stehen in einer dichten Rosette. Häufige, bis 30 cm hohe Pflanze, in Wiesen und Wäldern, auf feuchten, nährstoffreichen Böden weit verbreitet. Nicht selten sind auch Pflanzen mit rosafarbenen oder ganz weißen Blüten. Der Kriechende Günsel ist eine alte Heilpflanze gegen mancherlei Leiden, zum Beispiel Angina, Erkrankungen des Mundes, Rheuma und schlecht heilende Wunden. Lippenblütler. Blütezeit Mai bis Juni.

4 Gemeine Braunelle Prunella vulgaris
Die Pflanze ist an der helmförmigen Oberlippe ohne Schwierigkeiten zu erkennen. Auf leichten, feuchten Böden, in Wiesen und auf Waldlichtungen. Die Heilwirkung der Braunelle ist schon lange bekannt: Abkochungen verwendet man gegen Krankheiten des Mundes und des Rachens, früher auch gegen Diphtherie, die wegen der Farbe der entzündeten Stellen auch Halsbräune genannt wurde. Daher leitet sich wohl der Name „Braunelle" ab. Im Tierreich gelten die Namen „Braunelle" bzw. „Prunella" braun gefärbten Bodenvögeln (siehe Heckenbraunelle, Seite 14). Lippenblütler. Blütezeit Mai bis Oktober.

5 Zimbelkraut Linaria cymbalaria
Das kriechende Kraut wächst in Fugen kalkhaltiger, schattiger Mauern und in Felsspalten. Die sympathische Pflanze ist besonders in Süddeutschland verbreitet, wo sie oft altes Gemäuer überzieht. Nach dem Blühen strecken sich die Blütenstiele und treiben die jungen Früchte in den Boden. Diese „Erdfrüchtigkeit" findet sich beispielsweise noch bei der Erdnuß (daher ihr Name!). Das Zimbelkraut ist ursprünglich in den Südalpen und im Mittelmeergebiet beheimatet, hat sich aber nach Nordeuropa ausgebreitet. Rachenblütler. Blütezeit Juni bis September.

1

2

3

4

5

Blüten blau oder violett, bis 4 Blütenblätter
(Fortsetzung)

1 Sommerflieder Buddleia sp.
Strauch mit zahlreichen überhängenden und abstehenden Zweigen, an deren Ende die reichen Blütenstände stehen. Sie werden besonders gerne von Tag- und Nachtschmetterlingen aufgesucht, so daß der Name „Schmetterlingsstrauch" durchaus berechtigt erscheint. Der Sommerflieder ist eine beliebte Gartenpflanze, die um so stärker blüht, je mehr man sie im Herbst zurückschneidet. An manchen Stellen verwildert, zum Beispiel an Schuttplätzen, an Mauern und Böschungen. Brechnußgewächse. Blütezeit Juni bis September.

2 Wald-Ehrenpreis Veronica officinalis
Sehr häufiges, bis 30 cm hohes Kraut, auf Wiesen und lichten Wäldern verbreitet. Die prächtigen blauen Blüten sind ein Symbol der Treue und der Liebessehnsucht. Deswegen heißt der Ehrenpreis volkstümlich auch „Männertreu". In Italien trägt er den poetischen Namen „occhi della Madonna", „Augen der Madonna". Der Ehrenpreis war früher eine bedeutende Arzneipflanze, heute hat er diese Rolle weithin eingebüßt. Rachenblütler. Blütezeit Juni bis August.

3 Efeublättriger Ehrenpreis Veronica hederaefolia
Unkraut in Gärten und auf Äckern. Die Samen dieser und verwandter Arten werden von Ameisen verbreitet, weil sie ein ölhaltiges Anhängsel haben, das von diesen Insekten gern gefressen wird. Rachenblütler. Blütezeit März bis Juni.

4 Bach-Ehrenpreis Veronica beccabunga
Auch Bachbunge genannt. Fleischige Pflanze mit glänzenden Blättern, an den Ufern langsam fließender, nährstoffreicher Gewässer verbreitet. Rachenblütler. Blütezeit Mai bis August.

5 Persischer Ehrenpreis Veronica persica
Eines der häufigsten Gärten- und Ackerunkräuter. Ursprünglich nicht bei uns heimisch, sondern aus Kleinasien stammend. Die Pflanze wurde zu Beginn des 19. Jahrhunderts im botanischen Garten Karlsruhe kultiviert, verwilderte von dort und breitete sich innerhalb von 50 Jahren über fast ganz Mitteleuropa aus. Rachenblütler. Blütezeit März bis November.

Blüten blau oder violett, bis 4 Blütenblätter
(Fortsetzung)

1 Gundermann Glechoma hederaceum
Die krautige, bis 30 cm hohe Pflanze ist häufig auf Wiesen und in lichten Wäldern anzutreffen. Mit dem Gundermann – so glaubte man früher – konnte man Hexen erkennen. Seit der Antike ist er eine bedeutende Heilpflanze, die man bei Bronchialkatarrhen und gewissen Darmerkrankungen einsetzt. Heute ist er jedoch weitgehend vergessen. Lippenblütler. Blütezeit März bis Mai.

2 Weinberg-Träubelhyazinthe Muscari racemosum
Wie der Name sagt, ein „Unkraut" in Weinbergen, Trockenrasen und anderen kalkreichen, sonnigen Böden. Heute wegen der intensiven Bodenbearbeitung und der chemischen Unkrautbekämpfung selten, an den Stellen des Vorkommens jedoch oft dichte Bestände bildend. Auch außerhalb der Weingegenden in Gärten angepflanzt und oft daraus verwildert. Eine verwandte Art ist die Kleine Träubelhyazinthe (Muscari botryoides), die viel breitere Blätter aufweist. Auf Bergwiesen, in Gebüschen und Wäldern, recht selten, wie die vorige aber bisweilen größere Bestände bildend. Liliengewächse. Blütezeit für beide Arten April bis Mai

3 Sumpf-Helmkraut Scutellaria galericulata
Ausdauerndes, kriechendes, bis 30 cm hohes Kraut. An feuchten Stellen, besonders an Gräben, in Röhricht und auf Flachmooren, selten. Lippenblütler. Blütezeit Juni bis August.

4 Gemeine Kreuzblume Polygala vulgaris
Nicht selten auf trockenen, mageren Wiesen, besonders im Gebirge. Der wissenschaftliche Gattungsname bedeutet aus dem Griechischen übersetzt „viel Milch", weil man früher der Ansicht war, das Kraut würde beim Menschen und beim Rind die Milchproduktion erhöhen. Die Kreuzblumen, von denen es in der Bundesrepublik Deutschland 8 Arten gibt, darunter einen gelb- oder rötlichblühenden Halbstrauch, werden heute noch von der Volksmedizin zur Herstellung herzstärkender Mittel verwendet. Kreuzblumengewächse. Blütezeit Mai bis August.

5 Wiesensalbei Salvia pratensis
Leicht kenntliche, bis 60 cm hohe Pflanze, überall auf warmen, nährstoffreichen Böden, besonders auf trockenen Rasen und Bergwiesen anzutreffen. Der Wiesensalbei ist ein Schulbeispiel für eine raffinierte Bestäubungsmethode. Hummeln müssen in der Kronröhre der Blüte eine Platte beiseite schieben, um mit dem Rüssel an den Nektar zu gelangen. Die Platte ist mit den langen Staubblättern so verbunden, daß diese sich wie Eisenbahnschranken senken und den Rücken der Hummeln mit Pollen vollpudern. Der Wiesensalbei wird in der Heilkunde nicht verwendet, wohl aber der Gartensalbei (Salvia officinalis), der ursprünglich in Südeuropa beheimatet ist. Salbeitee ist wirksam gegen Erkrankungen des Mundes und des Halses sowie gegen Menstruationsbeschwerden. Lippenblütler. Blütezeit Mai bis Juli.

1

2

3

4

5

Blüten blau oder violett, 5 – 7 Blütenblätter

1 Waldveilchen Viola silvestris
Der Blütenstiel trägt Blätter und ist verzweigt. In Laub- und Nadelwäldern, auf lockeren, humusreichen Böden, nicht häufig. Veilchengewächse. Blütezeit April bis Mai. Ähnlich ist das allseits bekannte Märzveilchen (Viola odorata), das zu den ersten Frühlingsblühern zählt. Seine Blütenstengel tragen jeweils nur eine Blüte und sind nicht beblättert. Die Botaniker sind sich nicht darüber einig, ob das Märzveilchen eine einheimische Pflanze ist. Die meisten behaupten, es stamme aus südlichen Gegenden und sei bei uns nur aus Gärten verwildert. Das Märzveilchen ist seit der Antike eine geschätzte Heilpflanze. Man verwendet es gegen Erkrankungen der Atemwege, die Augen und gegen Ohrenschmerzen. Das Veilchen spielt in der Mythologie und im Brauchtum der Völker eine große Rolle. Arabische Dichter verglichen das Auge der Geliebten mit dem Veilchen. Noch heute gilt der Veilchenstrauß als Unterpfand der geheimen Liebe. Unsere Farbbezeichnung „violett" stammt über das Französische vom lateinischen viola, das eben „Veilchen" bedeutet.

2 Gewöhnliches Stiefmütterchen Viola tricolor
Die Blüten können auch mehrheitlich gelb sein. Vereinzelt auftretendes Unkraut auf Äckern und in Gärten. Woher der Name Stiefmütterchen kommt, ist nicht geklärt. Der Volksmund deutet ihn so: Das unterste, im Bild gelbe Blütenblatt ist die Stiefmutter, die beiden seitlichen Blütenblätter sind ihre Töchter und die beiden oberen ihre Stieftöchter. Heilpflanze, vor allem gegen Hautausschläge, Durchfall oder Erkrankungen der Harnwege verwendet. Veilchengewächse. Blütezeit Mai bis Oktober.

3 Gewöhnliche Küchenschelle Pulsatilla vulgaris
Die Küchenschelle hat nichts mit der Küche zu tun, sondern ist eine Kuhschelle, verkleinert „Kühchenschelle". Die prächtige Pflanze liebt trockene Böden und kommt in mageren Rasen, lichten Gebüschen, Kiefernwäldern und steinigen Südhängen vor, ist heute jedoch selten und stark gefährdet. Besonders attraktiv sind die silberweißen Fruchtstände. Alte Heilpflanze, die vor allem früher gegen die verschiedensten Erkrankungen verwendet wurde. Hahnenfußgewächse. Blütezeit März bis Mai.

4 Gemeine Akelei Aquilegia vulgaris
In eher trockenen Laubwäldern, vor allem im Gebirge und auf Bergwiesen. Stellenweise häufig, jedoch gefährdet. Wie beim Wachtelweizen (siehe Seite 150) beißen auch hier kurzrüsselige Hummeln oft den Sporn auf, um auf diese diebische Weise an den Nektar zu gelangen. Hahnenfußgewächse. Blütezeit Juni bis Juli.

5 Immergrün Vinca minor
Wahrscheinlich in warmen Gebieten Süddeutschlands beheimatet, sehr oft in Friedhöfen und Gärten angepflanzt und aus diesen verwildert. Das Immergrün ist eine am Grunde leicht verholzte Staude, die zahlreiche Ausläufer bildet. Hundsgiftgewächse. Blütezeit April bis Mai.

Blüten blau oder violett, 5 – 7 Blütenblätter
Fortsetzung

1 Geknäuelte Glockenblume Campanula glomerata
Die typische, bis 70 cm hohe, aufrechte Pflanze kommt recht häufig in trockenen Wiesen und Triften vor. Glockenblumengewächse. Blütezeit Mai bis September. Man kann die Geknäuelte Glockenblume bei oberflächlicher Betrachtung mit dem Schwalbenwurz-Enzian (Gentiana asclepiadea) verwechseln, weil auch bei diesem die Blüten bis zu dritt in den Blattachseln stehen, allerdings nicht endständig wie bei den Geknäuelten Glockenblumen. Der Schwalbenwurz-Enzian zieht feuchte, lehmige Böden auf Bergwiesen und Waldlichtungen vor. Enziangewächse. Blütezeit Juli bis September.

2 Stengelloser Enzian Gentiana clusii
Der allseits bekannte Stengellose Enzian, der in der alpinen Volkskunst eine große Rolle spielt, besteht für den Botaniker aus zwei verschiedenen Arten: die Art Gentiana clusii kommt nur auf mageren Weiden und kalkhaltigen Böden vor, während die sehr ähnliche Art Gentiana kochiana den Kalk meidet. Solche sich gegenseitig vertretende – wir sagen vikariierende – Arten gibt es im Pflanzen- und Tierreich in größerer Anzahl. So schließen sich beispielsweise auch die Verbreitungsgebiete der beiden Alpenrosenarten aus. Der bekannte verdauungs- und appetitfördernde Enzianschnaps wird nicht aus diesen blauen Enzianarten, sondern aus den Wurzeln des Gelben Enzians (Gentiana lutea) hergestellt. Enziangewächse. Blütezeit für alle genannten Arten Juni bis August.

3 Natternkopf Echium vulgare
Recht häufiges, steif behaartes Unkraut auf Ödland, an Schuttplätzen und Bahndämmen. Der Natternkopf hat mit etwas Einbildungskraft tatsächlich eine gewisse Ähnlichkeit mit einem Schlangenkopf. Vor allem erinnern die weit herausragenden Staubblätter an das Züngeln eines Reptils. Boretschgewächse. Blütezeit Juni bis September.

4 Echter Lein Linum usitatissimum
Eine der ältesten Kulturpflanzen der Welt, wahrscheinlich im Mittleren Orient erstmals kultiviert. Der Lein wird auf zweierlei Weisen genutzt: einesteils liefert er ölhaltige Samen, aus denen man Leinöl gewinnt, andernteils verwendet man die unverholzten Leinfasern, den Flachs, der nur aus Zellulose besteht. Der Lein wird heute in Deutschland nur noch selten angebaut; gelegentlich kommt er verwildert vor. Leingewächse. Blütezeit Juli bis Oktober.

5 Blauer Eisenhut Aconitum napellus
Bis 1,80 m hohe Staude, vorwiegend im Gebirge auf frischen bis feuchten Böden verbreitet, gerne in der Nähe von Viehlagern auf sehr stickstoffhaltigen Böden. Heute stark am Zurückgehen. Enthält zahlreiche Alkaloide und ist deswegen wohl die giftigste Pflanze Europas. Man sollte keinen Teil des Eisenhutes berühren oder pflücken, da das Gift auch durch die Haut eindringt. Früher stellte man aus Eisenhut Pfeilgifte her. In hoher Verdünnung werden die wirksamen Substanzen als Heilmittel verwendet. Hahnenfußgewächse. Blütezeit Juni bis August.

Blüten blau oder violett, 5 – 7 Blütenblätter

(Fortsetzung)

1 Boretsch Borago officinalis
Der Boretsch ist im westlichen Mittelmeergebiet heimisch und wurde von den Römern bei uns eingeführt. Noch heute wird er gerne in Bauerngärten angepflanzt und verwildert leicht in deren Umgebung. Man verwendet die jungen Blätter als Salat oder als Würze für Essiggurken; wegen seines starken, gurkenähnlichen Geruchs heißt der Boretsch auch Gurkenkraut. Da die Pflanze zahlreiche Schleimstoffe enthält, wirkt sie lindernd bei Katarrhen und Bronchitis. Boretschgewächse. Blütezeit Mai bis September.

2 Vergißmeinnicht Myosotis sp.
Es gibt in der Bundesrepublik Deutschland 3 häufige, einander recht ähnliche Vergißmeinnicht-Arten. Im allgemeinen lieben sie feuchten bis nassen Boden. Die Pflanze spielt eine große Rolle im Liebesbrauchtum; mit ihrer blauen Blütenfarbe ist sie das Symbol der Treue und der Liebessehnsucht. Boretschgewächse. Blütezeit Mai bis September.

3 Garten-Rittersporn Consolida ajacis
Im Mittelmeergebiet beheimatet, als Zierpflanze in Gärten besonders geschätzt und gelegentlich verwildert. Heute in zahlreichen Farb- und Formvarianten gezüchtet. Hahnenfußgewächse. Blütezeit Juni bis September.

4 Lungenenzian Gentiana pneumonanthe
Bis 50 cm hohe Pflanze mit endständigen oder in den Achseln der oberen Blätter stehenden Blüten. Auf Mooren und feuchten Wiesen und in Riedgrasbeständen, ziemlich selten. Wie schon der deutsche Name andeutet, eine alte Heilpflanze, die aber heute nicht mehr verwendet wird. Enziangewächse. Blütezeit Juli bis September.

5 Sibirische Schwertlilie Iris sibirica
In Sumpfwiesen, Flachmooren und besonders in lichten, feuchten Wäldern, selten und gefährdet. Es gibt in Deutschland noch fünf weitere Schwertlilienarten, und noch einmal so viele Arten können gelegentlich verwildert vorkommen. Die häufigste Wildart ist die gelbblühende Sumpf-Schwertlilie (Iris pseudacorus). Die Deutsche Schwertlilie (Iris germanica), die dunkelviolett blüht, hat ihre Heimat im Mittelmeergebiet und kommt bei uns nur gelegentlich verwildert vor. Die zahlreichen Garteniris sind in den meisten Fällen Kreuzungen mediterraner oder kleinasiatischer Arten. Bis in die heutige Zeit hat sich die Gewohnheit gehalten, zahnenden Kleinkindern eine trockene Schwertlilienwurzel („Veilchenwurzel") zum Kauen zu geben, damit sich die Entzündung des Zahnfleisches beruhigt. Schwertliliengewächse. Blütezeit Mai bis Juli.

Blüten blau oder violett, 8 oder mehr Blüten-blätter (Fortsetzung)

1 Neubelgische Aster Aster novi-belgii

Die über 1 Meter hohe Pflanze wurde aus Nordamerika eingeführt und wird unter dem Namen „Glattblattaster" in Gärten angepflanzt. Heute kann man ihr verwildert und eingebürgert an manchen öden Stellen oder an Bahn-dämmen begegnen. Wegen der späten Blütezeit wirkt sie für Herbstinsek-ten, wie Schmetterlinge, Bienen und Fliegen, sehr anziehend. Korbblütler. Blütezeit September bis Oktober.

2 Gemeine Wegwarte Cichorium intybus

Auch Wildzichorie genannt. An Wegrändern, Bahndämmen und auf Schutt-flächen häufig. Die Blüten sind nur vormittags offen. Wie die Blüten des Ver-gißmeinnichts (siehe vorige Seite) und des Ehrenpreises (siehe Seite 166) waren die Wegwartenblüten früher ein Symbol der Treue und der Liebe. Wer eine Zichorienwurzel an einem bestimmten, regional verschiedenen Tag mit einem Hirschgeweih ausgräbt, hat ein Zaubermittel in der Hand, das ihn unverletzlich macht. Berührt man mit dieser Wurzel eine Person, so erringt man deren Liebe. Aus den gerösteten Wurzeln gewinnt man einen Kaffee-Ersatz (Zichorienkaffee). Korbblütler. Blütezeit Juli bis September. Eine nahe Verwandte der Gemeinen Wegwarte ist die Endivie (Cichorium endivia), eine Salatpflanze, von der es zahlreiche Gartensorten gibt.

3 Kornblume Centaurea cyanus

Das ehemals sehr häufige Getreideunkraut geht heute stark zurück und ist an manchen Orten wegen der chemischen Unkrautbekämpfung schon sel-ten geworden. Die Blüten der Kornblume enthalten Wirkstoffe, die zu ver-stärkter Harnausscheidung führen und Verdauungsstörungen beheben. Korbblütler. Blütezeit Juni bis September.

4 Acker-Witwenblume Knautia arvensis

Auch Ackerskabiose genannt. Häufig in mageren Wiesen, auf trockenen, lockeren Böden. Die Homöopathie verwendet diese Pflanze gegen Haut-erkrankungen. Kardengewächse. Blütezeit Juni bis August.

5 Weberkarde Dipsacus sativus

Die Heimat dieser Art liegt in Südwesteuropa. Bei uns wurde die Weberkar-de angebaut, weil man ihre trockenen Blütenstände mit den harten, langen, vorne hakig gekrümmten Blütentragblättern zum Aufrauhen von Wollstoffen verwendete. Unsere einheimische Wilde Karde (Dipsacus silvester) ist dazu nicht zu gebrauchen, da die Tragblätter der Blüten nicht hakig gekrümmt und überdies zu elastisch sind. Im Blütenstand einer Karde erblüht erst eine mittlere Zone. Von dort schreitet das Aufblühen gleichzeitig nach oben und nach unten fort. Die fleischigen Blätter der Weberkarde werden im übrigen in Frankreich und in Italien gerne als Gemüse gegessen (Kardonen). Kar-dengewächse. Blütezeit Juli bis August.

Blüten rosa bis rot, bis 4 Blütenblätter

1 Gemeiner Hohlzahn Galeopsis tetrahit
Der deutsche Name stammt daher, daß die Unterlippe auf jeder Seite einen hohlen, spitzen Zahn aufweist. Häufiges Unkraut auf Äckern, Schuttflächen, Waldlichtungen und an Wegrändern. Der Gemeine Hohlzahn ist ein natürlicher Bastard. Er entstand in der freien Natur aus der Kreuzung zweier verschiedener Arten, wobei die Zahl der Chromosomen verdoppelt wurde. Solche Bastarde kommen im Pflanzenreich verhältnismäßig häufig, im Tierreich nahezu nie vor. Die Volksmedizin verwendet die getrocknete Pflanze bei Erkrankungen der Milz, bei Bronchitis und Lungentuberkulose. Lippenblütler. Blütezeit Juli bis Oktober.

2 Echter Ziest Stachys officinalis
Auch Heilziest, Batunge oder Betonie genannt. Bis 60 Zentimeter hoch, häufig, in unterschiedlichen Lebensräumen auftretend, zum Beispiel auf trockenen und feuchten Wiesen und Wäldern. Alte Heilpflanze, die früher vor allem gegen Darmstörungen eingesetzt wurde. Wer schlecht schläft und viel träumt, soll der Volksmedizin zufolge trockenen Ziest in das Kopfkissen einfüllen. Auf Seite 184 ist eine weitere Ziestart, der Waldziest, behandelt. Lippenblütler. Blütezeit Juni bis September.

3 Wald-Bergminze Satureja calamintha
Auch Wald-Bohnenkraut genannt; eine Verwandte dieser Art ist tatsächlich das weitverbreitete Bohnenkraut (Satureja hortensis). Bis 45 Zentimeter hoch, in lichten Wäldern und auf felsigen Hängen, liebt kalkreichen Boden, zerstreut bis selten. Lippenblütler. Blütezeit Juni bis September.

4 Roter Fingerhut Digitalis purpurea
Auf Kahlschlägen, sandigen Hängen, in lichten Laub- und Mischwäldern, nicht häufig, am Ort des Auftretens aber meist größere Bestände bildend. Rachenblütler. Blütezeit Juni bis September. In der Bundesrepublik Deutschland kommen wild noch zwei weitere Fingerhutarten vor. Beide blühen gelb, nämlich der Großblütige Fingerhut (Digitalis grandiflora) und der Gelbe Fingerhut (Digitalis lutea). Alle Fingerhutarten enthalten mehrere Gifte, die in richtiger Dosis herzstärkend wirken und als Digitalis-Glykoside bezeichnet werden. Man gewinnt sie jedoch nicht von den einheimischen Arten, sondern vom südwesteuropäischen Wolligen Fingerhut (Digitalis lanata), den man an den weißen oder blaßgelben, braun geäderten Blüten erkennt.

5 Klatschmohn Papaver rhoeas
Wohlbekanntes Ackerunkraut, auch an Wegrändern und auf Schuttflächen auftretend, heute wegen der chemischen Unkrautbekämpfung stark am Zurückgehen. Mohngewächse. Blütezeit Mai bis September. Die Mohnarten enthalten mehrere Alkaloide. Besonders bekannt in dieser Hinsicht ist der Schlafmohn (Papaver somniferum), aus dessen Milchsaft man Opium, Morphin und andere höchst wirksame Stoffe, gewinnt. Früher beruhigte man Kleinkinder mit Mohnsaft (Name „Schlafmohn"!), was aber wegen der Giftigkeit der Wirkstoffe nicht ungefährlich war. Der Schlafmohn wurde bei uns fast ausschließlich wegen des feinen Öls kultiviert, das man aus den reifen Samen gewinnt. Die österreichische und die bayerische Küche verwenden gern geschrotete Mohnsamen zur Herstellung von Süßigkeiten. In der Bundesrepublik Deutschland kommen noch drei weitere rotblühende, sowie je eine weißblühende und eine gelbblühende alpine Mohnart vor.

Blüten rosa oder rot, bis 4 Blütenblätter

(Fortsetzung)

1 Fuchsie Fuchsia sp.

Die Wildarten der Fuchsie, die den Namen nach ihrem Entdecker, Dr. Fuchs, haben, kommen in Mittel- und Südamerika vor. Schon vor Jahrhunderten wurden diese Pflanzen nach Mitteleuropa eingeführt und hier gekreuzt. Heute gibt es Hunderte von Fuchsiensorten. Die Fuchsie ist besonders als Zierpflanze für Gartenanlagen und Gräber beliebt. In Gebieten mit mildem Klima wie in Westeuropa und England verwildert sie gerne und bildet zusammen mit Wildrosen ganze Hecken. Bei uns sind in milderen Gebieten nur zwei Fuchsienarten winterhart. Die eigentliche Gartenfuchsie (Fuchsia x hybrida) ist eine Topfpflanze, die den Winter nicht überlebt. Nachtkerzengewächse. Blütezeit Juni bis September.

2 Glockenheide Erica tetralix

Bis 50 Zentimeter hoher Strauch, auf Heiden und Mooren größere Bestände bildend. Die Glockenheide liefert wie die Besenheide (siehe unten) den Bienen viel Nektar und begünstigt damit die Imkerei, zum Beispiel in der Lüneburger Heide. Heidekrautgewächse. Blütezeit Juli bis August.

3 Graue Heide Erica cinerea

Ein seltenes Heidekraut, das in lichten Wäldern und auf Heiden des Rheinlandes, Belgiens und der Niederlande vorkommt. Heidekrautgewächse. Blütezeit Mai bis Juli.

4 Besenheide Calluna vulgaris

Auch einfach Heidekraut genannt. Bis 50 Zentimeter hoher Strauch, sehr häufig auf Mooren und Heiden, in lichten Wäldern und auf Bergwiesen. Gute Bienenweide wie die Glockenheide (siehe oben). Die Besenheide ist für die „Heideblüte" verantwortlich. Die Pflanzen tragen aber nur dann reichlich Blüte, wenn sie von Schafen – zum Beispiel in der Lüneburger Heide – regelmäßig abgeweidet werden und wieder neu ausschlagen. Heidekrautblätter sind in vielen harntreibenden Nierentees zu finden. Heidekrautgewächse. Blütezeit Juni bis September.

5 Drüsiges Springkraut Impatiens glandulifera

Die bis 1,5 Meter hohe Pflanze stammt aus dem Himalaya und ist als Zierpflanze beliebt. Sie verwildert gelegentlich an Bachufern und in Auenwäldern. Das gilt auch für weitere eingeführte Arten, zum Beispiel das Gartenspringkraut (Impatiens balsamina). In der Bundesrepublik Deutschland gibt es eine einheimische gelbblühende Springkrautart, das Rührmichnichtan (Impatiens noli-me-tangere). Ihren eigentümlichen Namen hat die Pflanze daher, daß die reife Frucht bei der leisesten Berührung aufplatzt und ihre Samen weit wegschleudert. Auf diese Eigenschaft deutet auch der lateinische Gattungsname Impatiens, „die Ungeduldige", hin. Balsaminengewächse. Blütezeit für alle Arten Juni bis September.

Blüten rosa oder rot, 4 Blütenblätter

(Fortsetzung)

1 Zottiges Weidenröschen Epilobium hirsutum
Bis 1,5 Meter hoch, ausdauernd, verbreitet, aber nicht häufig, an feuchten Gräben, in Sümpfen, Röhrichten und auf nassen Schutt- und Lehmplätzen. Nachtkerzengewächse. Blütezeit Juli bis September.

2 Schmalblättriges Weidenröschen Epilobium angustifolium
Bis 1,6 Meter hohe, ausdauernde Pflanze, besonders häufig auf Kahlschlägen, aber auch an Waldrändern und in Lichtungen von Laub- und Nadelwäldern. Auch im Gebirge verbreitet. Das Schmalblättrige Weidenröschen enthält Gerb- und Schleimstoffe; man verwendet einen Absud der Wurzel als Heilmittel gegen Verdauungsbeschwerden und gegen Durchfall. Die Blüten des Weidenröschens sind zwittrig, doch ist eine Selbstbestäubung ausgeschlossen, weil zunächst die Staubgefäße ihren Pollen ausstreuen. Erst wenn diese welk werden, öffnen sich die weiblichen Narben. Das Schmalblättrige Weidenröschen ist also auf Fremdbestäubung, die Bestäubung durch Pollen einer anderen Pflanze, angewiesen. Tatsächlich war es die erste Pflanze, an der der Botaniker Christian Sprengel im Jahre 1790 die Fremdbestäubung entdeckte. Nachtkerzengewächse. Blütezeit Juni bis September.

3 Rote Taubnessel Lamium purpureum
Die Blätter sehen denen der Brennessel täuschend ähnlich, haben auf der Oberfläche aber keine Brennhaare, daher der Name „Taubnessel". Als Unkraut an Wegrändern, auf Schuttflächen und Äckern weit verbreitet und häufig. Nahe Verwandte sind die Goldnessel (siehe Seite 146), die Weiße Taubnessel (siehe Seite 134) und die Stengelumfassende Taubnessel (folgende Seite). Lippenblütler. Blütezeit März bis Oktober.

4 Löwenmaul Antirrhinum majus
Die Gartenlöwenmäulchen, denen man bisweilen verwildert in der Natur begegnen kann, gehen fast alle auf die im Mittelmeergebiet verbreitete Art Antirrhinum majus zurück. Sie blüht ursprünglich gelb, seltener rot. Die heutigen Zuchtformen umfassen alle Hauptfarben, außer Blau. Beliebt sind besonders die zweifarbigen Sorten. Es gibt hochwachsende, halbhohe und kleine rasenbildende Sorten. Rachenblütler. Blütezeit Juni bis September.

5 Wald-Läusekraut Pedicularis silvatica
An den stark zerschlitzten Blättern kenntlicher, bis 40 Zentimeter hoher Halbschmarotzer, der seinen Wirten Wasser und Nährsalze entzieht, die Nährstoffe wie Kohlenhydrate oder Eiweiße aber selbst photosynthetisch herstellt. Auf feuchten Böden wie Riedgrasbeständen, Mooren und Sümpfen. Der Name „Läusekraut" geht darauf zurück, daß man früher einen Absud dieser Pflanze gegen Läuse verwendete. Rachenblütler. Blütezeit Mai bis Juni.

Blüten rosa oder rot, bis 4 Blütenblätter
(Fortsetzung)

1 Stengelumfassende Taubnessel Lamium amplexicaule
Unterscheidet sich von der verwandten Roten·Taubnessel (siehe vorige Seite) dadurch, daß die Tragblätter der Blütenquirle den Stengel ganz umfassen, während sie bei der Roten Taubnessel kurzgestielt, bisweilen sitzend sind. Ferner sind die Blätter am Rand stärker gezähnt. Ein wärmeliebendes Unkraut in Weinbergen, auf Äckern und an Wegrändern, nicht häufig, einjährig wie auch die verwandten Arten, die Weiße Taubnessel (siehe Seite 134) und die Goldnessel (siehe Seite 146). Lippenblütler. Blütezeit April bis September.

2 Waldziest Stachys silvatica
Mit dem Echten Ziest (siehe Seite 178) nahe verwandt, unterscheidet sich aber durch die herzförmigen, nicht eiförmigen bis lanzettlichen Blätter; der Blattrand ist viel stärker eingekerbt. Der Waldziest wird mit einer Höhe bis 120 Zentimetern doppelt so hoch wie der Echte Ziest. Häufig auf feuchten, doch lockeren, stickstoffreichen Böden, in Laub- und Mischwäldern sowie in feuchten Schluchtwäldern. Lippenblütler. Blütezeit Juni bis August.

3 Dost Origanum vulgare
Auch Wilder Majoran genannt, trägt in der Küche als Gewürzblatt vor allem den italienischen Namen Origano, weil er besonders bei südländischen Gerichten Verwendung findet. Der Dost enthält ein ätherisches Öl, das man seit langem bei der Behandlung der Luftwege einsetzt. Man verwendet wie auch in der Küche die Blätter sowie die in dichten Doldenrispen angeordneten Blüten. Der Dost wird häufig in Gärten angepflanzt, kommt aber auch wild an warmen Stellen wie Trockenrasen, Gebüschen, Trockenwäldern und Berghängen vor. Steigt im Gebirge bis 1800 Meter. Lippenblütler. Blütezeit Juli bis September.

4 Hügelmeister Asperula cynanchica
Eine bis 30 Zentimeter hohe, ausdauernde, kalkliebende Pflanze mit zarten, hellrosa- oder lilafarbenen Blüten, selten an trockenen und sonnigen Stellen, steigt im Gebirge bis 1800 Meter. Rötegewächse. Blütezeit Juni bis September. Recht nahe verwandt mit dem Hügelmeister ist der Waldmeister (Asperula odorata oder Galium odoratum), der allerdings reinweiß blüht. Der Waldmeister enthält den Stoff Cumarin, der stark aromatisch duftet und leicht giftig ist: Verwendet man zuviel Waldmeister bei einer Bowle, so können schwere Kopfschmerzen die Folge sein. Rötegewächse. Blütezeit April bis Mai.

5 Heidelbeere Vaccinium myrtillus
Wegen der Farbe der Früchte auch Blaubeere genannt. Der 50 Zentimeter hohe Halbstrauch ist sehr häufig auf sauren Böden, besonders auf Heiden, Mooren und in Nadelforsten. Heidekrautgewächse. Blütezeit Mai bis Juni.

Blüten rosa oder rot, bis 4 Blütenblätter

(Fortsetzung)

1   Kriechender Hauhechel Ononis repens
Niederliegender, verholzter, bis 30 Zentimeter hoher Strauch. Die prächtige
Pflanze kommt in Trockenrasen vor, ist aber selten. Schmetterlingsblütler.
Blütezeit Juni bis September.

2   Futterwicke Vicia sativa
Bis 40 Zentimeter hohe, einjährige Kulturpflanze, die als eiweißreiches Viehfutter angebaut wird und auch an Weg- und Ackerrändern und besonders
auf Trockenrasen verwildert. In Mitteleuropa kommt über ein Dutzend Wik-
kenarten wild vor; eine der häufigsten und auffälligsten ist wohl die Vogel-
wicke (Vicia cracca), die man an den reichblättrigen, violettroten Blütentrau-
ben erkennt. Eine weitere angebaute Art mit weißen Blüten und dunkelvio-
lettem Fleck ist die Acker-, Pferde- oder Puffbohne (Vicia faba). Schmetterlingsblütler. Blütezeit für die beiden angebauten Arten April bis Mai.

3   Feldthymian Thymus serpyllum
Wohlbekannte, niederliegende, mehrjährige Pflanze mit am Grunde leicht
verholzten Trieben. Wegen des Gehalts an aromatischen Ölen als Gewürz
beliebt. Auch unter dem Namen Quendel bekannt. Der Feldthymian ist
außerordentlich formenreich; bisher unterscheidet man mehrere Hundert
unterschiedliche Formen. Man spricht in diesem Zusammenhang von einer
„Sammelart". Thymianöl war schon in der Antike als hustenstillendes Mittel
bekannt. Der Thymian war erst der germanischen Göttin Freya, dann der
Gottesmutter Maria geweiht. Lippenblütler. Blütezeit Mai bis Oktober.

4   Wiesenschaumkraut Cardamine pratensis
Sehr häufige, mehrjährige Pflanze auf feuchten Wiesen und in lichten Wäldern, liebt ausgesprochen feuchte und schwere Böden. Der Name
„Schaumkraut" bezieht sich auf die merkwürdigen Schaumhäufchen, die
man häufig an den Blütenstielen findet. Darin hält sich die Larve einer Zika-
de (siehe Seite 84) auf; der Schaum dient ihr als Schutzschicht. Die Blütenfarbe des Wiesenschaumkrautes kann auch Reinweiß oder Hellblau sein.
Das Kraut enthält wie die verwandte Brunnenkresse und die Kohlarten ein
scharfes ätherisches Öl. Das Wiesenschaumkraut kann man als Salat
essen, es galt als Heilmittel gegen den Skorbut. Kreuzblütler. Blütezeit April
bis Mai.

5   Gemeiner Erdrauch Fumaria officinalis
Häufiges, bis 30 Zentimeter hohes Unkraut auf Äckern und in Gärten. Den
eigentümlichen Namen „Erdrauch" erklärt man immer wieder mit der graugrünen Farbe der Blätter; doch wird der Name wohl anders abzuleiten sein.
Jedenfalls glaubten früher die Mädchen, den Geliebten auf der Heimkehr
vom Feld zu sehen, wenn sie Erdrauch mit sich trugen. Schon die Ärzte der
Antike verwendeten den Erdrauch als appetit- und verdauungsanregendes
und abführendes Mittel. Man sieht es der Pflanze nicht an, daß sie zu den
Mohngewächsen gehört. Blütezeit Mai bis Oktober.

1

2

3

4

5

Blüten rosa oder rot, 5 – 7 Blütenblätter

1   Weicher Storchschnabel Geranium molle
Bis 30 cm hohe, einjährige Pflanze, gelegentlich als Unkraut in Äckern, Gärten, an Wegrändern und auf Schuttflächen. Liebt warmen, lockeren Boden. Der Name „Storchschnabel" bezieht sich auf die Form der Früchte. Die Samen tragen eine eingerollte, gespannte Granne. Die Spannung nimmt immer mehr zu, bis sie sich löst und den Samen meterweit wegschleudert. Was der Gärtner als „Geranie" bezeichnet, gehört zwar zu den Storchschnabelgewächsen, nicht aber zur Gattung Geranium, sondern zu Pelargonium („Pelargonie"), die hauptsächlich in Südamerika ihre Heimat hat. Storchschnabelgewächse. Blütezeit Mai bis Oktober.

2   Stinkender Storchschnabel Geranium robertianum
Auch Ruprechtskraut genannt. Häufige, bis 50 cm hohe Pflanze, widerlich riechend, in Wäldern und auf Mauern verbreitet. Enthält Bitterstoffe, Gerbstoffe und ein ätherisches Öl und wird heute noch von der Volksmedizin zur Behandlung von Augenkrankheiten, Hautausschlägen und Mundentzündungen verwendet. Storchschnabelgewächse. Blütezeit Juni bis Oktober.

3   Blutroter Storchschnabel Geranium sanguineum
Sehr auffallend, Blüten im Durchmesser ungefähr 3 cm. In lichten, trockenen Wäldern, an Waldrändern und auf Kahlschlägen, nicht häufig, am Ort des Auftretens aber meist in größeren Beständen. Die Gerbstoffe dieser Pflanze wirken blutstillend. Storchschnabelgewächse. Blütezeit Juni bis August.

4   Schierlings-Reiherschnabel Erodium cicutarium
Der Name „Reiherschnabel" ist ähnlich wie „Storchschnabel" gebildet und bezieht sich auf die Samenform (siehe oben, Weicher Storchschnabel). Nicht häufiges Unkraut auf Äckern, in Gärten und an Wegen. Die hier abgebildeten Storchschnabelgewächse kann man leicht anhand der unterschiedlichen Blattform bestimmen. Storchschnabelgewächse. Blütezeit April bis Oktober.

5   Rote Nachtnelke Silene rubrum
Auch Rote Lichtnelke oder Rotes Leinkraut genannt. Auffallende, bis 1 m hohe Pflanze, die tagsüber blüht und gerne von Hummeln und Schmetterlingen besucht wird. Die Blüten sind eingeschlechtlich, die Pflanze ist zweihäusig, d. h. männliche und weibliche Blüten kommen nie zusammen auf einer Pflanze vor. Es gibt also männliche und weibliche Pflanzen. Nah verwandt mit der Weißen Nachtnelke (siehe Seite 136), mit der sie auch Bastarde bildet. Die Rote Nachtnelke ist weit verbreitet in feuchten Wiesen und in feuchten Wäldern, liebt hohen Grundwasserspiegel und stickstoffreichen Boden. Einjährig oder auch mehrjährig. Nelkengewächse. Blütezeit April bis August.

Blüten rosa oder rot, 5 – 7 Blütenblätter
(Fortsetzung)

1 Roter Gauchheil Anagallis arvensis
Einjähriges Kraut mit niederliegenden Stengeln. Blüten purpurrot, in seltenen Fällen auch hellblau. Als Unkraut auf Äckern, Schuttflächen und in Gärten verbreitet. Steigt im Gebirge bis 1600 m. Die Bezeichnung „Gauchheil"
bedeutet „Heil der Toren, der Geisteskranken". Aus der frischen Pflanze
bereitet die Volksmedizin eine Tinktur, die bei Hautausschlägen und Leber-
störungen verwendet wird. Primelgewächse. Blütezeit Juni bis Oktober.

2 Seide Cuscuta sp.
Es gibt in der Bundesrepublik Deutschland acht sehr ähnliche Seidenarten.
Es handelt sich durchwegs um blattlose Vollparasiten, die ihre roten draht-
artigen Sprosse entgegen dem Uhrzeigersinn um die Wirtspflanze winden,
insbesondere um Klee, Heidekraut, Besenginster, Thymian und Brennessel. Die Pflanze wurzelt nicht im Boden, sondern entzieht ihren Wirten durch
oberirdische Saugwurzeln alle Nährstoffe. Der volkstümliche Name „Teu-
felszwirn" erscheint bei dieser schmarotzenden Lebensweise nicht aus der
Luft gegriffen. Die Pflanzen zeichnen sich durch dichte Blütenköpfchen aus.
Seidengewächse. Blütezeit Juni bis September.

3 Floh-Knöterich Polygonum persicaria
Auf feuchten Äckern und Schuttflächen, vor allem aber an Gräben und
Ufern. Häufige Pflanze, wie die meisten der 14 Knötericharten der Bundes-
republik Deutschland (siehe auch folgende Seite) sehr stickstoffliebend. Die
Pflanze enthält ein scharf brennendes ätherisches Öl. Die Volksmedizin ver-
wendet diese Knöterichart gegen Arthritis, Erkrankungen der Lunge und
Leber und gegen Ekzeme. Knöterichgewächse. Blütezeit Juli bis Sep-
tember.

4 Echtes Tausendgüldenkraut Centaurium minus
Wärmeliebende Pflanze, selten, auf Kahlschlägen, in lichten Wäldern, an
Waldrändern und auf Trockenrasen auftretend. Die Bezeichnung „Tausendgüldenkraut" hat eine komplizierte Geschichte: Der Sage nach soll der ver-
wundete Zentaur Chiron durch das Kraut geheilt worden sein. Centaurium
bedeutet also „Zentaurenkraut". Der Volksmund interpretierte diesen
Namen jedoch falsch, nämlich als „cent-aureum", „Hundert-Gulden". Daraus wurden schließlich „Tausend-Gulden". Enziangewächse. Blütezeit Juli
bis Oktober.

5 Herbstzeitlose Colchicum autumnale
Ausgeprägter Spätblüher, erscheint frühestens Ende August, blüht ohne
grüne Blätter; diese erscheinen erst im nächsten Frühjahr. Die Herbstzeitlose wird zu Recht von den Bauern gefürchtet, da sie ein schweres Gift mit
dem Namen Colchicin enthält. Es verhindert, daß sich nach der Teilung der
Chromosomen auch die Zelle ordnungsgemäß teilt. Nach Colchicinbehand-
lung entstehen also Zellen mit doppelter oder mehrfacher Chromosomen-
zahl. Die Pflanzenzüchtung und die Zellforschung machen sich diese
Eigenschaft des Colchicins zunutze. Liliengewächse. Blütezeit August bis
Oktober.

BLÜTEN ROSA ODER ROT, 5 – 7 BLÜTENBLÄTTER

191

Blüten rosa oder rot, 5 – 7 Blütenblätter

(Fortsetzung)

1   Schlangenknöterich Polygonum bistorta
Auch Wiesenknöterich, Natter- oder Schlangenwurz genannt. Stengel bis
1 m hoch. Unterscheidet sich in der Blattform von der folgenden Art. Häufig
auf feuchten Wiesen und an nassen Stellen, in Laub- und Mischwäldern.
Die Volksmedizin verwendet die Abkochung des Wurzelstockes, der reich
an Gerbstoffen ist, gegen Verdauungsstörungen und Dysenterien. Knöterichgewächse. Blütezeit Mai bis August.

2   Wasserknöterich Polygonum amphibium
Diese eigentümliche Pflanze kommt in zwei Formen vor: die eine lebt normal als Landpflanze an feuchten Stellen, besonders an Ufern, die andere ist
eine flutende Wasserpflanze, die in langsam fließenden Gewässern
schwimmt. Zerstreut bis selten. Knöterichgewächse. Blütezeit Juli bis September.

3   Gemeine Hundszunge Cynoglossum officinale
Die ganze Pflanze ist dicht behaart. Zerrieben riechen die graugrünen Blätter unangenehm nach Mäuse- oder Hundekot. Man begegnet der Hundszunge gelegentlich in Unkrautfluren an warmen sonnigen Stellen. Wie der
Name „officinalis", „zur Officin", „zur Apotheke gehörig" erkennen läßt, ist
die Hundszunge eine alte Heilpflanze und zugleich auch Giftpflanze. Heute
wird sie nur noch von der Homöopathie in kleinen Dosen gegen Durchfall
verwendet. Boretschgewächse. Blütezeit Mai bis Juli.

4   Gemeines Seifenkraut Saponaria officinalis
Nicht sehr häufig als Unkraut an Straßenrändern, auf Schuttstellen, Ödflä-
chen und in Flußauen. Liebt lockeren Boden mit hohem Grundwasserspiegel. Wenn man den Saft der Pflanze in Wasser gibt und dieses schlägt, entsteht Schaum; daher stammt der Name Seifenkraut. Tatsächlich verwendete man früher dessen Wurzel lange Zeit als Waschmittel. Auf diese Pflanze
geht auch der Name der Saponine zurück, einer Stoffklasse, die die Heilkunde vor allem als schleimlösende, verdauungs- und resorptionsfördernde
Mittel einsetzt. Nelkengewächse. Blütezeit Juli bis September.

5   Wilde Malve Malva sylvestris
Bis 120 cm hohe ausdauernde Staude, nicht selten auf Schuttfluren und an
Wegen, auf lockerem, nährstoffreichem Boden. Tee von Malvenblättern
und Malvenblüten wird seit der Antike gegen Erkrankungen der Atemwege
und Entzündungen der Schleimhäute verwendet. Malvengewächse. Blütezeit Juli bis September.

1

3

2

4

5

Blüten rosa oder rot, 8 oder mehr Blütenblätter

1   **Große Flockenblume** Centaurea scabiosa
Bis 130 cm hohe ausdauernde Krautpflanze, häufig auf trockenen Wiesen, an Waldrändern und in Trockenrasen. Auch Skabiosen-Flockenblume genannt. Korbblütler. Blütezeit Juni bis August. Eine nahe verwandte Art ist die Kornblume (siehe Seite 176).

2   **Schwarze Flockenblume** Centaurea nigra
Unterscheidet sich von der vorigen Art durch die ungeteilten oberen Blätter. Recht seltene Pflanze, vorwiegend im südlichen Teil der Bundesrepublik verbreitet. Meidet den Kalk und kommt auf Bergwiesen, Magerrasen und Heiden vor, überwiegend auf Silikatböden. Korbblütler. Blütezeit Juli bis September.

3   **Eselsdistel** Onopordum acanthium
Bis 1,50 m hohe, mächtige Pflanze, bemerkenswert durch die breitgeflügelten und mit Stacheln versehenen Stengel. Wärmeliebend, ursprünglich im Mittelmeergebiet beheimatet, bei uns selten. Tritt auf warmen Schuttfluren, unbebauten Plätzen und Wegrändern auf. Steigt bis 1500 m. Korbblütler. Blütezeit Juni bis August.

4   **Gemeine Pestwurz** Petasites hybridus
Bei diesem Frühblüher erscheinen die Blüten vor den Blättern. Die ganze Pflanze ist spinnwebartig behaart. Die Blätter sind groß, ähnlich wie beim Rhabarber und werden von den Kindern zur Herstellung von Sonnenhüten verwendet. Weit verbreitet und bestandsbildend auf Schuttflächen, Schwemmböden, an Ufern und Böschungen. Der Name „Pestwurz" geht auf die medizinische Eigenschaft dieser Pflanze zurück. Sie galt früher als vorbeugendes Mittel gegen die Pest. Heute wird sie von der Volksheilkunde vor allem als Kopfschmerz- und Grippemittel eingesetzt. Korbblütler. Blütezeit März bis Mai.

5   **Gemeines Katzenpfötchen** Antennaria dioica
Auch Himmelfahrtsblümchen genannt. Blätter typisch weißfilzig. Kleine, bis 25 cm hohe, ausdauernde Pflanze, auf Trockenrasen, in lichten Wäldern und Büschen weit verbreitet. Heilpflanze gegen Erkrankungen an der Galle und der Bronchien. Korbblütler. Blütezeit Mai bis Juni.

1

3

5

2

4

Blüten rosa oder rot, 8 oder mehr Blütenblätter
(Fortsetzung)

1 **Acker-Kratzdistel** Cirsium arvense
Sehr häufiges, bis 1,30 m hohes Unkraut auf Äckern und Waldschlägen, in Gärten und Weinbergen, auch auf Schuttflächen. Bevorzugt lehmige Böden. Wird oft von schönen Insekten besucht. Korbblütler. Blütezeit Juli bis September.

2 **Stengellose Kratzdistel** Cirsium acaulon
Der Stengel mißt höchstens 20 cm; das Blütenkörbchen liegt meist dem Boden an. Seltene wärmeliebende Pflanze auf kalkhaltigen trockenen Böden, insbesondere auf Weiden und Trockenrasen. Korbblütler. Blütezeit Juli bis September.

3 **Große Klette** Arctium lappa
Zweijährige, strauchähnliche, bis 1,80 m hohe Krautpflanze mit großen dreieckigen Blättern. Die Besonderheit dieser Pflanze sind die Blüten bzw. die Früchte: die Hüllblätter tragen außen nämlich einen Haken. Mit ihm haken sich die Früchte am Fell von Wildtieren und an Kleidern fest und lassen sich so verbreiten. Daher stammt auch die Redensart „anhänglich wie eine Klette". Die Technik hat das Klettenprinzip beim „Klettenverschluß" von Sportkleidern nachgeahmt. Die einst berühmte Heilpflanze wird nur noch gelegentlich als innerlich einzunehmendes Mittel bei Hautunreinheiten verwendet. Die nahverwandte Kleine Klette (Arctium minus) bleibt insgesamt etwas kleiner. Ihre Blütenkörbchen messen höchstens 2 cm, während die der Großen Klette einen Durchmesser von 3 – 3,5 cm erreichen. Korbblütler. Blütezeit für beide Arten Juli bis September.

4 **Nickende Distel** Carduus nutans
Nicht sehr häufiges, bis 1 m hohes Unkraut auf Kalkböden, an Böschungen und Wegrändern, auf Schuttflächen. Korbblütler. Blütezeit Juli bis August.

5 **Wiesenklee** Trifolium pratense
Jedermann bekannte Pflanze, auf nicht sehr feuchten Wiesen weit verbreitet, oft auch als Viehfutter angepflanzt, da sehr eiweißreich. Die Bestäubung erfolgt vor allem durch Hummeln. Vierblättrige Kleeblätter sind heute noch das wichtigste Glückssymbol – beim Weißen Klee (Trifolium repens, siehe Seite 142) treten sie allerdings am häufigsten auf. Früher glaubte man, mit einem vierblättrigen Kleeblatt gelinge es, Zaubereien zu durchschauen und Hexen zu erkennen. Schmetterlingsblütler. Blütezeit Juni bis Oktober.

Blüten grün, braun oder unscheinbar

1 Wald- Bingelkraut Mercurialis perennis
Bis 30 cm hoch, ausdauernd. Häufig in lichten Laub- und Mischwäldern.
Die Homöopathie verwendet die Pflanze gegen Rheumatismus und Erkrankungen der Verdauungsorgane. Der lateinische Gattungsname „Mercurialis" geht auf Merkur, dem Gott des Handels und der Diebe, zurück. Er soll
die Heilkräfte dieser Pflanze entdeckt haben. Das Bingelkraut gehört zu den
Wolfsmilchgewächsen, führt aber keinen Milchsaft. Blütezeit April bis Mai.

2 Einbeere Paris quadrifolia
Nicht selten in Laub- und Laubmischwäldern, besonders auf kalkhaltigem
Boden. Die Blüte steht über einem Blattquirl aus vier, selten drei oder fünf
Blättern. Die Einbeere gehört zu den Liliengewächsen, obwohl sie netzner-
vige Blätter aufweist. Die kirschengroße, schwarze Beere ist erheblich giftig.
Die Bedeutung der Einbeere als Heilpflanze ist heute stark zurückgegan-
gen. Liliengewächse. Blütezeit April bis Juni.

3 Tollkirsche Atropa belladonna
Ausdauernde, 1,50 m hohe strauchartige Staude. Am häufigsten auf Kahlschlägen und Lichtungen in Laub- und Nadelwäldern, auch auf Schuttflächen. Die appetitlichen schwarzen Beeren sind sehr giftig. Früher träufelten
sich die Frauen eine Tinktur dieser Pflanze in die Augen. Das darin enthaltene Alkaloid Atropin erweiterte die Pupillen und verschaffte einen leuchten-
den, faszinierenden Blick. Darauf deutet auch der lateinische Artname „belladonna", der „schöne Frau" bedeutet. Das Atropin ist noch heute für den
Augenarzt unersetzlich. Nachtschattengewächse. Blütezeit Juni bis August.

4 Breitwegerich Plantago maior
Charakteristisches Unkraut auf Äckern, Schuttflächen, an Wegen, besonders aber auch auf Sportplätzen. Der Breitwegerich ist nämlich nahezu
unempfindlich gegen Tritt und bildet auf strapazierten Böden oft große
Bestände. Die Samen bleiben an den Schuhen kleben und werden so verbreitet. Auf nährstoffreichen Wiesen lebt der Spitzwegerich (Plantago lan-
ceolata), den man an den langen, lanzettlichen Blättern erkennt. Die Blüten-
ähre ist kurz, die Staubfäden sind weißlich und unscheinbar. Beide Wege-
richarten enthalten Pflanzenschleime. Sie wirken lösend auf die Atemwege,
reizmildernd, narbenbildend und entzündungshemmend. Wegerichge-
wächse. Blütezeit für den Breitwegerich Juni bis Oktober, für den Spitzwegerich April bis Oktober.

5 Hängende Segge Carex pendula
Seggen sind grasartige Blütenpflanzen. Sie bilden eine eigene Familie, die
der Sauer- oder Riedgräser, und unterscheiden sich von den Echten Gräsern durch den dreikantigen, niemals hohlen, nicht in Knoten gegliederten
Stengel. Die meisten der rund 120 Seggenarten der Bundesrepublik
Deutschland kommen auf sauren feuchten Wiesen und auf Sümpfen vor.
Sie sind sehr schwer zu bestimmen. Die abgebildete, bis 150 cm hohe Hängende Segge findet sich zerstreut an feuchten Stellen in Wäldern. Sauergräser. Blütezeit der Hängenden Segge Mai bis Juni.

1

2

3

4

5

Blüten grün, braun oder unscheinbar (Fortsetzung)

1 Sauerampfer Rumex acetosa
Häufig bis sehr häufig auf nährstoffreichen, sauren, schweren Böden. Der Sauerampfer, auch Großer Ampfer genannt, wird größer als 30 cm, während der ähnliche Kleine Ampfer unter dieser Höhe bleibt. Von beiden Arten kann man die säuerlich-bitteren Blätter als Salat oder Suppengemüse essen; die darin enthaltene Oxalsäure wirkt in größeren Mengen jedoch giftig und sollte besonders von Nierenkranken gemieden werden. Die Ampferarten werden vom Wind bestäubt und erzeugen riesige Pollenmengen – eine Pflanze bis zu 400 Millionen Pollenkörner! Die Volksmedizin verwendet den Sauerampfer vor allem für „blutreinigende" Frühlingskuren. Knöterichgewächse. Blütezeit für beide Arten Mai bis Juli.

2 Mistel Viscum album
Die Mistel lebt als halbschmarotzender, immergrüner verholzter Strauch auf Laub- und Nadelbäumen. Sie entzieht ihren Wirten Wasser und Nährsalze, stellt die Kohlenhydrate und Eiweiße jedoch mit Hilfe ihres Blattgrüns selbst her. Die Mistel ist eine der wichtigsten Zauberpflanzen. Sie spielte vor allem im germanischen und keltischen Raum eine Rolle. Schon Plinius schreibt, daß die „Druiden, die Priester der Gallier, nichts Heiligeres als die Mistel kennen" – wie der Druide Miraculix in der Geschichte von Asterix und Obelix. Dem Volksglauben zufolge schützt die Mistel vor Hexen. Die Homöopathie verwendet die Pflanze zur Behandlung von Epilepsie, die anthroposophisch ausgerichtete Medizin bekämpft mit Mistelextrakten Krebs und andere Tumoren. Die Beeren der Mistel enthalten einen äußerst klebrigen Saft, aus dem man früher Vogelleim herstellte. Die Samen passieren unbeschädigt den Darmkanal von Vögeln und keimen dann aus. Mistelgewächse. Blütezeit März bis April.

3 Moschuskraut Adoxa moschatellina
Seltenes, am Ort des Auftretens aber oft bestandsbildendes, mehrjähriges Kraut, bewohnt feuchte Wälder, Auwälder und Schluchtwälder. Moschuskrautgewächse. Blütezeit März bis April.

4 Mäusedorn Ruscus aculeatus
Immergrüner, bis 1 m hoher, außergewöhnlicher Strauch. Was wir als „Blätter" bezeichnen, sind in Wirklichkeit flach ausgebreitete Seitensprosse (Phyllokladien). Dies erkennt man auch daran, daß die unscheinbaren grünlichen, 3 mm langen Blüten auf der Oberseite dieser „Blätter" stehen. Die Frucht ist eine kugelige rote Beere. Der Mäusedorn ist eine wärmeliebende, nicht kälte- oder frostharte Mittelmeerpflanze. Man begegnet ihr bereits im Südalpengebiet, in Belgien, in milden Teilen Westeuropas sowie in Großbritannien. Die Zweige sind ein beliebter Weihnachtsschmuck. Liliengewächse. Blütezeit Februar bis April.

5 Stinkender Gänsefuß Chenopodium vulvaria
Bis 90 cm hohe, wärmeliebende Unkrautpflanze. Unangenehm nach Heringen riechend, selten, einjährig. Verwandt ist der viel häufigere Gute Heinrich (Chenopodium bonus-henricus), den man an den breiteren, stärker dreieckigen Blättern erkennt. Er wird 60 cm hoch, ist mehrjährig und kommt vorzugsweise an stickstoffreichen Stellen wie Lägerfluren vor. Gänsefußgewächse. Blütezeit für beide Arten Juni bis September.

1

2

3

4

5

Blüten grün, braun oder unscheinbar (Fortsetzung)

1 Große Brennessel Urtica dioica
Bis 150 cm groß, mehrjährig. Lästiges Unkraut auf Schuttflächen, an Wegrändern, besonders an stickstoffreichen Stellen weit verbreitet, z.B. auf
Lägerfluren. Die Brennhaare der Brennessel haben verkieselte Spitzen, die
bei Berührung in die Haut eindringen und ein Gift einspritzen, das Quad-
deln hervorruft. Die jungen Frühjahrstriebe werden gekocht als Spinat
gegessen und enthalten viel Vitamin C. Mit der großen Art ist die Kleine
Brennessel (Urtica urens) nahe verwandt. Sie wird nur 60 cm hoch und ist
einjährig. Ihre Blätter sind breiter, eiförmig-elliptisch mit stark eingekerbtem
Rand. Beide Brennesselarten werden seit altersher in der Medizin zu vielfäl-
tigen Zwecken verwendet. Insbesondere sollen die Nesseln den Haar-
wuchs fördern und die Harnausscheidung anregen. Nesselgewächse. Blütezeit Juni bis Oktober.

2 Mandelblättrige Wolfsmilch Euphorbia amygdaloides
Diese recht seltene, auf Kalkboden wachsende Wolfsmilchart ist eine von
ungefähr 20 Arten, die in Mitteleuropa vorkommen. Sie zeichnen sich alle
durch die unscheinbaren Blüten aus, die streng botanisch gesehen sogar
einen merkwürdigen Blütenstand darstellen. Alle Arten weisen einen giftigen Milchsaft auf. Wolfsmilcharten wurden früher von der Volksmedizin als
Heilmittel gegen Nieren- und Lebererkrankungen sowie als Abführmittel
genommen. Wolfsmilchgewächse. Blütezeit der meisten Arten Mai bis Juni.

3 Kleiner Wiesenknopf Sanguisorba minor
Wärmeliebende Pflanze auf lockeren Kalkböden, Trockenrasen, an
Böschungen und Wegrändern und in Gebüschen. Bis 70 cm hoch. Der
ähnliche Große Wiesenknopf (Sanguisorba officinalis) wird bis 150 cm hoch
und gedeiht vor allem auf feuchten Wiesen und Flachmooren. Beide Arten
sind seit altersher bekannte Heilpflanzen. Die gerbstoffreichen Wurzeln finden vor allem bei Durchfällen Verwendung. Rosengewächse. Blütezeit für
den Kleinen Wiesenknopf Mai bis Juni, für die große Art Juni bis August.

4 Knotige Braunwurz Scrophularia nodosa
Häufige, bis 150 cm hohe ausdauernde Staude, auf feuchten nährstoffreichen Böden in Wäldern, auch an Ufern. Die Braunwurz war früher ein Heilmittel gegen die Diphtherie, die auch Halsbräune heißt. Auch der lateinische Gattungsname bedeutet ungefähr „Geschwürkraut". Die Homöopathie verwendet die Knotige Braunwurz noch heute gegen zahlreiche Erkrankungen. Rachenblütler. Blütezeit Juni bis August.

5 Glaskraut Parietaria diffusa
Seltene Pflanze mit niederliegendem Stengel. Tritt an Straßenrändern und in
Mauerritzen auf; der lateinische Name bedeutet tatsächlich „Mauerkraut".
Nahe verwandt mit der Großen Brennessel (siehe oben), zur gleichen Fami-
lie gehörend. Nesselgewächse. Blütezeit Juni bis September.

Blüten grün, braun oder unscheinbar (Fortsetzung)

1   Aronstab Arum maculatum
Ein umfangreiches Hochblatt umgibt einen keulenförmigen Kolben, an dem die unscheinbaren Blüten sitzen, die männlichen im oberen, die weiblichen im unteren Teil des Kolbens. Der Blütenkolben verströmt einen Aasgeruch, der zahlreiche Fliegen anzieht. Diese fallen auf der Oberseite des wachsglatten Hüllblattes in den Kessel, aus dem sie vorerst nicht mehr entfliehen können, weil eine Reuse aus Haaren den Ausgang versperrt. Die Fliegen bestäuben die weiblichen Blüten. Dann welkt die Haarreuse und entläßt die Fliegen ins Freie, nicht bevor sie sich jedoch mit Blütenstaub der männlichen Blüten vollbepudert haben. Der Aronstab tritt nicht häufig auf humusreichen, feuchten Böden lichter Wälder auf. Im Herbst zeigt der Fruchtstand leuchtend rote Beeren. Die ganze Pflanze ist stark giftig. Aronstabgewächse. Blütezeit April bis Juni.

2   Kalmus Acorus calamus
Gehört wie die vorige Art zu den Aronstabgewächsen. Ursprünglich in Kleinasien beheimatet, gelangte der Kalmus als Heilpflanze nach Mitteleuropa und verwilderte hier. Heute kann man der bis 1,50 m hohen Pflanze in Röhrichten, Flachmooren und überschwemmten Böden begegnen, allerdings selten. Heilkräftig ist die Wurzel, deren Extrakt verdauungsanregend wirkt. Der Kalmus heißt deswegen auch Magenwurz oder Deutscher Ingwer. Aronstabgewächse. Blütezeit Juni bis Juli.

3   Gemeiner Frauenmantel Alchemilla vulgaris
Häufig auf feuchten Wiesen. Der Name „Frauenmantel" bezieht sich auf die Blattform, die dem eines Überwurfes ähnelt. An den Blatträndern treten in feuchten Nächten Wassertropfen auf. Diese aktive Wasserabgabe nennt der Botaniker Guttation. Die Wassertropfen laufen meistens in der leicht zusammengefalteten Blattmitte zusammen und bilden große, glänzende Ansammlungen. Dieses „Tauwasser" galt früher als Schönheitsmittel; die Alchemisten glaubten, mit Hilfe dieses Wassers könne man unedle Metalle in Gold umwandeln. Der Frauenmantel war erst der Freya, dann der Gottesmutter Maria geweiht. Man vermutete in ihm Zauberkräfte, und er spielte eine Rolle beim Fruchtbarkeitszauber in der Ehe. Die Volksmedizin schätzt den Frauenmantel als Mittel gegen Frauenleiden, Darmerkrankungen und schlecht heilende Wunden. Rosengewächse. Blütezeit Mai bis Oktober.

4   Hopfen Humulus lupulus
Der Hopfen ist eine mehrjährige Schlingpflanze, die in feuchten Wäldern und Gebüschen nicht selten vorkommt. Er ist mit dem Indischen Hanf (!) nahe verwandt, aus dem man Haschisch gewinnt. In manchen Gegenden Deutschlands wird der Hopfen in Stangenkulturen angebaut, allerdings immer nur die weiblichen Pflanzen, weil der Bitterstoff Lupulin, der dem Bier den typischen Geschmack verleiht, nur von den Blättern des zapfenartigen Fruchtstandes erzeugt wird. Hopfenextrakt wirkt beruhigend und ist alles andere als ein Liebesmittel. Hanfgewächse. Blütezeit Juni bis August.

5   Stinkende Nieswurz Helleborus foetidus
Nicht häufig, besonders in Kalkbuchenwäldern auftretend, giftig. Hahnenfußgewächse. Blütezeit März bis April. Nahe verwandt ist die Christrose (Helleborus niger), die auch Schwarze Nieswurz heißt. Sie ist eine der wenigen Pflanzen, die bei uns im Winter blühen. Wild kommt sie nur an einigen Stellen in Südbayern vor. Die meisten Niespulver enthalten als Bestandteil den getrockneten und zermahlenen Wurzelstock der Nieswurz.

Orchideen

In der Bundesrepublik Deutschland gibt es 62 Orchideenarten und unter ihnen schier unzählige Bastarde. Alle sind geschützt und dürfen nicht gepflückt werden. Es sind mehrjährige Pflanzen, oft mit kugeligen oder handförmig geteilten Wurzelknollen. Die Blüten sind zwittrig und bestehen aus einer deutlichen Lippe sowie weiteren Blütenblättern. Beim seltenen Frauenschuh (Cypripedium calceolus), der hier nicht abgebildet ist, erscheint die Lippe schuhförmig aufgeblasen. Der Pollen der Orchideenblüte ist zu einer einzigen Masse vereinigt, dem Pollinium. Diese gestielten Pollenmassen bleiben an den Köpfen der Bestäuberinsekten kleben. Farbe und Zeichnung der Orchideenblüte können selbst an einem Standort ungeheuer variieren. Hier können nur die wichtigsten Arten berücksichtigt werden. Die weitaus meisten und farbenprächtigsten Orchideen findet man in warmen Gegenden. Bereits im Mittelmeergebiet ist die Artenvielfalt überwältigend.

1 Manns-Knabenkraut Orchis mascula
Nicht selten auf trockenen Wiesen und Lichtungen sowie in Laubwäldern. Die Knolle des Manns-Knabenkrautes ist deutlich hodenförmig und hat der ganzen Gattung den Namen gegeben, denn das griechische Wort „orchis" bedeutet „Hoden". Blütezeit Mai bis Juni.

2 Geflecktes Knabenkraut Dactylorhiza maculata
Auch Kuckucks-Knabenkraut genannt. Nicht selten auf mageren Böden, seien sie nun trocken oder feucht. Die Blätter sind meist gefleckt. Pflanze bis 60 cm hoch. Blütezeit Juni bis Juli.

3 Fleischfarbenes Knabenkraut Dactylorhiza incarnata
Zerstreut auf nassen Wiesen und Flachmooren, auf basischem, kalkhaltigem wie saurem Boden. Blätter ungefleckt, Blüten mit Sporn. Blütezeit Juni bis Juli.

4 Mücken-Händelwurz Gymnadenia conopea
Bis 60 cm hoch. Liebt Kalkböden, ob trocken oder feucht. Die Blüten verströmen einen leichten Duft nach Vanille — was nicht verwundert, denn die Vanille ist der Fruchtknoten einer tropischen Orchideenart. Die Händelwurz wird meist von Tagschmetterlingen besucht. Blütezeit Mai bis August.

5 Hundswurz Anacamptis pyramidalis
Auch Spitzorchis genannt. Am kurz pyramidenförmigen Blütenstand kenntlich. Auf Trockenrasen, in trockenen Gebüschen und lichten Wäldern. Pflanze bis 50 cm hoch. Blütezeit Juni bis Juli.

1

2

3

4

5

Orchideen (Fortsetzung)

1 Nestwurz Neottia nidus-avis

Die ganze Pflanze ist honigbraun und ohne grünen Blattfarbstoff. Sie lebt allerdings nicht parasitisch von anderen Pflanzen, sondern saprophytisch von organischen Stoffen im Humus, wobei sie bei deren Abbau allerdings die Mithilfe von Pilzen benötigt. Der Name „Nestwurz" oder „Vogelnestorchidee" stammt von dem nestartig verflochtenen Wurzeln. Zerstreut, stellenweise häufig in Laub- und Nadelwäldern. Blütezeit Mai bis Juni.

2 Großes Zweiblatt Listera ovata

Unauffällige, grün blühende Pflanze mit zwei großen, grundständigen, eiförmigen Blättern. Bis 60 cm hoch. Liebt kalkhaltige, recht feuchte Böden und kommt vorwiegend in Wäldern, selten auch auf Wiesen vor. Blütezeit Mai bis Juni. Nah verwandt ist das Herz-Zweiblatt (Listera cordata); es ist aber viel zierlicher, nur bis 15 cm hoch, und blaßgrün; die beiden kleineren Blätter stehen einander in der Stengelmitte gegenüber. Selten in moosigen Nadelholzwäldern. Blütezeit Mai bis August.

3 Bienen-Ragwurz Ophrys apifera

Die wundervolle Orchidee kommt selten auf Trockenrasen, in lichten trockenen Wäldern und hellen Gebüschen vor. Sie liebt Kalkboden. Das Farbmuster der Lippe kann außerordentlich vielfältig sein. In der Bundesrepublik Deutschland gibt es insgesamt vier, im Mittelmeergebiet viele Dutzend Ragwurzarten. Sie sind allesamt sehr formenreich und neigen dazu, miteinander Bastarde zu bilden. Die Pflanzen werden meist von Insektenmännchen bestäubt, die mit Merkmalen ihrer betreffenden Weibchen angelockt werden. Die Männchen beginnen auf den Blüten mit den Paarungsvorbereitungen, bestäuben dabei die Blüte, fliegen dann aber weg, da sie den „Betrug" merken. Blütezeit für alle deutschen Arten Juni bis Juli.

4 Breitblättrige Sumpfwurz Epipactis helleborine

Bis 70 cm hoch, nicht selten in Laub- und Nadelwäldern, auf lockerem, nährstoffreichem, kalkhaltigem Boden. Eine der häufigeren Orchideenarten. Ähnlich ist die Braune Sumpfwurz (Epipactis atrorubens), deren Blüten rotbraun oder rötlich-violett gefärbt sind. Eine im wesentlichen weiß blühende, sehr seltene Art ist die Echte Sumpfwurz (Epipactis palustris), der man vor allem auf Sumpfwiesen und Mooren begegnet. Blütezeit für alle Arten Juni bis August.

5 Berg-Kuckucksblume Platanthera chlorantha

Auch Grünliche Waldhyazinthe genannt. Auf nassen Wiesen und in Wäldern, meist selten. Häufiger ist die verwandte Zweiblättrige Kuckucksblume (Platanthera bifolia), deren Blütensporn viel länger ausgezogen ist und die in trockeneren Standorten wie Wäldern und Gebüschen vorkommt. Die Pflanze wird höchstens 25 cm hoch, während die Berg-Kuckucksblume 60 cm erreicht. Blütezeit für beide Arten Juni bis Juli.

Farne

Die Farne pflanzen sich nicht durch Blüten oder Samen, sondern durch Sporen fort. Sie zeigen wie die Moose einen deutlichen Generationswechsel, einen Wechsel zwischen ungeschlechtlicher und geschlechtlicher Fortpflanzung. Die eigentliche, allen wohlbekannte Farnpflanze nennen wir Sporophyt. Er produziert auf ungeschlechtliche Weise in kleinen Kammern, den Sporangien, zahlreiche Sporen. Bei den meisten Farnen sind diese Sporangien auf der Unterseite der Blätter zu kleinen Häufchen, den Sori, zusammengefaßt und von einem Zipfel des Blattrandes, dem Schleier oder Indusium, bedeckt. Aus den Sporen wächst der winzige Gametophyt, der wie im Falle der Farne auch Prothallium heißt. Der Gametophyt bildet Geschlechtsorgane und Keimzellen aus. Die Fortpflanzung erfolgt bei ihm geschlechtlich. Aus der befruchteten Eizelle des Gametophyten wächst wieder der eigentliche Farn, der Sporophyt, heran.

Farnblätter sind meist stark zerschlitzt und vor dem Austreiben wie Bischofsstäbe eingerollt. Farne kommen durchwegs an Stellen mit hoher Luftfeuchtigkeit vor; ihre größte Entwicklung haben sie in den Tropen. Zu den Farnpflanzen im weiteren Sinne gehören auch die Bärlappe (siehe folgende Seite), die Schachtelhalme (siehe folgende Seite), die Moosfarne und die seltenen Brachsenkräuter. In der Bundesrepublik Deutschland gibt es fast 60 Farnarten.

1 Gemeiner Wurmfarn Dryopteris filix-mas
Wedel bis 120 cm lang. Häufige Art, in schattigen Wäldern verbreitet. Der Wurzelstock enthält einen giftigen Wirkstoffkomplex, der Bandwürmer lähmt, ohne sie zu töten. Schon seit der Antike weiß man um diese heilkräftige Wirkung des Wurmfarnes. Bei Bandwurmbefall muß man den Wurmfarnextrakt sehr genau dosieren, um Vergiftungen zu vermeiden. Die Bandwürmer werden betäubt, lassen ihre Verankerung los und werden von den gleichzeitig eingenommenen Abführmitteln nach außen befördert. Ein Wurmfarnabsud soll auch bei schlecht heilenden Wunden gute Dienste leisten.

2 Hirschzunge Phyllitis scolopendrium
Recht selten auf kalkhaltigen Böden, in Schluchten, auf Geröll und an schattigen Felsabhängen. Blätter ungeteilt, Sori auf der Unterseite nicht kreisförmig, sondern länglich. Früher wurde die Hirschzunge als Heilmittel gegen Erkrankungen der Milz und der Leber verwendet.

3 Tüpfelfarn Polypodium vulgare
Häufig an schattigen Mauern und Felsabhängen. Der Wurzelstock enthält viele Kohlenhydrate; daher stammt wohl der volkstümliche Name „Engelsüß". Der Tüpfelfarn wird seit der Antike als gallen- und wurmtreibende sowie hustenstillende Heilpflanze verwendet.

4 Adlerfarn Pteridium aquilinum
Der einzige Farn, der bei uns größere Bestände bildet. Vorwiegend auf mageren sauren Böden, breitet sich oft auf Kahlschlägen aus und bildet große Bestände, z.B. in den Südalpen und in den milden Teilen Westeuropas. Der Adlerfarn ist fast weltweit verbreitet. Er gilt als lästiges Weideunkraut, da er von den Rindern nicht gefressen wird.

5 Mauer-Streifenfarn Asplenium ruta-muraria
Auch Mauerraute genannt. Wie der Name verrät, besonders in Mauerritzen anzutreffen. Eine formenreiche, leicht kenntliche Art.

1

2

3

4

5

Niedere Pflanzen

1 **Bärlapp** Lycopodium sp.
Bärlappe sind mehrjährige, moosähnliche, doch viel größere und kräftigere Pflanzen mit niederliegenden, oft verzweigten Stengeln. Die Blätter sind klein, ungeteilt und wirtelig angeordnet. Bärlappe gehören zu den Farnpflanzen (siehe vorige Seite) und bilden am Ende der Triebe aufrechte, ährenförmige Sporophyllstände (siehe Abbildung). In der Bundesrepublik Deutschland gibt es neun Bärlapparten. Die meisten kommen in feuchten Wäldern, Sümpfen und auf feuchten felsigen Untergrund vor. Den Sporenstaub der Bärlappe verwendet man, um den Theaterblitz zu erzeugen. Man wirft die Sporen in die Luft und entzündet sie mit einem Streichholz, wobei sie unter Aufleuchten schnell verpuffen.

2 **Acker-Schachtelhalm** Equisetum arvense
Die Schachtelhalme sind sehr eigentümliche Pflanzen, Überlebende einer längst vergangenen Erdzeit. Die Sprosse sind gegliedert und können Stück für Stück auseinandergezupft werden. Die Blättchen sind winzig und kaum mehr an den Knoten zu erkennen. Die ährenförmigen Sporangienstände stehen an der Spitze großer Pflanzen oder bilden besondere braune Sprosse (Bild links). Der Acker-Schachtelhalm ist weit verbreitet und häufig. Früher verwendete man ihn zum Putzen von Zinngefäßen, daher auch der Name Zinnkraut. Die Abkochung des Ackerschachtelhalms gilt als Heilmittel bei Tuberkulose, Nierenerkrankungen und Schwächezuständen.

3 **Sternmoos** Mnium sp.
Auf nassem Waldboden und auf Quellsümpfen weit verbreitetes Moos. Blättchen sehr zart, 8 – 12 mm lang. Ganze Pflanze bis 15 cm hoch und damit eines der größten Moose. Die nickenden Kapseln enthalten die Sporen. Das Sternmoos gehört zu den Laubmoosen, die durch aufrechte Sprosse gekennzeichnet sind. Es gibt von ihnen in der Bundesrepublik Deutschland viele hundert Arten.

4 **Lebermoos** Pellia sp.
Lebermoose bestehen aus flachen, band- oder blätterförmigen oft etwas fleischigen Lagern, die der Unterlage angedrückt sind. Man begegnet ihnen regelmäßig auf Quellsümpfen und Brunnenrändern, oft zwischen Laubmoosen und anderen Pflanzen.

5 **Isländisches Moos** Cetraria islandica
Entgegen seinem Namen ist das Isländische Moos keine Moosart, sondern gehört zu den Flechten. Flechten sind eigentümliche Zwitterwesen, Pflanzen, die aus einem Pilz und einer Alge zusammengesetzt sind. Die grüne Alge sorgt für die Ernährung, während sie vom Pilz schützend umgeben wird. Die Flechte ist ein völlig „neues" Lebewesen und hat weder Pilz- noch Algenform. Das Isländische Moos ist in lichten Wäldern und auf Heiden häufig. Im Norden bildet es dichte Bestände und wird gerne von Rentieren gefressen. Bekannt ist seine schleimlösende Wirkung. Deswegen finden wir das Isländische Moos in fast allen Hustentees und Hustenbonbons.

6 **Blattflechte** Parmelia sp.
Auf Felsen, Steinen und Baumrinden wachsende, sehr vielfältige Flechten. Können nicht unbeschädigt von der Unterlage abgelöst werden. Sehr empfindlich auf Luftverschmutzung und sauren Regen. Die Blattflechten können deswegen als Anzeiger für die Umweltsituation dienen. Im Zentrum größerer Städte sind sie heute kaum mehr anzutreffen.

Pilze

Pilze haben kein Blattgrün und leben saprophytisch, indem sie tote pflanzliche und tierische Reste abbauen. Nur wenige Arten sind Parasiten an anderen Pflanzen. Die Pilze bilden eine ungeheuer mannigfaltige Pflanzengruppe, angefangen von den winzigen Schimmelpilzen bis zu den mächtigen, viele Kilogramm schweren Bovisten. Was wir als „Pilz" oder „Schwammerl" bezeichnen, ist der Fruchtkörper des Pilzes. Der eigentliche Pilz besteht jedoch aus einem Geflecht weißer Fäden, dem Myzel, das den Boden oder den Wirt durchzieht. Die Fruchtkörper tragen meist an ihrer Unterseite sporenbildende Schichten.

Warnung: Man sollte nur solche Pilze mitnehmen und essen, die man absolut sicher kennt. Bei Zweifelsfällen wende man sich an einen Spezialisten oder eine Pilzberatungsstelle.

1 Austernseitling Pleurotus ostreatus

Veränderlicher, muschelähnlicher, meist großer Pilz. Lamellen weiß. Wächst auf Holz. Tritt bei uns selten auf, häufiger in Südeuropa und im milden Westeuropa sowie in Großbritannien. Wird heute in großer Menge vor allem in Italien gezüchtet und gelangt auch auf unsere Märkte. Sehr wohlschmeckend.

2 Speitäubling Russula emetica

Die Täublinge erkennt man an den spröden, leicht splitternden Lamellen; überhaupt zerbricht der ganze Pilz leicht in einzelne Stücke. Es gibt über hundert Täublingsarten, eßbare und ungenießbare oder gar giftige. Eine einfache Regel hilft bei der Unterscheidung: Schmeckt der Täubling bei einer Kostprobe mild, so ist er eßbar. Die scharfen oder bitter schmeckenden Täublinge sind ungenießbar oder giftig. Zu ihnen zählt auch der Speitäubling. Sein Gift verursacht Erbrechen („speien"!). Häufig in Laub- und Mischwäldern.

3 Schwefelkopf Hypholoma sp.

In Büscheln auftretende, auf Holz wachsende Pilze. Vom Frühsommer bis in den Winter zu finden. Es gibt zwei wichtige, ähnliche Arten: Der Rauchblättrige Schwefelkopf (Hypholoma capnoides) hat blasse bis rauchgraue Lamellen, schmeckt nicht bitter und ist eßbar. Der Grünblättrige Schwefelkopf (Hypholoma fasciculare) hat gelbgrünliche Lamellen, schmeckt bitter und ist giftig.

4 Fichtenreizker Lactarius deterrimus

Täublingsähnliche Pilze, die einen Milchsaft führen, nennen wir Milchlinge. Schmeckt der Milchsaft bitter oder scharf, so ist der Pilz nicht zu verwenden. Im gegenteiligen Fall kann man ihn essen. Zu den eßbaren Arten mit rotem Milchsaft gehört der hier abgebildete Fichtenreizker. Reizker schmecken nur gut, wenn sie scharf gebraten werden.

5 Grüner Knollenblätterpilz Amanita phalloides

Tödlich giftiger Pilz, kenntlich an den weißen oder grünlichen Lamellen, der häutigen Scheide, die den Fuß des Pilzes umgibt und nur beim Ausgraben sichtbar wird, sowie der herabhängenden Manschette unter dem Hut (siehe Abbildung). Junge Wiesenchampignons kann man bei oberflächlicher Betrachtung mit jungen Knollenblätterpilzen verwechseln! Äußerste Vorsicht ist geboten!

6 Semmelstoppelpilz Hydnum repandum

Auf der Hutunterseite mit herabhängenden Spitzen oder kleinen Zapfen, ohne Lamellen. Festes Fleisch, eßbar und wohlschmeckend. Während des ganzen Herbstes zu finden.

Pilze (Fortsetzung)

1 Parasolpilz Lepiota procera

Der Parasolpilz oder Riesenschirmling ist mit einer Maximalhöhe von fast 40 cm einer unserer größten Pilze. Wenn der Pilz auf dem Boden treibt, hat er die Form eines Trommelschlegels. Später öffnet sich der Hut und erreicht einen Durchmesser von 30 cm. Der Parasolpilz schmeckt gebraten am besten. Wenn sich das weiße Fleisch bei Verletzungen deutlich rötlich färbt, ist Vorsicht geboten, weil Verwechslungsgefahr mit kleineren, unbekömmlichen oder giftigen Schirmlingsarten besteht. Auf Lichtungen und an Waldrändern.

2 Fliegenpilz Amanita muscaria

Gilt bei uns als der Inbegriff des Giftpilzes, ist aber längst nicht so gefährlich wie der Knollenblätterpilz (siehe vorige Seite). Schamanistische Völker Nordasiens verwendeten den Fliegenpilz als Rauschmittel. Seinen Namen hat er daher, daß man Milch, die man mit dem Pilz vergiftete, zum Töten von Fliegen verwendete. Der Fliegenpilz ist selten und sollte nicht mutwillig zerstört werden!

3 Wiesenchampignon Agaricus campestris

Auch Egerling (= „Ackerling") genannt. Man muß sehr darauf achten, daß man junge Wiesenchampignons nicht mit Knollenblätterpilzen (siehe vorige Seite) verwechselt. Der Wiesenchampignon hat folgende eindeutige Kennzeichen: Lamellen rosarot, später braun bis dunkelbraun, Stiel an der Basis ohne Scheide.

4 Schopftintling Coprinus conatus

In der Jugend weißer, eßbarer, wohlschmeckender Pilz. Zerfließt aber sehr schnell zu einer tintenschwarzen Flüssigkeit, in der sich die Sporen befinden. Häufig auf Rasenflächen, Komposthaufen, Wiesen und Schuttplätzen. Die Engländer haben für diesen Pilz einen entzückenden Namen: „Lawyer's wig", „Advokatenperücke".

5 Pfifferling Cantharellus cibarius

Auch Eierschwamm oder – in Bayern – Reherl genannt. Eine der beliebtesten und bekanntesten Speisepilze. Der Pfifferling ist selten madig und lange haltbar. In manchen Gegenden ist er stark am Zurückgehen, da er übermäßig gesammelt wurde. In moosigen Wäldern. Nicht zum Trocknen geeignet.

6 Steinpilz Boletus edulis

Auch Herrenpilz genannt. Einer der gesuchtesten Speisepilze. Unterseits keine Lamellen, sondern Röhren, in denen die Sporen erzeugt werden. Ältere Pilze sind meist von Maden zerfressen. Junge kann man – eine Ausnahme unter den Pilzen – auch roh verzehren. Der Geschmack wechselt von Standort zu Standort. Der Steinpilz wird häufig mit dem Gallenröhrling (Tylopilus felleus) verwechselt, dem er täuschend ähnlich sieht. Der Stiel ist beim Gallenröhrling allerdings nicht so bauchig. Eine Kostprobe zeigt sofort, welchen Pilz wir vor uns haben: Der Gallenröhrling schmeckt unangenehm bitter, und ein einziger Pilz kann ein ganzes Gericht verderben. Der Steinpilz kommt an den unterschiedlichsten Standorten vor und ist meist schwer zu entdecken.

Pilze (Fortsetzung)

1 Stinkmorchel Phallus impudicus

Der witzige wissenschaftliche Name dieses Pilzes bedeutet: „schamloser Phallus" – die Ähnlichkeit ist unverkennbar. In der Jugend ist der Fruchtkörper im Boden verborgen, als ein hühnereigroßer Knollen mit dem Namen „Hexen"- oder „Teufelsei". Innerhalb einer Nacht öffnet sich der Pilz, wobei er einen starken Aasgeruch verströmt, der Schmeißfliegen, Mist- und Aaskäfer anlockt. Es versteht sich von selbst, daß die Stinkmorchel ungenießbar, wenn auch nicht giftig ist.

2 Bovist Lycoperdon sp.

Die kugel- oder flaschenförmigen Boviste sind solange eßbar, wie ihr Inneres völlig weiß ist. Bei der geringsten Verfärbung läßt man sie stehen. Große Delikatessen sind Boviste nicht, doch halten sie den Größenrekord: Der Riesenbovist (Lycoperdon giganteum) erreicht einen Durchmesser von 50 cm und mehrere Kilogramm Gewicht. Das Innere der Boviste verfärbt sich im Alter und zerfällt zu einem dunklen trockenen Staub, der aus Sporen besteht; deswegen heißen die Boviste auch Stäublinge. Der Staub wird durch den aufgerissenen Scheitel in Staubwolken abgegeben, wenn man mit dem Fuß auf die reifen Fruchtkörper tritt.

3 Korallenpilz Clavaria sp.

Auch Ziegenbart genannt. Es gibt zahlreiche Korallenarten, genießbare, ungenießbare und unbekömmliche. Die Unterscheidung ist nicht leicht, und nur der erfahrene Pilzsammler sollte Korallenpilze mitnehmen. Die wohlschmeckendste Art ist die Goldgelbe Koralle (Clavaria aurea),die bis in die feinsten Enden der Äste gelb gefärbt ist. Die unbekömmliche Bleiche Koralle (Clavaria pallida), die treffend auch Bauchwehkoralle heißt, hat lockere, bleich ockerfarbene, an den Spitzen hellere Äste.

4 Prachtbecherling Caloscypha fulgens

Der wundervolle karminrote Pilz hat einen becherförmigen Fruchtkörper. Er tritt nach der Schneeschmelze bis in den Vollfrühling auf und wächst immer auf abgestorbenen, abgefallenen, kleinen Ästen. Diesen seltenen Pilz sollte man unter allen Umständen stehen lassen und nur bewundern, nicht pflükken!

5 Hallimasch Armillaria mellea

Der Hallimasch ist ein gefürchteter Baumschädling, weil er kränkliche Bäume befällt und sie zum Absterben bringt. Im Bild sehen wir ein aufgeschirmtes, älteres Exemplar. Die jungen Pilze haben einen langen Stiel und einen noch geschlossenen Hut und erinnern damit entfernt an einen Hufnagel. Der Hallimasch tritt immer in großen Mengen auf; in gewissen Jahren kann man ihn wäschekorbweise sammeln. Roh schmeckt er abscheulich seifig. Beim Kochen verliert sich dieser Geschmack. Leider läßt sich der Hallimasch nicht trocknen. Die Herkunft des eigentümlichen Namens ist unklar.

6 Birkenporling Piptoporus betulinus

Ein lederiger oder holziger, großer Pilz, der auf Birken wächst und monatelang, ja jahrelang hält. Hutunterseite nicht mit Lamellen, sondern mit Röhren. Aus einer verwandten Art mit dem Namen Fomes fomentarius gewann man früher den Zunder.

Laubbäume und Sträucher

Bäume unterscheiden sich von Sträuchern dadurch, daß sie einen aufrechten, unverzweigten Stamm haben, der sich erst weiter oben in einzelne Äste auflöst. Sträucher hingegen sind an der Basis mehrfach verzweigt. Es gibt Pflanzen, die in der Natur sowohl in Baum- wie auch in Strauchform wachsen, etwa die Weißbuche und die Hasel. Durch Stutzen und Schneiden kann man fast jeden Baum zur Strauchform zwingen.

1 Silberpappel Populus alba

Bis 30 m hoher Baum, lockerästig, mit dichtem Laubwerk. Blüten in hängenden Kätzchen, vor den Blättern erscheinend. Blätter oberseits dunkelgrün, unterseits weißfilzig: wenn sie sich im Wind bewegen, leuchten sie silbern auf. Rinde weißgrau, glatt, Holz rötlichgelb. Wild in feuchten Wäldern, wird oft angepflanzt. Pappeln sind wuchsfreudig – besonders eine Kreuzung zwischen Silberpappel und Zitterpappel (Populus tremula). Pappelholz wird meist zu Papier verarbeitet. Weidengewächse. Blütezeit März bis April.

2 Edelkastanie Castanea sativa

Der im Mittelmeergebiet beheimatete Baum wurde nördlich der Alpen von den Römern eingeführt und kommt heute noch an einigen Stellen in Süddeutschland wild vor. Höhe bis 35 m, dicht beblättert. Blüten zu Kätzchen angeordnet. Blätter groß, spitzig, leicht ledrig. Die Früchte, die auch unter dem Namen Maronen bekannt sind, tragen eine stachelige Hülle. Sie sind eßbar und eine beliebte Spezialität. Buchengewächse. Blütezeit Juni bis Juli.

3 Roßkastanie Aesculus hippocastanum

Im südlichen Balkan beheimatet, bei uns einer der wichtigsten Allee- und Parkbäume. Bis 25 m hoch, Krone kugelig. Blätter fünf- bis siebenzählig gefingert, lang gestielt. Blüten in aufrechtstehenden Rispen, weiß oder rot und gelb gefleckt. Frucht von einer stacheligen Kapsel umgeben, unbekömmlich oder giftig, enthält mehrere Wirkstoffe, die bei Erkrankungen der Venen und der Lymphgefäße als Heilmittel eingesetzt werden. Roßkastaniengewächse. Blütezeit Mai bis Juni.

4 Platane Platanus sp.

Häufiger Park- und Alleebaum. Es gibt eine orientalische und eine amerikanische Art sowie – besonders häufig – eine Kreuzung zwischen diesen beiden. Blüten und Fruchtköpfchen kugelig, typisch. Man erkennt Platanen sofort daran, daß ihre graue Borke sich in größeren Platten ablöst. Platanen gedeihen besonders in mildem Klima. Sie ertragen stark verschmutzte Luft und sind deswegen als Alleebäume an vielbefahrenen Straßen geeignet. Platanengewächse. Blütezeit Mai.

5 Linde Tilia europaea

Die abgebildete Lindenart ist eine Kreuzung zwischen der Sommerlinde (Tilia platyphyllos) und der Winterlinde (Tilia cordata). Man verwendet sie vor allem als Straßenbaum. In den Merkmalen steht sie zwischen ihren beiden Eltern. Bis 25 m hoch. Blüten in Trugdolden, getrocknet als Tee geschätzt. Frucht geflügelt. Holz hell und weich. Lindengewächse. Blütezeit Juni.

1

2

3

4

5

Laubbäume und Sträucher (Fortsetzung)

1 Stieleiche Quercus robur

Auch Sommereiche genannt. Bis 50 m hoch; mächtiger, oft in Teilstämme aufgelöster Stamm, ausladende Krone. Meist in Mischwald, selten in reinen Beständen. Blüten unscheinbar, die männlichen hängend. Die Früchte sind die wohlbekannten Eicheln. Äste knorrig. Rinde dunkel, mit tiefen Rissen, nicht abblätternd. Buchengewächse. Blütezeit Mai.

2 Rotbuche Fagus silvatica

Bis 30 m hoher Baum. Blüten unscheinbar, die männlichen in kugeligen Blütenständen, die weiblichen lang gestielt und hängend. Die Früchte heißen Bucheckern. Sie enthalten ein Gift; deswegen ist von reichlichem Genuß von Eckern abzuraten. Stamm rund, Äste dicht verzweigt, Rinde silbergrau, nicht abblätternd. In Parks wird oft die Blutbuche, eine Varietät mit dunkelpurpurfarbenen Blättern, angepflanzt. Buchengewächse. Blütezeit Mai.

3 Esche Fraxinus excelsior

Bis 35 m hoher Baum. Krone kugelig. Blüten erscheinen im April oder Mai vor den Blättern. Diese sind unpaarig gefiedert mit 9 bis 13 Teilblättchen. Frucht geflügelt, mit kleinem Samen. In feuchten Wäldern, oft auch angepflanzt. Das Holz der Esche ist sehr elastisch und widerstandsfähig und wurde früher für Skis verwendet. Ölbaumgewächse.

4 Eberesche Sorbus aucuparia

Auch Vogelbeerbaum genannt. Bis 15 m hoch, häufig in Gebüschen und angepflanzt an Landstraßen und Autobahnen. Blätter wie bei der Esche (siehe oben) unpaarig gefiedert, mit 9 – 15 Teilblättchen. Blüten weiß, zu Doldentrauben angeordnet. Früchte kugelig, scharlachrot, genießbar, aber bitter. Sie enthalten Sorbinsäure (abgeleitet vom Gattungsnamen Sorbus), die konservierend wirkt und Bakterienwachstum verhindert. Früher setzte man dem vergorenen Apfelmost Vogelbeeren (Speierling) bei, um ihn haltbar zu machen. Siehe auch Mehlbeere (Seite 228). Rosengewächse. Blütezeit Mai bis Juni.

5 Weißbuche Carpinus betulus

Auch Hainbuche oder Hagebuche genannt. Strauch oder Baum, bis über 20 m hoch, dicht beblättert. Vorwiegend in warmen lichten Wäldern, oft als Heckenstrauch angepflanzt. Stamm oft auffällig längswulstig. Blüten in schlaffen hängenden Kätzchen. Früchte mit dreieckiger auffallender Hülle. Haselnußgewächse. Blütezeit April bis Mai.

6 Bruchweide Salix fragilis

Diese Weidenart hat zerbrechliche Äste, worauf auch der lateinische Artname „fragilis" (= „zerbrechlich") hindeutet. Zugleich kommt die Pflanze vorwiegend in Bruchwäldern vor, den Wäldern großer Stromtäler. Häufig auch in Parkanlagen angepflanzt, wird oft kopfförmig zugestutzt. Bis 15 m hoher Baum. Männliche und weibliche Blüten in Kätzchen. Weidengewächse. Blütezeit April bis Mai.

1

2

3

4

5

6

Laubbäume und Sträucher (Fortsetzung)

1 Bergulme Ulmus glabra

Bis 30 m hoher Baum, auch Rüster genannt. Verbreitet in Gebirgswäldern, auch oft angepflanzt. Die Blüten erscheinen vor den Blättern, sind zwittrig, unscheinbar und sitzen direkt auf den Zweigen. Blätter kurz gestielt. Ulmenholz ist gelblich, zäh, elastisch, zeigt ein schönes Muster und wird vor allem für den Boots-, Schiffs- und Wasserbau sowie für Drechslerarbeiten verwendet. Die mitteleuropäischen Ulmen sind zur Zeit von einem Pilz gefährdet, den der Ulmensplintkäfer ausbreitet. Man muß damit rechnen, daß es bald kaum mehr Ulmen geben wird. Ulmengewächse. Blütezeit März bis April.

2 Feldahorn Acer campestre

Auch Maßholder genannt. 3 – 20 m hoher Strauch oder Baum, meist aber Strauch, nicht selten in Mischwäldern und Gebüschen, oft auch angepflanzt. Blüten gelbgrün, unscheinbar. Fruchtflügel waagrecht ausgespreizt. Junge Rinde braun und glänzend, später aufgerissen, graubraun, korkig. Blätter handförmig, drei- bis fünflappig. Ahornholz wird für viele Zwecke verwendet. Ahorngewächse. Blütezeit Mai.

3 Bergahorn Acer pseudoplatanus

Auch Traubenahorn genannt. 20 – 25 m hoher Baum. In Laubwäldern verbreitet, besonders in Mittelgebirgen und in den Alpen. Blüten vor den Blättern erscheinend, gelbgrün. Fruchtflügel in einem spitzen Winkel zueinander stehend. Blätter tief handförmig, fünflappig, lang gestielt. Zweige überhängend, Borke schuppig. Ahorngewächse. Blütezeit Mai bis Juni.

4 Hängebirke Betula pendula

Auch Weißbirke genannt. Meist 3 – 20 m hoher Baum, schlank mit lockerer Krone, Zweige elastisch und meist hängend. Blüten zu Kätzchen angeordnet. In trockenen Laub- und Nadelwäldern, auf Mooren und Heiden. Es gibt in der Bundesrepublik Deutschland noch vier weitere Birkenarten. Birkenholz ist nicht sehr gesucht und wird u.a. zu Furnieren, Sperrholz und Zündhölzern verarbeitet. Die Blätter der Birke wirken stark harntreibend. Man schreibt ihnen auch haarwuchsfördernde Eigenschaften zu. Birkengewächse. Blütezeit April bis Mai.

5 Schwarzerle Alnus glutinosa

Bis 25 m hoher Baum, typisch für Bruch- und Auwälder, auch an Flußufern häufig. Blüten vor den Blättern erscheinend, zu Kätzchen angeordnet. Junge Triebe klebrig, Holz rot, wird u.a. als Bleistiftholz verwendet. Birkengewächse. Blütezeit Februar bis März. In der Bundesrepublik Deutschland gibt es noch zwei weitere Erlenarten, die strauchförmige, in den Alpen verbreitete Grünerle (Alnus viridis) und die Grauerle (Alnus incana), deren Blätter vorne deutlich zugespitzt, nicht abgestumpft oder gar ausgerandet sind.

5a

5b

Laubbäume und Sträucher (Fortsetzung)

1 Stechpalme Ilex aquifolium

Immergrüner Strauch oder Baum, in Ausnahmefällen bis 10 m hoch. Die Blätter sind hart und ledrig und endigen an den Rändern in Dornen. Blüten klein, in Büscheln, weiß bis gelblich. Im Südwesten der Bundesrepublik Deutschland verbreitet, als Unterwuchs in Buchenwäldern, sonst oft als Zierstrauch angepflanzt. Die Stechpalme wird in katholischen Gegenden an Palmsonntag als Ersatz für echte Palmzweige verwendet. Die Zweige mit den roten Beeren sind ein beliebter Weihnachtsschmuck. Das harte Holz diente früher für hochwertige Drechslerarbeiten. Aus den vergorenen Beeren destillieren die Elsäßer einen berühmten Schnaps, den Houx. Eine südamerikanische Verwandte unserer Stechpalme (Ilex paraguayense) ergibt den Maté-Tee, der wie auch die getrockneten Blätter unserer einheimischen Art stark harntreibend wirkt. Stechpalmengewächs. Blütezeit Mai bis Juni.

2 Eingriffeliger Weißdorn Crataegus monogyna

2 – 5 m hoher Strauch oder Baum. An Waldrändern und Hecken verbreitet, oft angepflanzt. Blüten weiß oder rot, meist mit einem Griffel. Eine nahe verwandte Art ist der Zweigriffelige Weißdorn (Crataegus oxyacantha). Seine Blüten sind ebenfalls weiß, selten rötlich, zeigen aber regelmäßig zwei Griffel. Die Äste sind stärker mit Dornen besetzt, und die Früchte im Gegensatz zur vorigen Art mehlig und eßbar. Die Dornen können übrigens schwerste Entzündungen hervorrufen, wenn sie im Fleisch stecken, und müssen deswegen immer peinlichst genau entfernt werden. Beide Weißdornarten ergeben berühmte Herzstärkungsmittel, wie schon dem griechischen Arzt Dioskurides bekannt war. Die Kenntnis davon verlor sich jedoch später und wurde erst im vorigen Jahrhundert wiederentdeckt. Rosengewächse. Blütezeit für beide Arten Mai bis Juni.

3 Schwarzdorn Prunus spinosa

Auch Schlehe genannt. 2 – 3 m hoher sehr dorniger Strauch, verbreitet an Waldrändern und Hecken. Die Blüten erscheinen vor oder gleichzeitig mit den Blättern und sind weiß. Die schwarzblauen, bereiften Früchte sind nach den ersten Frösten genießbar, aber sehr herb. Sie eignen sich für die Herstellung von Marmeladen. In der Volksmedizin gelten sie als Stärkung für den Magen und die Harnblase. Rosengewächse. Blütezeit April bis Mai.

4 Hundsrose Rosa canina

Aufrechter, 3 – 4 m hoher Strauch. Blüten hellrosa oder weiß, nicht wohlriechend. Verbreitet an Waldrändern, in Gebüschen und Hecken. Die scharlachrote Frucht heißt Hagebutte und wird zur Herstellung von Marmelade verwendet. Die Hundsrose ist die Nationalblume Englands. In der Bundesrepublik Deutschland gibt es über 20 wildwachsende Rosenarten. Ihre Bestimmung ist eine Wissenschaft für sich und kann nur von einem Spezialisten durchgeführt werden. Viele Arten, besonders die Hundsrose, umfassen sehr viele unterschiedliche Formen. Rosengewächse. Blütezeit Juni.

5 Brombeere Rubus fruticosus

Bis 150 cm hoher Strauch, oft am Boden rankend, besonders auf Kahlschlägen und an Waldrändern verbreitet. Frucht tiefschwarz oder bläulich, eßbar. Die Brombeere ist äußerst formenreich. Nah mit ihr verwandt ist die Himbeere (Rubus idaeus) mit ihren samtartigen, aromatischen Früchten. Rosengewächse. Blütezeit für beide Arten Juni bis August.

Laubbäume und Sträucher (Fortsetzung)

1 Gemeiner Schneeball Viburnum opulus
Stark verzweigter Strauch, bis 3 m hoch. Die weißen oder gelben, radförmigen Randblüten sind unfruchtbar und viel größer als die inneren fruchtbaren Blüten. Eine Gartensorte weist nur solche großen auffälligen Blüten auf und erzeugt dementsprechend keine Früchte. Die Blätter ähneln denen des Ahorns, drei- bis fünflappig, lang gestielt. Als Wildpflanze in Wäldern, feuchten Gebüschen und Flußufern verbreitet. Steigt im Gebirge bis 1 300 m. Die auffälligen scharlachroten Beeren sind giftig. Die Homöopathie verwendet einen Auszug aus der Rinde bei Frauenleiden. Geißblattgewächse. Blütezeit Mai bis Juni.

2 Wolliger Schneeball Viburnum lantana
Aufrechter, bis 5 m hoher Strauch. Ganze Pflanze graufilzig behaart. Blüten wohlriechend, alle Blüten gleich groß, in dichter Trugdolde stehend, oft von schönen Insekten besucht. Beeren rot, ungenießbar. Blätter länglich bis eiförmig, nicht gelappt. Geißblattgewächse. Blütezeit Mai bis Juni.

3 Mehlbeere Sorbus aria
Bis 8 m hoher Baum oder Strauch. Nicht häufig in Gebirgswäldern, oft jedoch angepflanzt. Bevorzugt kalkhaltigen Boden. Blüten groß, weiß, Früchte rotorange, nicht wohlschmeckend, fade. Siehe auch Eberesche oder Vogelbeere (Seite 222). Rosengewächse. Blütezeit Mai bis Juni.

4 Echter Kreuzdorn Rhamnus catharticus
Auch Purgier-Kreuzdorn genannt. Dieser Name deutet darauf hin, wofür man diesen bis 3 m hohen Strauch verwendet: als Abführmittel. Blüten gelbgrün, unscheinbar, wohlriechend. Beeren erbsengroß, erst grün, später blauschwarz, ungenießbar. Tritt vereinzelt an sonnigen, steinigen Hängen und in Auwäldern auf. Noch stärker abführend als der Echte Kreuzdorn wirkt der Faulbaum (Rhamnus frangula), dessen Blüten fünfzählig ausgebildet sind. Auch er wächst strauchförmig und wird bis 3 m hoch. Die Rinde und die jungen Zweige enthalten die Wirkstoffe. Sie werden getrocknet und müssen mindestens ein Jahr lagern, bevor man sie verwenden kann, weil sie sonst eine zu heftige Wirkung entfalten. Kreuzdorngewächse. Blütezeit für beide Arten Mai bis Juni.

5 Pfaffenhütchen Euonymus europaeus
Das Pfaffenhütchen hat seinen Namen von der Ähnlichkeit der vierklappigen, leuchtend orange-roten, fleischigen Frucht mit der Kopfbedeckung, die katholische Geistliche früher während der Predigt aufsetzten. 2 bis 6 m hoher Strauch. Blüten unscheinbar, gelbgrün. Das Pfaffenhütchen, das auch Spindelstrauch heißt, enthält mehrere giftige Wirkstoffe. Früher verwendete man die getrockneten und pulverisierten Früchte als Mittel gegen Läuse und Milben. Spindelbaumgewächse. Blütezeit Mai bis Juni.

Laubbäume und Sträucher (Fortsetzung)

1 Holzapfel Malus sylvestris

Bis 15 m hoher Baum mit weit ausladender Krone. Blüten fünfblättrig, innen weiß, außen rötlich gefärbt. Frucht klein, grün, gelblich oder rot, meist süß-sauer und aromatisch. Der Holzapfel, der auch Wildapfel genannt wird, ist selten. Er stellt die Stammform für den kultivierten Apfelbaum mit seinen unzähligen Sorten und Züchtungen dar. Wegen ihres Säurereichtums fügte man früher Holzäpfel dem normalen Apfelwein zu, um ihn haltbarer zu machen. Rosengewächse. Blütezeit Mai.

2 Salweide Salix caprea

2 – 8 m hoher Strauch oder Baum mit ausladender Krone. In Mischwäldern, Gebüschen und feuchten Wegrändern verbreitet. Kätzchen vor den Blüten erscheinend, werden in katholischen Gegenden am Palmsonntag verwendet, daher auch der Name „Palmweide". Erste Frühlingsweide der Honigbienen und mancher früher Nachtschmetterlinge. Äste biegsam und zäh. Die Salweide ist die Hauptnährpflanze der Raupen des Großen Schillerfalters. Mit ihrem weichen Holz ist sie aber nicht sehr beliebt und wird immer mehr zurückgedrängt, ein Hauptgrund für das Verschwinden dieses prächtigen Tagschmetterlings. Weidengewächse. Blütezeit März bis April. In der Bundesrepublik Deutschland gibt es noch fast 40 weitere Weidenarten, darunter die Bruchweide (siehe Seite 222) und die Krautweide (Salix herbacea), den kleinsten Baum der Welt, der in Höhen bis zu 3000 m völlig eingegraben im Boden lebt und nur die äußerste Spitzen seiner Zweige mit den kleinen Blättern zeigt.

3 Hasel Corylus avellana

3 – 6 m hoher Strauch oder Baum, häufig in warmen Gebüschen. Blüte vor den Blättern erscheinend. Die Frucht ist die eßbare Haselnuß. Die käuflichen Haselnüsse stammen allerdings meist nicht aus Mitteleuropa, sondern aus dem Mittelmeer- und dem Schwarzmeergebiet. Sie gehören auch meist zu einer anderen Haselnußart, der Lambertsnuß (Corylus maxima). Haselnußzweige sind sehr zäh und biegsam – als Züchtigungsinstrument war die Haselrute früher fast sprichwörtlich. Haselnußgewächse. Blütezeit März bis April.

4 Roter Hartriegel Cornus sanguinea

3 – 4 m hoher Strauch oder Baum, auch Hornstrauch genannt. Früchte schwarz, ungenießbar. In Wäldern und Gebüschen nicht selten, häufig als Heckenpflanze kultiviert. Auf den weißen Blüten sieht man oft zahlreiche schöne Käfer. Hartriegelgewächse. Blütezeit Mai bis Juli.

5 Schwarzer Holunder Sambucus nigra

Auch Flieder oder Holler genannt. 3 – 10 m hoher Strauch oder Baum. Häufig an Waldrändern und Hecken, auch angepflanzt. Blüten in aufrechten endständigen Trugdolden, werden in Österreich gerne als Nachspeise im Teig schwimmend gebacken. Aus den schwarzen Beeren stellt man einen heilkräftigen Saft her. Wem etwas gestohlen wurde, der soll vor der Morgendämmerung zu einem Holunderstrauch gehen, ihn mit der Linken gegen Sonnenaufgang biegen und sagen: „Holunderstaude, ich tu dich bücken und drücken, bis der Dieb das Gut zurückbringt." Geißblattgewächse. Blütezeit Juni bis Juli.

6 Süßkirsche Prunus avium

Auch Vogelkirsche genannt. Elternform der eßbaren Kirsche. 3 – 10 m hoher Baum, wild in Wäldern und Gebüschen wachsend. Rosengewächse. Blütezeit Mai.

1

2

3

4

5

6

Nadelhölzer

Die Nadelhölzer haben nicht immer nadelförmige Blätter; der Lebensbaum (Thuja) oder die Zypresse oder gewisse seltenere Wacholderarten zeigen flache, kleine Blätter, die dachziegelartig übereinanderliegen und die die Äste verbergen. Das Blatt- und Astwerk solcher Nadelhölzer erinnert von weitem an Farnblätter. Die Nadelhölzer oder Koniferen gehören zu den Nacktsamern, weil ihre Samen nicht von einer Frucht umschlossen sind. Alle bisher behandelten Pflanzen hingegen sind Bedecktsamer mit Fruchtblättern, die die Samenanlagen umgeben.

1 Waldkiefer Pinus silvestris
Auch Föhre, Forche oder einfach Kiefer genannt. An folgenden Merkmalen kenntlich: bis 40 m hoher Baum, Krone im Alter meist schirmförmig, Stamm gerade, bis weit hinauf astfrei, Nadel bläulichgrün, 4 – 8 cm lang, zu zweit in einer gemeinsamen häutigen Scheide steckend, zugespitzt. Auf Sandboden besonders häufig. Holz geschätzt. Blütezeit Mai bis Juni.

2 Eibe Taxus baccata
Strauch oder Baum, bis über 10 m hoch. Die Eibe wächst außerordentlich langsam und hat ein besonders hartes und elastisches Holz. Bis ins 16. Jahrhundert stellte man aus Eibenholz hochwertige Bögen her. Eibenholz wurde damals aus Deutschland in viele Länder exportiert. Den Raubbau jener Zeiten spüren wir heute noch, denn die Eibe ist bei uns ein seltener Baum. Man rechnet mit höchstens 20 000 wildwachsenden Exemplaren. Der größte Bestand steht in Paterzell bei Weilheim in Oberbayern. Die schwarzen Samen der Eibe sind von einem giftigen, roten Samenmantel umgeben. Blütezeit März bis April.

3 Wacholder Juniperus communis
Auch Kranewitt genannt. Bis 8 m hoher Strauch, oft säulenförmig wachsend, häufig auf Heiden, Mooren und in Nadelwäldern, auch oft angepflanzt. Beerenzapfen schwarz, bereift, aromatisch, als Küchengewürz verwendet. Nadeln zu dritt in einem Wirtel stehend, stark stechend. Blütezeit April bis Mai.

4 Fichte Picea abies
Auch Rottanne genannt. Häufigster Waldbaum in Mitteleuropa, nur an wenigen Stellen in Gebirgslagen jedoch einheimisch, sonst überall meist in Forsten und Monokulturen angepflanzt. Schnellwüchsig, Holz zu vielen Zwecken verwendet. Kenntlich an folgenden Merkmalen: bis 60 m hoch. Nadeln einzeln stehend, rings um den Ast verteilt (siehe Tanne!). Nadeln vierkantig, spitzig, auf einem kurzen Stielchen sitzend. Reife Zapfen hängend. Blütezeit April bis Mai.

5 Weißtanne Abies alba
Auch Edeltanne oder einfach Tanne genannt. Gebirgsbaum, oft angepflanzt, größte Bestände im Schwarzwald. Kenntlich an folgenden Merkmalen: bis 65 m hoch, Nadeln einzeln stehend, jedoch in zwei Zeilen – nicht rings um den Ast herum – angeordnet, flach, vorne ausgerandet, nicht spitz, sitzend. Zapfen aufrecht. Blütezeit Mai.

6 Lärche Larix decidua
Einziger Nadelbaum Mitteleuropas, der im Winter sein Laub abwirft. Nadeln weich, bis zu 30 in einer Scheide büschelig zusammengefaßt, Zapfen klein und aufrecht. Ein typischer Alpenbaum. Oft auch in der Ebene angepflanzt. Blütezeit April bis Mai.

Kletterpflanzen

Kletterpflanzen brauchen Unterlagen, an denen sie sich festhalten können, z.B. andere Pflanzen oder Wände. Viele haben bunte Beeren, die den Vögeln im Herbst als Nahrung dienen.

1 Geißblatt Lonicera periclymenum

Auch Wald-Heckenkirsche genannt. Bis 3 m lang, Stengel windend. An warmen Stellen in Laub- und Mischwäldern. Die Blüten entfalten ihren Duft in den Abendstunden und ziehen dann zahlreiche Schmetterlinge an, besonders Schwärmer (siehe Seite 106), die schwirrend und ohne abzusitzen ihren Rüssel in die Blüten tauchen. Die auffälligen roten Beeren sind giftig. Das Geißblatt wird oft auch in Görten angepflanzt. Geißblattgewächse. Blütezeit Juni bis August.

2 Efeu Hedera helix

Wohlbekannte Kletterpflanze, hält sich mit Haftwurzeln fest. Auf Waldböden ebenso wie auf Bäumen und an Mauern. Der Efeu blüht erst vom achten bis zehnten Lebensjahr an, und zwar im Spätsommer bis in den Herbst hinein. Die Blüten sind unscheinbar, grünlich, zu Dolden vereinigt. Besonders die schwarzen Beeren enthalten mehrere Gifte. Der Efeu kann viele Jahrhunderte alt werden. Früher banden sich die Mädchen am 1. Mai einen Efeukranz um den Kopf, um die Burschen auf sich aufmerksam zu machen. Araliengewächse. Blütezeit August bis Oktober.

3 Gemeine Waldrebe Juniperus communis

Eine der wenigen Lianen Mitteleuropas, steigt an Bäumen über 10 m hoch. Wärmeliebend, in lichten Wäldern, überzieht gern Sträucher. Die Blüten werden von schönen Insekten besucht. Auffallender als die Blüten sind die zahlreichen knäueligen, wolligen Fruchtstände, die im Herbst und Winter zu sehen sind. Die trockenen Stengel wurden früher von den Halbwüchsigen als Zigarettenersetz genommen. Pflanze in allen Teilen giftig; der enthaltene Wirkstoff wird von der Homöopathie in geringer Dosis gegen Haut- und Geschlechtskrankheiten verwendet. Hahnenfußgewächse. Blütezeit Juni bis Juli.

4 Schmerwurz Tamous communis

Krautige Kletterpflanze, bis 3 m lang, an der typischen Form der Blätter zu erkennen. Die eingeschlechtlichen Blüten sind unscheinbar, grünlich, die Beeren rot, glänzend und giftig. Die Schmerzwurz ist frostempfindlich und kommt nur an warmen Stellen Süddeutschlands, an Waldrändern und in lichten Wäldern, vor; sonst ist sie im Mittelmeerraum und in Westeuropa verbreitet. Die eigentümliche Pflanze ist mit dem tropischen Yams verwandt und gehört mit ihm in die Familie der Yamsgewächse. Blütezeit April bis Juni.

5 Bittersüß Solanum dulcamara

Pflanze strauchartig oder kletternd, windend und niederliegend. Die Blüten sind kartoffelähnlich, was nicht verwundert, gehören beide Pflanzen doch zu derselben Familie. Unkraut auf stickstoffreichem Boden, an Schuttplätzen, Ufern und in lichten Wäldern. Der Name „Bittersüß" bezieht sich auf den Geschmack der Blätter: beim Kauen schmecken sie anfänglich bitter, nachher süß. Nachtschattengewächse. Blütezeit Juni bis August.

1

2

3

4

5

Leben an und im Süßwasser

Es ist bedauerlich, daß in Mitteleuropa kaum mehr ein Gewässer sauber, naturnah und ungestört ist. Die großen Ströme mit ihrer typischen Pflanzen- und Tierwelt sind schon längst zu Kloaken geworden. Die Verschmutzung, vor allem durch Phosphate der Waschmittel und durch Nitrate übermäßig angewandter Düngemittel, machen heute aber auch die kleinsten Gewässer krank. Ein wichtiger Faktor für die im Wasser lebenden Pflanzen und Tiere ist die Strömungsgeschwindigkeit: in einem schnellfließenden Bach brauchen die Lebewesen Anpassungen, um nicht weggeschwemmt zu werden. Die Pflanzenwelt der Gewässer ist am Ufer zonenartig entwickelt, und man kann je nach Entfernung vom Gewässerrand verschiedene Lebensräume unterscheiden, z.B. sumpfige Stellen, Röhrichte und die Lebensräume im Wasser.

Sumpfige Stellen

Die Böden sind hier dauernd vom Grundwasser beeinflußt. Auch gelegentliche Überschwemmungen kommen vor und werden von den Pflanzen ohne weiteres ertragen.

1 Kuckucks-Lichtnelke Lychnis flos-cuculi
Auch Kranzrade genannt. An den tief vierspaltigen Blütenblättern kenntlich, unterscheidet sich in diesem Merkmal von der sonst ähnlichen Roten Nachtnelke (siehe Seite 188). An den Stengeln der Lichtnelke treten oft Schaumklümpchen auf; sie enthalten eine Zikadenlarve (siehe auch Wiesenschaumkraut, Seite 186). Dieser Schaumklumpen heißt im Volksmund Kuckucksspeichel. Nelkengewächse. Blütezeit April bis Juli.

2 Wasserminze Mentha aquatica
Die Blüten sind rosa bis blau gefärbt, zu einem endständigen Köpfchen vereinigt. Nicht sehr häufig. Die Wasserminze bildet zusammen mit der Roßminze (Mentha spicata) einen formenreichen Bastard, die allbekannte, oft angebaute Pfefferminze (Mentha piperita). Alle Minzenarten enthalten ätherische Öle und Gerbstoffe und finden in der Heilkunde vielfältige Verwendung, z.B. als Mittel gegen Leberbeschwerden und Durchfall. Lippenblütler. Blütezeit für alle Arten Juni bis September.

3 Echtes Mädesüß Filipendula ulmaria
Auch Rüsterstaude oder Spierstaude genannt. Bis 2 m hohe ausdauernde Staude, häufig anzutreffen. Wird von vielen Insekten besucht. „Mädesüß" bedeutet nicht „Mädchensüß", sondern wahrscheinlich „Met-süß", weil man früher diese Pflanze zum Met hinzugab, um ihn haltbarer zu machen. Rosengewächse. Blütezeit Juni bis August

4 Bach-Nelkenwurz Geum rivale
Bis 50 cm hohe Staude mit typischen Blüten. Der Wurzelstock duftet nach Nelken und wird auch als Ersatz für Gewürznelken verwendet. Siehe auch die gelb blühende, verwandte Echte Nelkenwurz (Seite 154). Rosengewächse. Blütezeit April bis Juni.

5 Sumpfdotterblume Caltha palustris
Ein Frühblüher unter den Sumpfpflanzen, fällt durch die leuchtend buttergelben Blüten auf. Blätter nierenförmig, glänzend, fleischig. Hahnenfußgewächse. Blütezeit März bis Mai.

1

2

3

4

5

Sumpfige Stellen (Fortsetzung)

1 Gemeiner Gilbweiderich Lysimachia vulgaris
Auch Gemeiner Felberich genannt. 60 – 120 cm hohe, mehrjährige Pflanze.
Wächst mit Vorliebe an Gräben. An den leuchtend gelben, 1 – 1,5 cm langen Blüten leicht zu erkennen. Eine verwandte Art ist der Wald-Gilbweiderich (siehe Seite 152). Primelgewächse. Blütezeit Juni bis August.

2 Wasserdost Eupatorium cannabinum
Auch Wasserhanf oder Kunigundenkraut genannt. Blüten unscheinbar, röhrenförmig, rosa, zu Körbchen vereinigt, die wiederum in Trugdolden angeordnet sind. Die Laubblätter sehen denen des Hanfes, die Blütenstände denen des Dostes (siehe Seite 184) ähnlich, ohne daß eine Verwandtschaft bestünde. Zwei- bis mehrjährig. Auf nährstoffreichen und kalkhaltigen Böden. Der Gattungsname „Eupatorium" bezieht sich auf den heilkundigen griechischen König Mithridates Eupator (1. Jahrhundert v. Chr.). Der Wasserdost ist eine alte Heilpflanze, die von der Volksmedizin gegen zahlreiche Krankheiten eingesetzt wird. Korbblütler. Blütezeit Juli bis September.

3 Blutweiderich Lythrum salicaria
Bis 1,5 m hohe, auffällige, leicht kenntliche Pflanze. Blüten fünfteilig, zu dichten Trauben angeordnet. Der Name „Blutweiderich" bezieht sich auf die Blütenfarbe und die blutstillende Wirkung des Pflanzensaftes aufgrund seines hohen Gerbstoffgehalts. Sonst wird die Pflanze bei Darmerkrankungen verwendet. Früher gerbte man mit ihr Tierhäute. Weiderichgewächse. Blütezeit Juli bis September.

4 Ästiger Igelkolben Sparganium racemosum
Mehrjährige Sumpfpflanze mit verzweigtem Stengel. Oben befinden sich die männlichen Blüten in kugeligen Kolben, unten die weiblichen. Die Früchte in den weiblichen Kolben sind stachelig und haben dem Igelkolben den Namen verliehen. Die Pflanzen lassen ihre Früchte durch das Wasser verbreiten. In der Bundesrepublik Deutschland gibt es fünf einander recht ähnliche Igelkolbenarten. Igelkolbengewächse. Blütezeit Juni bis August.

5 Blutauge Comarum palustre
Der Bach-Nelkenwurz (siehe vorige Seite) recht ähnlich, die Blütenblätter jedoch zugespitzt. Mit den Fingerkräutern (siehe Seite 154) am nächsten verwandt und oft auch in die gleiche Gattung (Potentilla) gestellt. Stengel liegend oder aufrecht, bis 50 cm lang. Auf sauren Böden, selten. Rosengewächse. Blütezeit Juni bis Juli.

1

2

3

4

5

Röhricht

Die meisten stehenden oder langsam fließenden Gewässer haben an der Übergangszone zwischen Wasser und Land einen Röhrichtgürtel aus Schilfpflanzen. Die meisten Blütenpflanzen, die in diesem Lebensraum vorkommen, haben lange, elastische Stengel, die bei heftigem Wind keinen Schaden nehmen und nicht brechen. Das Röhricht ist besonders als Nistzone für Vögel und als Entwicklungsraum für Amphibien und Insekten von Bedeutung.

1 Breitblättriger Rohrkolben Typha latifolia

Bis 2,5 m hohe, ausdauernde, einkeimblättrige Pflanze. Die winzigen männlichen und weiblichen Blüten stehen in ungefähr gleich großen Kolben, der männliche Kolben über dem weiblichen. Nach der Blütezeit vergeht der männliche Kolben, und es bleibt nur der typische braune weibliche Kolben übrig. Die Samen darin sind äußerst leicht und werden vom Wind transportiert. Rohrkolben sind sehr dekorativ und werden leider oft gesammelt, um in Trockenblumensträußen verwendet zu werden. Alle fünf Arten der Bundesrepublik Deutschland sind bedroht. Die Rohrkolben heißen in der italienischen Sprache „ammazzagatti", „Katzentöter", weil die Buben früher mit ihnen nach Katzen warfen. Rohrkolbengewächse. Blütezeit Juni bis August.

2 Schwanenblume Butomus umbellatus

Auch Wasserliesch oder Blumenbinse genannt. Lilienähnliche, bis 1,5 m hohe ausdauernde, einkeimblättrige Pflanze, wärmeliebend und selten. Blüten rosa mit dunklen Adern. Schwanenblumengewächse. Blütezeit Juni bis August.

3 Zungen-Hahnenfuß Ranunculus lingua

Bis 1,5 m hohe, vielblütige, reich verzweigte Pflanze mit langen, schlanken, ungeteilten Blättern. Nicht nur im Röhricht, sondern auch in Riedgraswiesen. Leicht giftig. Hahnenfußgewächse. Blütezeit Juni bis August.

4 Fieberklee Menyanthes trifoliata

Auch Bitterklee genannt. Blütenblätter weiß bis rosa, stark zerschlitzt. Pflanze meist im Wasser stehend, bis 30 Zentimeter hoch. Enthält Bitterstoffe, die den Magen und die ganze Konstitution stärken und die Nerven beruhigen. Selten, am Ort des Vorkommens aber meist Bestände bildend. Enziangewächse. Blütezeit Mai bis Juni.

1

2

3

4

Wasserpflanzen

Im freien Wasser leben im wesentlichen zwei Gruppen von Wasserpflanzen. Die Wasserschwimmer umfassen wurzellose Pflanzen, die untergetaucht im Wasser schwimmen, zum Beispiel das Hornblatt und der Wasserschlauch. Zur zweiten Gruppe, den Wasserwurzlern, gehören an der Wasseroberfläche schwimmende, wurzeltragende Pflanzen; ihre Wurzeln können im Untergrund befestigt sein oder gleichfalls schwimmen, wie etwa bei der Wasserlinse.

Wasserpflanzen zeigen besondere Anpassungen, zum Beispiel dünne Abschlußgewebe, weil sie Gase und Nährstoffe direkt aus dem Wasser aufnehmen müssen. Sie sind auch niemals verholzt; sie brauchen kein stützendes Skelett, weil das Wasser ja mittragen hilft. In stark bewegtem, fließendem Wasser sind die Blätter oft zerschlitzt und bandartig ausgebildet, damit sie nicht von der Strömung zerrissen werden.

1 Weiße Seerose Nymphaea alba

Auch Wasserrose oder einfach Seerose genannt. Schwimmblätter und Blüten an bis 2 m langen Stielen. Blätter rundlich, herzförmig, ledrig, sich nicht benetzend. Meist in warmen Teichen, gefährdet und geschützt. Teichrosengewächse. Blütezeit Mai bis August.

Nahe Verwandte der Seerose sind die beiden gelbblühenden Teichrosenarten, die auch Mummeln heißen, nämlich die Große Teichrose (Nuphar lutea) und die Kleine Teichrose (Nuphar pumila). Die Blütenblätter sind bei ihnen nicht zugespitzt, sondern eiförmig. Alle Teich- und Seerosenarten enthalten Alkaloide und sind leicht giftig. Blütezeit für die Teichrosen Juli bis August.

2 Laichkraut Potamogeton sp.

Im Boden wurzelnde Arten mit schmalen, untergetauchten Blättern und größeren Schwimmblättern. Die Blüten sind unscheinbar und stehen in einer endständigen Ähre, die über den Wasserspiegel emporgehoben wird. In der Bundesrepublik Deutschland gibt es über 20 Arten, die schwer voneinander zu unterscheiden sind, sowie zahlreiche Bastarde. Laichkrautgewächse. Blütezeit Mai bis August.

3 Pfeilkraut Sagittaria sagittifolia

Sehr seltene, unverkennbare Pflanze. Untergetauchte Blätter bandförmig, die anderen typisch pfeilförmig. Froschlöffelgewächse. Blütezeit Juni bis August.

4 Wasser-Hahnenfuß Ranunculus aquatilis

Diese merkwürdige Pflanze hat im wesentlichen zwei Blattformen: nierenförmige oder drei- bis fünflappige Schwimmblätter und untergetauchte fein zerschlitzte Blätter, die weiter unten am Stengel stehen. Auch die Blüten können untergetaucht bleiben – in diesem Fall bestäuben sie sich selber – oder sich über die Wasseroberfläche erheben. Hahnenfußgewächse. Blütezeit Juni bis August.

5 Wasserfeder Hottonia palustris

Prächtige, untergetauchte Schwimmpflanze. Der Blütenstiel erhebt sich über das Wasser. Selten, im Norden der Bundesrepublik Deutschland häufiger. Primelgewächse. Blütezeit Mai bis Juni.

1

2

3

4

5

Wasserpflanzen (Fortsetzung)

1 Froschbiß Hydrocharis morsus-ranae

Den eigentümlichen Namen hat diese Pflanze von den rundlichen, nierenförmigen Blättern, die so aussehen, als seien sie von einem Frosch abgebissen worden. Nicht häufig, am Ort des Auftretens aber oft größere Bestände bildend. Froschbißgewächse. Blütezeit Mai bis August.

2 Wasserlinse Lemna sp.

Eine der merkwürdigsten Blütenpflanzen überhaupt. Nicht in Sproß und Blatt gegliedert, nur auf grünen Gliedern und einer winzigen Wurzel bestehend. Die Fortpflanzung erfolgt ausschließlich durch Sprossung neuer Glieder, die sich dann ablösen. Blüten treten äußerst selten auf, ohne Blütenhülle, fast mikroskopisch klein. Wasserlinsen treiben an der Wasseroberfläche und stellen eine beliebte Nahrung für Wasservögel dar; sie heißen desweggen auch Entenflott oder Entengrütze. In der Bundesrepublik Deutschland gibt es drei einander ähnliche Arten, von denen die weitaus häufigste die Kleine Wasserlinse (Lemna minor) ist. Wasserlinsengewächse. Blütezeit – wenn überhaupt – Mai bis Juni.

3 Algenfarn Azolla sp.

Die prächtige, im Wasser lebende, sich nicht benetzende Farnpflanze – es gibt zwei Arten – stammt aus warmen Gewässern Nordamerikas und ist bei uns stellenweise eingebürgert, zum Beispiel im Rhein-, Main- und Nekkargebiet. Sie wird vor allem in Gewächshäusern gezogen. Der Name Algenfarn stammt daher, daß diese Pflanze mit einer Blaualge symbiontisch zusammenlebt.

4 Tausendblatt Myriophyllum verticillatum

Blüte am Ende der Triebe, weiß oder rötlich gefärbt, sehr kurzlebig. Kommt vor allem in warmen Gewässern vor und ist eine beliebte Aquarienpflanze. Seebeerengewächse. Blütezeit Juni bis September.

5 Krebsschere Stratiotes aloides

Höchst ungewöhnliche Wasserpflanze mit harten, am Rande stacheligen, zu einer Rosette angeordneten Blättern. Wegen der Blattform auch Wasseraloe genannt. Wenn die Pflanze nicht blüht, lebt sie meist völlig untergetaucht. Selten, im Norden häufiger, am Ort des Auftretens oft größere Bestände bildend. Froschbißgewächse. Blütezeit Mai bis Juli.

Wasserpflanzen (Fortsetzung)

1 Wasserpest Elodea canadensis
Untergetauchte Pflanze, aus Nordamerika eingeführt und bei uns zum Wasserunkraut geworden (Name!), weil sie Kanäle verstopfte und die Schiffahrt behinderte. Seit einigen Jahrzehnten ist die Wasserpest bei uns jedoch am Zurückgehen. Bisher wurden nur weibliche Pflanzen gefunden: Blüten treten nur äußerst selten auf und sind unscheinbar weißlich. Die Vermehrung erfolgt auf ungeschlechtliche Weise durch Teilung des Sprosses. Froschbißgewächse. Blütezeit Mai bis August.

2 Zartes Hornblatt Ceratophyllum submersum
Wird bei oberflächlicher Betrachtung oft mit dem Tausendblatt (siehe vorige Seite) verwechselt. Blüten klein, unscheinbar, grünlich. Pflanze untergetaucht in nährstoffreichen, schlammigen Gewässern lebend. Die Blätter dieser Art sind drei- bis viermal gabelspaltig, die des Gemeinen Hornblatts (Ceratophyllum demersum) ein- bis zweimal gabelspaltig. Hornblattgewächse. Blütezeit für beide Arten Juni bis August.

3 Wasserstern Callitriche sp.
Unter den Namen „Wasserstern" fallen in der Bundesrepublik Deutschland acht schwer unterscheidbare ähnliche Arten. Stengel fadenförmig, bis 50 cm lang, Blätter wirtelig angeordnet. Blüten klein, unscheinbar, in den Achseln der Blätter stehend. Verbreitet in stehenden und fließenden Gewässern. Wassersterngewächse. Blütezeit April bis Oktober.

4 Wasserschlauch Utricularia sp.
Die unscheinbar gelb blühende, freischwimmende Pflanze ist eine der merkwürdigsten des ganzen Pflanzenreiches. Die „Knötchen" an den Sprossen sind Klappfallen, die durch eine „Tür" verschlossen werden. Im Innern herrscht ein Unterdruck. Berührt ein Wasserfloh oder ein anderes Kleintier die Fühlborsten an dieser Klapptür, so springt diese nach innen auf. Der Wasserfloh wird in das Blaseninnere hineingesogen und schließlich verdaut. In der Bundesrepublik Deutschland kommen sechs nah verwandte und schwer unterscheidbare Arten vor. Wasserschlauchgewächse. Blütezeit Juni bis August.

5 Sternlebermoos Riccia fluitans
Ein Lebermoos (siehe Seite 212), das meistens im Wasser schwimmt, und dann Sporen bildet, wenn der Wohnteich trockenfällt. Blätter grün bis gelbgrün, bandförmig, bis 5 cm lang und bis 1 mm breit, mehrfach gabelig verzweigt. Die Blätter enthalten im Innern Lufträume.

1

2

3

5

4

Tiere

1 Blaugrüne Mosaikjungfer Aeschna cyanea,

Länge 65 – 80 mm, Männchen

Große, häufige Libelle, kann hervorragend fliegen, in der Luft stehenbleiben und sich in jeder Richtung weiterbewegen. Die Beute, meist Fliegen und Schmetterlinge, wird im Flug gefangen. Hervorragende Dienste leisten dabei die kugeligen Augen, die fast eine Rundumsicht von 360 Grad gestatten. Bei der Paarung packt das Männchen im Flug mit seinen Hinterleibszangen das Weibchen am Nacken. Als langgestrecktes Doppelgespann fliegen die Tiere weiter. Dann krümmt das Weibchen seinen Hinterleib nach vorne, und in dieser Radstellung findet die Paarung statt, da die Geschlechtsdrüsen des Männchens an der Basis des Hinterleibs liegen. Die Larve (1a) lebt räuberisch in stehenden Gewässern. Unvollkommene Verwandlung. Libellen stechen nicht, auch wenn sie im Volksmund bisweilen „Teufelsnadeln" heißen!

2 Blauflügel-Prachtlibelle Calopteryx virgo, Länge um 50 mm,

Männchen

Das Weibchen unterscheidet sich vom Männchen durch rauchbraune Flügel. Der Körper ist jedoch bei beiden Geschlechtern metallisch blau gefärbt. Die Tiere haben einen ziemlich träge anmutenden, tagfalterartigen Flug. Paarung ähnlich wie bei der vorigen Art. Die 3 Fortsätze am Körperende der Larve (2a), die Ruderplättchen, dienen als Steuerorgane während des Schwimmens. Die Atmung erfolgt mit Hilfe von Kiemen, die im Enddarm liegen.

3 Stechmücke Culex sp., Länge um 5 mm

Die Männchen der Steckmücke, die man an ihren gefiederten Fühlern erkennen kann, stechen nicht. Bevor ein Weibchen zur Eiablage schreiten kann, muß es mindestens eine Blutmahlzeit hinter sich haben, damit sich die Eier überhaupt entwickeln können. Die Männchen finden die Weibchen mit Hilfe eines Sinnesorgans, das auf den hohen Ton des weiblichen Flügelschlags empfindlich ist. Die Larven (3a) halten sich mit dem Hinterende am Oberflächenhäutchen des Wassers fest. Wenn Schatten auf sie fällt, tauchen die Tiere schnell durch seitlich schlagende Bewegungen unter.

4 Schlammfliege Sialis lutaria, Länge um 18 mm

An stehenden und fließenden Gewässern häufig auf Uferpflanzen sitzend. Die Larven (4a) leben im Wasser und atmen mit Hilfe von Tracheenkiemen. Ihre Nahrung setzt sich aus kleinen Beutetieren zusammen. Die Schlammfliege gehört zu den Netzflüglern (siehe Seite 94) und hat wie diese eine vollkommene Verwandlung mit einem Puppenstadium. Der Schlammfliege ähnlich, aber keineswegs mit ihr verwandt, sind die Steinfliegen. Man erkennt sie leicht daran, daß sie ihre Flügel flach über den Rücken zusammenfalten.

5 Gemeine Eintagsfliege Ephemera vulgata, Länge um 25 mm

Der Name „Eintagsfliege" für diese zarten Tiere ist nicht schlecht gewählt, leben die erwachsenen Stadien doch immer nur Stunden oder wenige Tage. Sie nehmen keine Nahrung auf, und ihre einzige Aufgabe ist die Fortpflanzung. Die Larven der Eintagsfliegen (5a) hingegen leben durchschnittlich 2 Jahre im Wasser. Eintagsfliegen sind allgemein auf Verschmutzung empfindlich und können geradezu als Anzeiger für die Sauberkeit und den Sauerstoffgehalt eines Gewässers dienen.

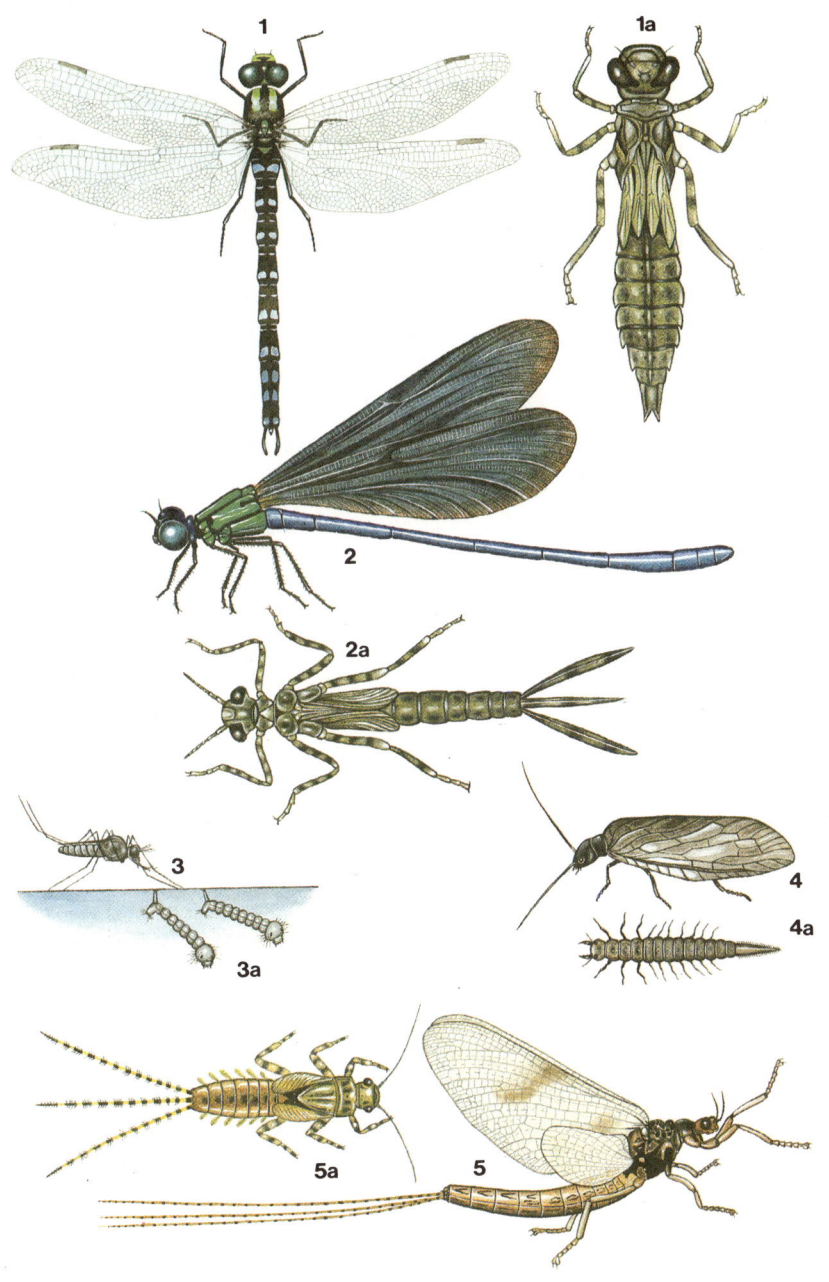

Tiere (Fortsetzung)

1 Köcherfliege Länge bis 25 mm

Schmetterlingsähnliche Tiere mit großen, dicht behaarten und beschuppten Flügeln, die meist ein graues oder braunes Muster zeigen. Fühler stets lang und fadenförmig. Vollkommene Verwandlung. Die Köcherfliegenlarven leben im Wasser. Die meisten Arten spinnen mit Hilfe besonderer Drüsen einen Köcher (1a), der außen von Steinchen, Pflanzenteilen, Zweigen oder leeren Schneckenhäusern besetzt ist. Die Larve hält sich im Innern des Köchers auf und hält diesen mit Schwanzhaken fest. Andere Köcherfliegenlarven, besonders Arten in Fließgewässern, spinnen am Gewässerboden trompetenartige Netze, an deren Ende sie auf herangeschwemmte Beutetiere warten. In Mitteleuropa leben über 200 Köcherfliegenarten.

2 Gelbrandkäfer Dytiscus marginalis, Länge bis 38 mm, Männchen

Das Weibchen sieht dem Männchen ähnlich, unterscheidet sich aber durch tiefe Furchen auf den Flügeldecken und durch die nicht verbreiterten Vorderfüße. Der Gelbrandkäfer ist einer unserer häufigsten Schwimmkäfer; er kommt besonders in Teichen und Tümpeln vor. Die im Wasser lebende Larve (2a) saugt mit mächtigen Mundteilen kleine Fische, Kaulquappen und sogar Molche aus. Die erwachsenen Tiere wie die Larven müssen immer wieder zur Wasseroberfläche zurückkehren, um frische Luft zu tanken.

3 Taumelkäfer Gyrinus sp., Länge bis 9 mm

Die Taumelkäfer tragen ihren Namen zu Recht: Im Hochsommer sieht man sie oft auf der Wasseroberfläche von Teichen und Tümpeln in taumelnder Bewegung unentwegt kreisen. Bei der geringsten Störung tauchen sie unter. Der glänzendschwarze Körper liegt dem Wasserhäutchen auf, wird aber nicht benetzt. Das mittlere und das hintere Beinpaar sind stark verkürzt und dienen als Ruderbeine. Die Augen sind zweigeteilt: Die obere Hälfte ist zum Sehen in der Luft, die untere zum Sehen unter Wasser eingerichtet. Die langgestreckte Larve (3a) hat Tracheenkiemen, nimmt also Sauerstoff direkt vom Wasser auf.

4 Rückenschwimmer Notonecta sp., Länge um 9 mm

Eine Wasserwanze mit langen, paddelartigen Hinterbeinen. Schwimmt mit schnellen Bewegungen. Der Rückenschwimmer hält sich gerne kopfüber mit den Füßen am Oberflächenhäutchen des Wassers fest und nimmt dabei mit dem Hinterleib Frischluft auf, während er die Wasseroberfläche nach angeflogenen Insekten durchmustert. Die Beutetiere werden mit den stechend-saugenden Mundteilen angestochen und ausgesaugt.

5 Seerosenzünsler Nymphula nymphaeta, Spannweite 20 – 30 mm

Die Raupen dieses auffallend gefärbten Kleinschmetterlings leben im Wasser. In früher Jugend halten sie sich in einer Blattmine auf, dann verfertigen sie sich aus 2 Blattstückchen einen Sack. Die Atmung erfolgt in dieser Zeit durch die Haut. Nach der Überwinterung leben die Raupen in einem Sack am Grunde des Gewässers. Der Körper trägt jetzt wasserabstoßende Haare und ist dauernd von einer silbrigen Luftschicht umgeben. Diese wirkt ähnlich wie eine Kieme und besorgt den Gasaustausch. Man spricht von einer physikalischen Kieme.

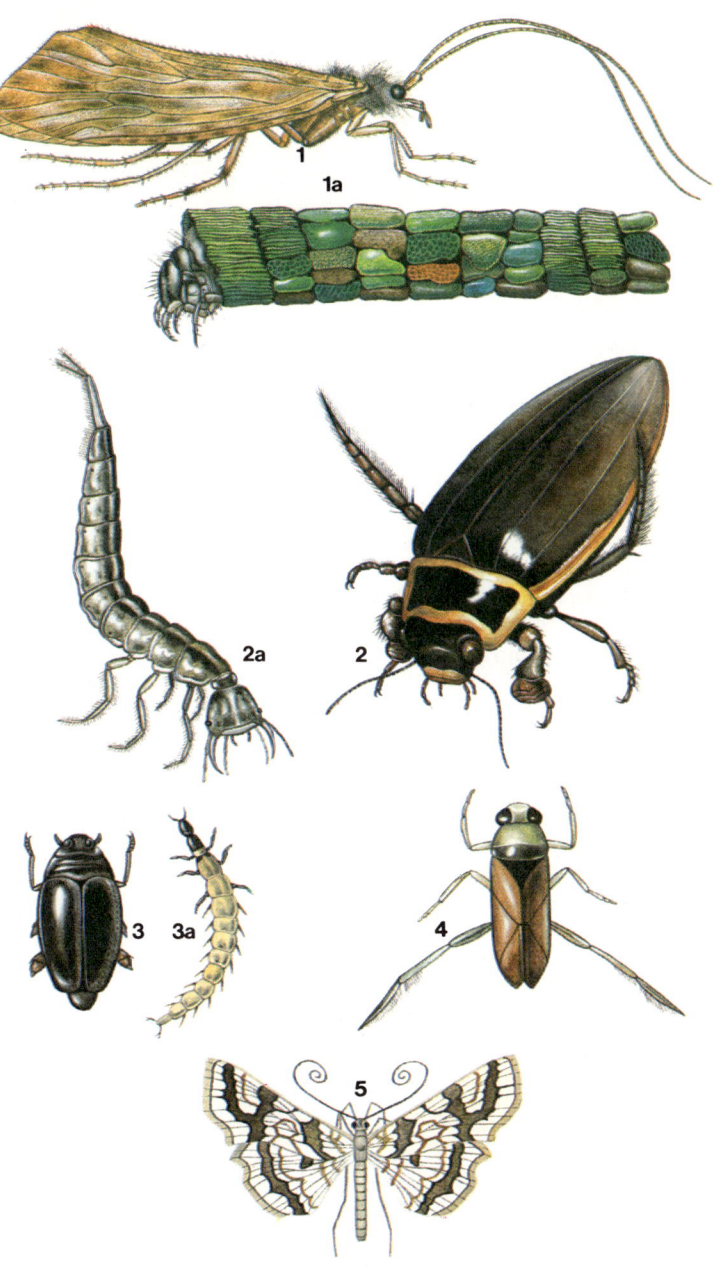

Tiere (Fortsetzung)

1 Wasserspinne Argyroneta aquatica, Länge 6 mm

Die einzige Spinne, die sich dauernd im Wasser aufhält. Sie atmet mit einer physikalischen Kieme (siehe vorige Seite) und kann in sauerstoffreichem Wasser 3 – 4 Tage leben, ohne die silbrige Luftschicht um ihren Körper zu erneuern. Die Spinne legt sich auch einen Luftvorrat unter Wasser an: Sie baut eine Unterwasserglocke aus Spinnfäden und füllt diese mit Luft. In dieser Taucherglocke verbringt sie den größten Teil ihres Lebens; auch die Paarung und die Eiablage erfolgen dort. Die Nahrung besteht aus kleinen Krebschen. Die Jungtiere können übrigens erst nach der vierten Häutung das mütterliche Nest verlassen, da erst dann an ihrem Haarkleid eine Lufthülle hängenbleibt.

2 Große Schlammschnecke Lymnaea stagnalis, Gehäuse 45 – 60 mm lang

Größte einheimische Schnecke, muß zur Wasseroberfläche aufsteigen, um zu atmen. Allgemein in stehenden oder fließenden pflanzenreichen Gewässern verbreitet, besonders in kleinen Kanälen. Die Eier werden an Pflanzen angeklebt. Die Nahrung besteht aus Pflanzenstoffen, gelegentlich auch aus Aas.

3 Posthornschnecke Planorbis corneus, Gehäuse 27 – 30 mm breit

Besonders im Norden der Bundesrepublick Deutschland in pflanzenreichen, stehenden oder langsam fließenden Gewässern häufig. Die Posthornschnecke wird von Aquarienfreunden gern gehalten.

4 Dicke Flußmuschel Unio crassus, Schalenlänge 50 – 70 mm

Häufigste große Süßwassermuschel, kommt in Bächen und Flüssen in zahlreichen Formen vor. Filtert wie alle Muscheln mikroskopisch kleine Nahrungsteile, zum Beispiel Algen, aus dem Wasser. Den Eiern entschlüpfen kleine Larven, die Glochidien, die sich in Kiemen von Fischen festhaken und ihr erstes Larvenstadium als Parasiten verbringen. Nachher setzt sich die Flußmuschel fest. Eine nah verwandte Form ist die Malermuschel (Unio pictorum), die sich lieber in stehenden Gewässern aufhält. Sie hat ihren Namen daher, daß die Maler früher die Schalen zur Farbbereitung verwendeten. In klaren, kalkarmen Bächen von Mittelgebirgen und der Lüneburger Heide lebt die Flußperlmuschel (Margaritifera margaritifera). Ihre Schalen sind innen von einer Perlmuttschicht ausgekleidet. Die Muschel liefert die bekannten Süßwasserperlen.

5 Pferdeegel Haemopis sanguisuga, Länge bis 15 cm

Die Egel gehören zusammen mit den Regenwürmern (siehe Seite 126) zu den Ringelwürmern. Diese zeichnen sich durch die zahlreichen Ringe oder Segmente aus, aus denen der Körper aufgebaut ist. Egel haben an beiden Körperenden einen Saugnapf, der bei der Fortbewegung und bei der Futtersuche eine Rolle spielt. Der Pferdeegel ernährt sich von Fischen, Fröschen und Wasserschnecken. Er kann, entgegen seinem Namen, weder vom Pferd noch vom Menschen Blut saugen. Zwischen 2 Mahlzeiten können Monate liegen. In kontrahiertem, ruhendem Zustand mißt der Pferdeegel 2,5 cm, ausgestreckt erreicht er 15 cm. Im Wasser schwimmt das Tier mit eleganten, schlängelnden Bewegungen. In Mitteleuropa kommt auch der Medizinische Blutegel (Hirudo medicinalis) vor, mit dem die Ärzte früher zur Ader ließen.

1a

1

2

3

4

5

Süßwasserfische

1   Hecht Esox lucius, Länge bis 150 cm
Das Männchen ist stets kleiner als 100 cm. Die Weibchen erreichen ein
Gewicht von 13 kg. Standorttreue Fische, im Hinterhalt, meist im Schilf, lau-
ernd und mit großer Beschleunigung auf ihre Beutetiere zustoßend. Diese
bestehen meist aus kleinen Fischen und Fröschen, bei alten Exemplaren
auch aus Säugetieren und Wassergeflügel. Die Laichzeit liegt im zeitigen
Frühjahr; oft sieht man die Laichballen auf Überschwemmungsflächen des
Frühlingshochwassers. Der Hecht ist bei den Anglern sehr beliebt; er wird
mit dem Blinker, dem Wobbler oder Köderfischen gefangen.

2   Lachs Salmo salar, Länge bis 150 cm
Noch im vorigen Jahrhundert waren die Lachse in mitteleuropäischen Flüssen, zum Beispiel im Rhein, so häufig, daß sich Hausangestellte vertraglich
ausbedangen, nicht mehr als dreimal wöchentlich Lachs essen zu müssen.
Heute wandern nur noch selten Lachse in mitteleuropäische Flüsse ein, um
hier zu laichen. Die Junglachse bleiben 2 – 3 Jahre im Süßwasser und wandern dann ins Meer zurück. Nach 1 – 3 Jahren werden sie geschlechtsreif
und ziehen wieder in die Binnengewässer. Der Lachs kommt heute fast nur
noch in sauberen Flüssen Schottlands, Irlands und Norwegens vor.

3   Karpfen Cyprinus carpio, Länge bis 120 cm
Der Karpfen ist in Mitteleuropa ursprünglich wohl nicht heimisch, sondern
wurde hier eingeführt. Die in freier Natur lebenden Tiere heißen Wildkarpfen. Sie sind meist völlig beschuppt (Schuppenkarpfen). Daneben gibt es
unter den Teichfischen einige Kulturformen, etwa den Spiegelkarpfen mit
wenigen, stark vergrößerten Schuppen, oder den völlig nackten Lederkarp-
fen. Wildkarpfen sind im allgemeinen schlank und langgestreckt, Zuchtformen hingegen wirken dickbäuchig, hochrückig und plump.

4   Bachforelle Salmo trutta fario, Länge bis 50 cm
In schnell fließenden, sauberen Bächen lebend, wegen der Verschmutzung
stark zurückgehend, teilweise auch von der ursprünglich nordamerikanischen Regenbogenforelle (Salmo gairdneri) verdrängt. Diese unterscheidet
sich von der Bachforelle durch ein breites, rosa schillerndes Band auf den
Körperseiten. Die weitaus meisten Forellen, die gegessen werden, gehören
zu dieser Art.

5   Aal Anguilla anguilla, Länge bis 150 cm
Die Männchen werden nur 50 cm lang. Gerade umgekehrt wie der Lachs
(siehe oben) pflanzt sich der Aal im Meer fort, und zwar im Gebiet der Sar-
gassosee. Die jungen Aale, bzw. deren Larven, ziehen mit dem Golfstrom
nach Europa. Als Glasaale wandern sie dann in die Binnengewässer ein.
Die fast geschlechtsreifen Tiere wandern dann wieder ins Meer zurück.

6   Barsch Perca fluviatilis, Länge bis 45 cm
Standorttreuer Fisch in stehenden und langsam fließenden Gewässern.
Kleine Exemplare heißen Bärschlinge oder Bürschlinge; in der Schweiz
bezeichnet man den Barsch als Egli. Meist räuberische Lebensweise, frißt
die unterschiedlichsten Wassertiere.

Süßwasserfische (Fortsetzung)

1 Nase Chondrostoma nasus, Länge bis 50 cm

Ein langgestreckter Karpfenfisch, der von Algen und anderen Pflanzen, gelegentlich auch von kleinen Tieren lebt. Kommt vorwiegend in Schwärmen in fließenden Gewässern vor. Nur im südlichen Teil der Bundesrepublik Deutschland verbreitet, bei den Anglern des Donaugebiets teilweise recht beliebt.

2 Groppe Cottus gobio, Länge bis 15 cm

Standorttreuer Bewohner kalter, sauerstoffreicher, schnell fließender Bäche, in denen auch die Bachforelle (siehe vorige Seite) und die Schmerle vorkommen. Hält sich meist in seichtem Wasser unter Steinen und Wurzeln verborgen. Frißt kleine Wassertiere, Jungfische und Laich.

3 Gründling Gobio gobio, Länge bis 20 cm

Trotz des gleichklingenden lateinischen Namens mit der vorigen Art nicht verwandt. In Schwärmen lebender Grundfisch, gerne in klaren, schnell fließenden Bächen, ernährt sich von Wasserinsekten.

4 Schmerle Noemacheilus barbatulus, Länge bis 15 cm

Walzenförmiger, langgestreckter Körper, Oberkiefer mit 6 Barteln. Standorttreuer Grundfisch in klaren Fließgewässern, kommt wie die Groppe oft zusammen mit der Bachforelle vor. Hält sich meist unter Steinen auf. Die Eier werden vom Männchen bewacht. Die Nahrung besteht aus Kleinkrebsen, Insektenlarven und Fischlaich. In Europa weit verbreitet.

5 Elritze Phoxinus phoxinus, Länge bis 14 cm

Schwarmfisch, der sauerstoffreiches Wasser liebt und deswegen heute stark am Zurückgehen ist. Zur Fortpflanzungszeit zeigen beide Geschlechter einen sogenannten Laichausschlag. Die Elritze ist wegen ihrer lebhaft goldenen Färbung ein beliebter Aquarienfisch. Der Angler schätzt sie als Köderfisch.

6 Dreistacheliger Stichling Gasterosteus aculeatus, Länge bis 8 cm

Vor allem im Norden Deutschlands verbreitet, hochinteressantes Fortpflanzungsverhalten. Vom Sommer bis zum Frühling des darauffolgenden Jahres lebt der Stichling in Schwärmen. Im Vorfrühling bekommen die Männchen einen roten Bauch und suchen sich im Gewirr der Wasserpflanzen einen geeigneten Nistplatz. Dieser Platz wird gegen andere Männchen verteidigt, zunächst durch Drohstellungen, nachher im Kampf. Das Männchen baut aus vielen Pflanzenteilen einen Haufen, den es mit Schleim übergießt. Dann stößt das Männchen mit seinem Körper durch diesen verfestigten Haufen eine Röhre hindurch. Das Männchen erkennt das Weibchen am silbriggrauen, stark aufgetriebenen Bauch. Nach der Balz schwimmt das Weibchen in die vorbereitete Röhre, legt dort seine Eier ab und verläßt sofort das Nest. Dann besamt das Männchen die Eier. Ein Männchen kann sich mehrmals paaren, so daß in seinem Nest schließlich mehrere Hundert Eier liegen können. Nach der Eiablage pflegt das Männchen die Eier, indem es ihnen Frischwasser zufächelt. Auch die ausgeschlüpften Jungtiere werden 2 Wochen lang behütet. Nachher erlischt der Brutpflegetrieb des Männchens. Das Weibchen beteiligt sich nicht an der Aufzucht der Jungen.

1

2

3

4

5

6

Meeresküste

Die Tier- und Pflanzenwelt der Meeresküsten, sowohl innerhalb als auch außerhalb des Wassers, hängt von der Natur des Untergrundes ab. Fast die gesamte Nordseeküste ist sandig oder Schlick-Watt. Nur bei Helgoland gibt es steile Felsküsten. Ein Großteil der britischen Atlantikküste ist felsig. An der Felsküste finden wir die größte Mannigfaltigkeit an Pflanzen- und Tierarten.

Marschen und Salzwiesen

Diese Lebensräume bilden die Nahtstelle zwischen Festland und Meer. Der Untergrund besteht meist aus schlammigen und sandigen Ablagerungen von Flüssen, wird aber immer wieder vom Meer überschwemmt. Es können hier nur Pflanzen wachsen, die Meersalz vertragen. Mit ihren Wurzeln befestigen sie den Boden. Im Laufe der Zeit wird immer mehr Material abgelagert, und das Meer dringt immer seltener ein, bis eine nur noch schwach salzige Wiese wächst, auf der bereits Schafe weiden können.

1   Hohes Schlickgras Spartina townsendi
Dieses bis 150 cm hohe Gras ist ein fruchtbarer Bastard zwischen dem einheimischen Niederen Schlickgras (Spartina maritima) und einer eingeführten amerikanischen Art (Spartina alterniflora). Das Hohe Schlickgras wurde erstmals 1870 in England gefunden. Es erwies sich später als wertvoller Schlickbefestiger und wird heute zur Landgewinnung angepflanzt. Süßgräser. Blütezeit Juni bis Oktober.

2   Strandnelke Limonium vulgare
Auch Widerstoß genannt. Bis 50 cm hoch. Blüten blaulila, auch in trockenem Zustand ihre Farbe bewahrend, zu einseitigen, schirmartigen Ähren angeordnet. Die Strandnelke ist eine beliebte Schnitt- und Trockenblume und als solche unter dem Gärtnername Statice bekannt. Nicht selten auf Salzwiesen und im Schlick. Grasnelkengewächse. Blütezeit August bis September.

3   Queller Salicornia europaea
Eine sukkulente, fleischige Pflanze. Stengel in Knoten gegliedert, stark verzweigt. Blätter sind keine ausgebildet. Die Blüten sind unscheinbar und grün. Der Queller ist im Schlickwatt sehr häufig. Er erträgt heftige Überflutungen und hohen Salzgehalt und wird auch häufig angepflanzt, um den Boden zu befestigen, weil er die Ablagerung von Schlick um sich herum begünstigt. Der Queller enthält viel Salze. Aus ihm gewann man früher Pottasche, die zur Herstellung von Glas verwendet wurde. Daher stammt wohl der Name Glasschmalz oder Glasschmelz. Die Pflanze wird als Salat und Gemüse gegessen. Gänsefußgewächse. Blütezeit August bis November.

4   Strandsode Suaeda maritima
Ein weiteres sukkulentes, fleischiges Gänsefußgewächs. Blätter sehr schmal, unten gewölbt, blaugrün, oft rot überlaufen, Blüten unscheinbar in Knäueln. Kommt auch an Salzstellen des Binnenlandes vor. Gänsefußgewächse. Blütezeit Juli bis September.

5   Strandaster Aster tripolium
Zweijährige, bis (60 cm hohe Pflanze, auf Strandwiesen bisweilen Bestände bildend, auch an Salzstellen des Binnenlandes. Korbblütler. Blütezeit Juni bis Oktober.

1

2

4

3

5

Sand- und Kiesküste

Dünen treten dort auf, wo die Küste aus Sand besteht und wo ein dauernder Wind herrscht. Die Sanddüne, die dem Meeresstrand am nächsten liegt, ist die jüngste und am wenigsten stabile. Für die Befestigung der Dünen werden Pflanzen eingesetzt. Sie müssen ziemlich trockenheitsresistent sein, weil selbst reichliche Niederschläge in Dünen sofort versickern.

1 Gemeiner Strandhafer Ammophila arenaria

Wichtigste Pflanze für die Dünenbefestigung der Nord- und Ostsee. Bis 1 m hoch, bildet breite Wurzelhorste. Süßgräser. Blütezeit Juni bis Juli.

2 Strandsegge Carex arenaria

Mehrjähriges Sauer- oder Riedgras (siehe Seite 198) mit Wurzelstock, bildet ausgedehnten Rasen, besonders in den Tälern zwischen zwei Dünen. Blüte unauffällig, gelblichbraun. Ganze Pflanze bis 40 Zentimeter hoch. An der Nord- und Ostsee verbreitet. Sauergräser. Blütezeit Mai bis Juni.

3 Dünenrose Rosa pimpinellifolia

Auch Bibernellrose genannt. Bis 150 cm hoher Strauch, der ein stacheliges, rasenartiges Gestrüpp bildet. Blüten weiß, ähnlich wie bei der Hundsrose (siehe Seite 226), die Hagebutten jedoch fast schwarz. Auf den Nordseeinseln verbreitet. Rosengewächse. Blütezeit Juni bis Juli.

4 Bitterer Enzian Gentiana amarella

Bis 25 cm hoch. Blätter oval-länglich, endständig. Blüten einzeln oder zu zweit, gestielt, dunkelpurpurfarben, glockenförmig, im Innern mit weißen Haaren. Auf mageren Wiesen, auf Dünen und in den deutschen Mittelgebirgen sowie in den Alpen, selten. Enziangewächse. Blütezeit August bis Oktober. Auf feuchten Wiesen der Nordseeküsten kommt noch der bis 45 Zentimeter hohe Lungenenzian (Gentiana pneumonanthe) vor, der auf Seite 174 abgebildet ist.

5 Strand-Zaunwinde Calystegia soldanella

Mit der gewöhnlichen Zaunwinde (siehe Seite 132) nahe verwandte Art. Blüten rosarot mit weißen Streifen. Stengel niederliegend, im Gegensatz zur Zaunwinde kaum windend. Zerstreut auf den Nordseeinseln. Windengewächse. Blütezeit Juni bis August.

1

3

2

4

5

Sand- und Kiesküste (Fortsetzung)

1 Stranddistel Eryngium maritimum
Auch Meer-Mannstreu genannt. Stengel stark verzweigt, so daß die Pflanze die Form eines kleinen Busches erhält. Blätter groß, am Rand mit Dornen, Blüten am Ende der Stengel, zu kugeligen Dolden vereinigt, bläulich. Auf Sandboden, an der Nord- und Ostsee, heute sehr selten, am Mittelmeer hingegen häufig. Doldenblütler. Blütezeit Juni bis Oktober.

2 Gemeine Grasnelke Armeria maritima
Blüten rosarot bis weiß, in Köpfchen. Blätter länglich in grundständiger Rosette. Höhe der Pflanze bis 20 cm. An Nord- und Ostseestränden verbreitet, aber meist selten. Kommt auch im Binnenland auf Sandfluren, mageren Weiden und auf Felsen vor. Grasnelkengewächse. Blütezeit Mai bis Oktober.

3 Hornmohn Glaucium flavum
Bis 80 cm hoch, oft strauchartig verzweigt, graugrün bereift, Milchsaft gelb. Blätter fleischig, tief eingeschnitten. Blüten gelb mit vier Blütenblättern; der Fruchtknoten entwickelt sich in eine bis 20 Zentimeter lange, hornartig gebogene Frucht (siehe Abbildung). Auf Dünen der Nordseeküste, gelegentlich ins Binnenland verschleppt, auch auf Schuttflächen des Binnenlandes. Mohngewächse. Blütezeit Juli bis August.

4 Strand-Platterbse Lathyrus maritimus
Bis 1 m hohe, mehrjährige Staude. Blüten purpurrot, zu Trauben angeordnet. Blätter paarig gefiedert, mit acht Teilblättchen, am Ende mit einer Ranke. Auf allen friesischen Inseln und im Ostseegebiet verbreitet. Schmetterlingsblütler. Blütezeit Juni bis August.

5 Meerkohl Crambe maritima
Bis 80 cm hohe, mehrjährige Pflanze. Blätter kohlähnlich, fleischig, bläulichgrün bereift, wachsartig. Blüten in Gruppen, weiß. Selten, nur an der Ostseeküste. Kreuzblütler. Blütezeit Mai bis Juni.

1

2

3

4

5

Felsküste

Felsküsten sind sehr mannigfaltig gegliederte Lebensräume; sie bieten in ihren Höhlungen und Ritzen, in den Räumen unter den Steinen und zwischen dem Pflanzenbewuchs viele Kleinstandorte und haben eine dementsprechend reiche Tier- und Pflanzenwelt. An Steilküsten kann man eine deutliche Einteilung in Zonen erkennen: der oberste Streifen beispielsweise wird nur noch gelegentlich von Spritzwasser benetzt. Die Umgebung ist einmal salzhaltig, dann durch Regen wieder süß. Nur anpassungsfähige Lebewesen können hier überdauern. Alle Pflanzen und Tiere an Felsküsten müssen sich am Untergrund festhalten und sich vor dem Anprall der Brandung schützen.

Pflanzen an der Küstenlinie

Die Zone, die an Steilküsten regelmäßig von der Flut bedeckt und bei Ebbe wieder freigelegt wird, beherbergt eine charakteristische Pflanzenwelt, hauptsächlich Algen. Im oberen Bereich überwiegen Grünalgen, im mittleren Braunalgen, im unteren Rotalgen.

1 Blasentang Fucus vesiculosus
Die lederartigen „Blätter" (Thalli) sind gabelig verzweigt. Mittelrippe deutlich. Am auffälligsten sind die meist paarigen Luftblasen, die dem Tang im Wasser Auftrieb verleihen. Der Blasentang bildet überall an der Nord- und Ostseeküste büschelige Bestände auf Steinen, an Holzwerk und Muschelbänken, die bisweilen unter diesem Bewuchs ersticken. Die Alge wird sehr oft ans Ufer gespült. Braunalgen.

2 Fingertang Laminaria digitata
Bis 3 m lang, in lange Bänder zerschlitzt. Pflanze mit „Wurzeln" auf Sandgrund und Steinen festgeheftet, oft größere Wälder bildend. In der Nordsee und der westlichen Ostsee anzutreffen. Braunalgen.

3 Seegras Zostera marina
Trotz des tangähnlichen Aussehens eine Blütenpflanze, die völlig untergetaucht auf dem Meeresboden lebt. Blätter bis über 1 m lang, einem behaarten, alten Wurzelstock entspringend. Blüten winzig, reduziert, nur aus einem männlichen Staubblatt und dem weiblichen Griffel bestehend, in den Blattachseln auftretend. Das Seegras ist in der Nord- und Ostsee verbreitet. Nach Stürmen findet man am Strand oft große Mengen von Blättern und Wurzelstöcken liegen. Laichkrautgewächse. Blütezeit Juni bis August.

4 Meersalat Ulva lactuca
Thalli derb, gallertig, ausgebreitet. Der Meersalat tritt häufig in flachen Buchten und Häfen dicht unter der Oberfläche auf und wird von der Eutrophierung der Gewässer, der zunehmenden Belastung mit Düngemitteln, stark begünstigt und ist damit ein Anzeiger für Verschmutzung. Grünalgen.

5 Darmtang Enteromorpha linza
Hellgrüne Schläuche wechselnder Dicke, ohne Luftkammern. Der Darmtang kommt wie die vorige Art an Steinen und Holzwerk vor. In der Nord- und Ostsee verbreitet. Grünalgen.

Tiere an der Meeresküste

1 **Ostseegarnele** Leander adspersus, Länge bis 8 cm
Meist auch Ostseekrabbe genannt, obwohl es sich wie auch bei der folgenden Art zoologisch gesehen nicht um eine Krabbe (siehe die beiden letzten
Arten auf dieser Seite) handelt. Schwimmt blitzschnell durch Bewegungen
des Hinterleibs. Dieser wird dabei unter die Brust geklappt. Die Tiere sind
im Leben durchscheinend und tragen als Kennzeichen einen gesägten
Fortsatz an der Stirn. Gekocht werden die Tiere leuchtend hellrot. Besonders in der westlichen Ostsee verbreitet, aber auch in der Nordsee auftretend.

2 **Nordseegarnele** Crangon crangon, Länge 6 cm
Auch Sandgarnele, Granat oder Nordseekrabbe genannt, obwohl es sich
nicht um eine Krabbe, sondern um eine echte Garnele handelt. Außenpan-
zer wie bei der vorigen Art ledrig, elastisch, nicht hart. Stirn ohne gesägten
Fortsatz. Im Leben durchscheinend blaugrau, gekocht unansehnlich bräun-
lichrot. Im Sommer in den Watten oft in ungeheuren Massen, wird kommer-
ziell genutzt, gefangen, gegessen und als Futtermittel verwendet.

3 **Hummer** Homarus gammarus, Länge bis 75 cm
Lebt in algenbewachsenen Felsgebieten, in der Bundesrepublik Deutschland nur bei Helgoland auftretend. Wird in Reusen und Hummerkörben
gefangen. Hochgeschätzt und wohlschmeckend. An allen Küsten Europas
vorkommend. Unterscheidet sich von der ähnlich großen Languste (Pali-
nurus vulgaris), die im Mittelmeer und an den Atlantikküsten vorkommt,
durch die großen Scheren; bei der Languste sind diese nur winzig ausgebildet.

4 **Einsiedlerkrebs** Pagurus sp., Länge bis 10 cm
Einsiedlerkrebse haben einen langen, meist ungegliederten, sehr weichen
Hinterleib, der asymmetrisch aufgerollt ist. Um sich zu schützen, suchen die
Einsiedlerkrebse leere Schneckenhäuser der passenden Größe und ver-
stecken ihren Hinterleib darin. Am letzten Segment haben sie Greifhaken,
mit denen sie ihr Schneckenhaus festhalten und ständig mit sich herumtragen. Es ist nicht möglich, einen Einsiedlerkrebs mit roher Gewalt zu veranlassen, sein Haus aufzugeben; eher läßt er sich zerreißen. Um ein solches
Tier animal zu sehen, muß man das Haus vorsichtig zertrümmern oder an
der Spitze mit einem Feuerzeug oder Brennglas erwärmen. Wenn der Einsiedlerkrebs wächst, sucht er sich ein neues größeres Haus. Dieses ist übrigens recht oft mit Schwämmen oder Polypen bewachsen. Einsiedlerkrebse
kommen regelmäßig in der Nordsee und in der westlichen Ostsee vor.

5 **Strandkrabbe** Carcinus maenas, Breite bis 8 cm
Bei den echten Krabben (siehe auch die beiden Garnelenarten weiter oben)
ist der Hinterleib immer kurz und dauernd auf die Bauchseite geschlagen.
Krabben laufen gerne seitwärts („Dwarslöper"). Allesfresser, besonders in
verschmutztem Wasser häufig. Die Strandkrabbe ist auf dem Land genauso
zu Hause wie im Wasser.

6 **Taschenkrebs** Cancer pagurus, Breite bis 30 cm
Müßte eigentlich Taschenkrabbe heißen. Auf sandigem und steinigem
Grund, zwischen 1 und 30 m Tiefe. Der Taschenkrebs schmeckt recht gut,
enthält aber nur sehr wenig Fleisch. Frißt Muscheln und andere Bodentiere.
Nordsee und westliche Ostsee.

Tiere an der Meeresküste (Fortsetzung)

1 Seerose Actinia equina, Höhe bis 6 cm
Auch Pferdeaktinie, Purpur- oder Erdbeerrose genannt. Im Aussehen blütenähnlich, gehört aber zu den Nesseltieren. Der Körper ist ein dicker Schlauch, oben mit einer Öffnung, die Mund und After zugleich ist. Mit den Tentakeln fangen die Aktinien ihre Beutetiere. Sie sind von Nesselzellen besetzt, die bei Berührungen ein lähmendes Gift injizieren. Der Mensch verspürt allerdings höchstens ein leichtes Brennen. Bei Ebbe ziehen sich die Seerosen zusammen und bilden einen kugeligen Ball. Sie leben immer auf Felsen, Steinen und Pfählen festgeheftet. In der Nordsee und der westlichen Ostsee verbreitet.

2 Seestern Asterias rubens, Durchmesser bis 30 cm
Die Seesterne bilden zusammen mit den Schlangensternen und den Seeigeln die Gruppe der Stachelhäuter. Es sind radiärsymmetrische Tiere, deren Mund auf der Bauchseite liegt; ihr After befindet sich auf der entgegengesetzten Seite oben. Der Panzer ist aus Kalk. Seesterne können einen verlorenen Arm regenieren. Auf der Körperunterseite sind zahlreiche Saugfüßchen befestigt, mit denen die Tiere Gegenstände ergreifen und sich fortbewegen. Seesterne sind Fleischfresser, die vor allem Muscheln und Schnecken verschlingen. Oft öffnen sie mit Gewalt die Muscheln einen Spalt breit, strecken ihren dehnbaren Magen ins Muschelinnere und beginnen mit der Verdauung. Die abgebildete Art ist in der Nordsee und der westlichen Ostsee verbreitet.

3 Schlangenstern Ophiothrix fragilis, Durchmesser bis 8 cm
Gehört mit den Seesternen und Seeigeln zu den Stachelhäutern. Schlangensterne unterscheiden sich von den Seesternen vor allem durch zwei Merkmale: Arme schlank, biegsam und sehr beweglich; Mundscheibe scharf abgegrenzt. Der Schlangenstern ernährt sich von kleinen Tieren und von Aas. Er ist nicht imstande, Muscheln zu öffnen. Man findet ihn in geringer Tiefe vor allem unter Steinen, in größerer Tiefe frei auf dem Schlickgrund laufend. Nordsee.

4 Seeigel Echinus esculentus, Durchmesser bis 15 cm
Die Seeigel gehören zusammen mit den Seesternen und den Schlangensternen zu den Stachelhäutern. Seeigel sind rundliche, kugelige Tiere mit harter zerbrechlicher Kalkschale. Die Fortbewegung erfolgt mit Hilfe von Saugfüßchen. Der ganze Körper trägt bewegliche Stacheln, die erheblich stechen können und deren Spitze leicht abbricht. Der Artname „esculentus" bedeutet „eßbar". Tatsächlich halbiert man in Italien die Schalen weiblicher Tiere und ißt das Innere, das hauptsächlich aus den Eierstöcken besteht. Seeigel wandern langsam über Felsböden und weiden Algenschichten ab. Dazu brauchen sie ein starkes Kalkgebiß, dem die Zoologen den merkwürdigen Namen „Lampe des Aristoteles" gegeben haben. Die abgebildete Seeigelart vermehrt sich stark in verschmutztem Wasser. Im Sand eingegraben lebt der Herzigel (Echinocardium cordatum), der einen herzförmigen, abgeflachten Körper aufweist. Beide Arten in der Nordsee.

5 Seescheide Ciona intestinalis, Länge bis 4 cm
Die festsitzenden sackähnlichen Tiere filtern Plankton. Obwohl man es ihnen nicht ansieht, gehören sie zu einer Tiergruppe, die den Wirbeltieren am nächsten steht. Die Verwandtschaft wird an den freischwimmenden, kaulquappenähnlichen Larven deutlich. Gerne auf Tangen festgeheftet. Nordsee und westliche Ostsee.

Tiere an der Meeresküste (Fortsetzung)

1 Seepocke Balanus sp., Durchmesser bis 1,5 cm
Das überraschendste an diesen allgegenwärtigen Tieren ist, daß sie zu den Krebsen gehören. Als Larven leben sie freischwimmend im Wasser. Später heften sie sich mit dem Rücken nach unten fest. Die Tiere bilden einen sechsteiligen Kalkpanzer aus. Bei ruhiger See werden die sechs Paar Beine rhythmisch aus der Schalenöffnung hervorgestreckt und wieder eingezogen. Dabei fangen die Seepocken kleine Nahrungsteilchen sowie pflanzliche und tierische Lebewesen ein. Die Seepocken gehören also zur ökologischen Gruppe der Filtrierer. Sie überziehen zu Millionen felsige Küsten, Pfähle, Wellenbrecher, Bootsrümpfe und treibendes Gut. Mit den Seepokken sind die gleichfalls festsitzenden Entenmuscheln (Lepas anatifera) näher verwandt. Sie sind gestielt und weisen eine zweiklappige muschelähnliche Schale auf. Besonders häufig sieht man sie auf treibenden Gut wie auf Flaschen. Im Mittelalter glaubte man, die Enten würden aus den Entenmuscheln entstehen; damit waren sie keine Warmblüter und konnten während der Fastenzeit genossen werden! Beide Arten in der Nordsee verbreitet.

2 Napfschnecke Patella sp., Durchmesser bis 3,5 cm
Trotz ihrer flachen bis napfförmigen Schale sind die Patellen echte Schnekken. Man sieht sie überall an der Brandungszone von Felsküsten. Die Tiere wandern langsam umher und weiden dabei den Algenbelag ab. Sie kehren aber immer wieder an einen festen Platz zurück, in dem ihre Schale genau wie ein Deckel hineinpaßt. Napfschnecken saugen sich mit ihrem Fuß (siehe Abbildung) so stark an, daß sie auch der härtesten Brandung widerstehen können. Man kann sie nur ernten, wenn man sie mit einem Messer ablöst. Vor allem im Atlantik und im Mittelmeer verbreitet.

3 Kegelige Kreiselschnecke Calliostoma conuloide, Länge bis 2 cm
Sehr unterschiedlich gefärbte Art. Im unteren Strandbezirk lebend. In der Nordsee selten, häufiger an Felsküsten des Ärmelkanals.

4 Netzreusenschnecke Nassa reticulata, Schalenlänge bis 3 cm
Die lebhafte Netzreusenschnecke lebt eingegraben im Sand. Zur Nahrungssuche wandert sie auf dem Meeresboden umher. Mit ihrem langen Atemrüssel (Sipho) sucht sie Nahrung. Mit den Reibezähnen des Mundes bohrt die Netzreusenschnecke Seepocken und Muscheln an. Sie selbst fällt aber Seesternen zum Opfer. Auf der Flucht vor ihren Feinden führt die Schnecke regelrechte Purzelbäume durch. In der Nordsee und der westlichen Ostsee.

5 Strandschnecken Littorina spp.
Die Gattung Littorina umfaßt mehrere durchwegs häufige Arten, die man an ihren gedrungenen, oben zugespitzten Schalen leicht erkennen kann. Die Öffnung wird mit einem Deckel verschlossen. Die Arten ernähren sich von pflanzlichen Stoffen. a. Rauhe oder Dunkle Strandschnecke (Littorina saxatilis, bis 1 cm hoch), dunkelbräunlich, feiner gestreift als die Große Strandschnecke, Nordsee und Ostsee, in der obersten Gezeitenzone. b. Zwerg-Strandschnecke (Littorina neritoides, bis 4 mm lang), meist in der Spritzzone von Felsküsten außerhalb des Wassers, meist so häufig, daß der Boden wie von Schrotkugeln übersät aussieht. c. Große Strandschnecke (Littorina littorea, Länge bis 2 cm), häufig am Strand der Nord- und Ostsee zwischen Steinen und Tang. Wird gegessen.

Tiere an der Meeresküste (Fortsetzung)

1 **Miesmuschel** Mytilus edulis, Länge bis 8 cm
Die häufigste und eine der beliebtesten eßbaren Muscheln, wird wie die Auster an geeigneten Stellen gezüchtet. Die Miesmuscheln heften sich mit ihren Byssusfäden an Steinen und Pfählen fest. Je nach Nahrungsangebot brauchen die Miesmuscheln ein bis vier Jahre bis zur Konsumreife. In Italien sind sie unter dem Namen Cozze, Muscoli oder Peoci, in Frankreich als Moules und in England als Mussels bekannt. Miesmuschel können tagelang trocken liegen, ohne Schaden zu nehmen. Fast alle Schalen haben einen Bewuchs von Algen und besonders Seepocken (siehe vorige Seite). Diese sind als Nahrungskonkurrenten anzusehen, weil sie den Muscheln Plankton vor dem Mund wegfangen.

2 **Gemeine Käferschnecke** Trachydermon cinereus, Länge bis 2,5 cm
Die Käferschnecken sind altertümliche Weichtiere. Ihre Schale besteht aus acht hintereinander liegenden Platten. Käferschnecken sitzen auf Felsen und Pfählen, wo sie den Algenbewuchs abweiden. Wenn man sie mit einem Messer abhebt, rollen sie sich langsam ein. Die eigentümlichen Tiere leben meist in der Gezeitenzone, werden aber oft übersehen. Die abgebildete Art tritt in der Nordsee und in der westlichen Ostsee auf.

3 **Stachelrücken** Chiolophis ascanii, Länge bis 15 cm
Man erkennt diesen eigentümlichen Fisch an den Hautanhängseln auf dem Kopf und an den ersten Stacheln der Rückenflosse. Der Stachelrücken lebt in 10 – 20 m Tiefe in der Algenzone. Das Männchen bewacht die Eier, die im Oktober oder November gelegt werden. Wegen seiner geringen Größe ist der Fisch ohne Bedeutung für die Fischerei. Er ist vor allem in der Ostsee und um Helgoland verbreitet.

4 **Schwarzgrundel** Gobius niger, Länge bis 15 cm
Häufiger Fisch, der in 1 – 50 m Tiefe vor allem in Seegraswiesen lebt. Auch bei dieser Art bewacht das Männchen die Eier, die im Mai bis August gelegt werden. Die Schwarzgrundel kommt an fast allen Küsten Europas vor, ist aber für die Fischerei nur insofern von Bedeutung, als sie von anderen wertvolleren Fischen gejagt wird.

5 **Butterfisch** Pholis gunellus, Länge bis 18 cm
An den dunklen Flecken am Grund der Rückenflosse kenntlich. Bewohnt die Algenregion in Tiefen bis zu 20 m. Besonders im Ärmelkanal und an den britischen Küsten verbreitet. Das Männchen betreibt wie bei den vorigen Arten Brutpflege. Ohne Bedeutung für die Fischerei.

1

2

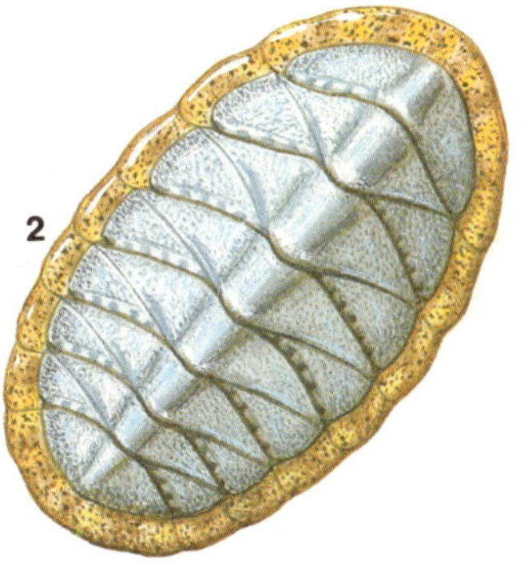

3

4

5

Tiere im Watt

Die nachfolgend beschriebenen Tiere leben im Wattboden eingegraben und stellen für Möwen und Wattvögel eine wichtige Nahrungsquelle dar.

Borstenwürmer

Borstenwürmer haben einen aus einzelnen Ringen bestehenden, segmentierten Körper mit zahlreichen Borsten, die bei der Fortbewegung – sei sie schwimmend oder laufend – eine Rolle spielen. Zur Verwandtschaft der Borstenwürmer zählen die wohlbekannten Regenwürmer. Es gibt freilebende und festsitzende Borstenwürmer.

1 Seeringelwurm Nereis sp., Länge bis 50 cm
Zur Gattung Nereis zählen mehrere ähnlich gebaute Arten. Die größte in der Nord- und Ostsee ist der Grüne Seeringelwurm (Nereis virens), der eine Länge von 50 cm und mehr erreicht. Am häufigsten ist der durchschnittlich 15 cm lange Nereis diversicolor mit seinen schillernden Farben. Die Tiere leben frei, halten sich in selbstgegrabenen Gängen auf und ernähren sich von Beutetieren.

2 Sandwurm Arenicola marina, Länge bis 35 cm
Auch Sandpier oder Köderwurm genannt. Die häufigste Art im Watt. Der Sandwurm baut eine U-förmige Röhre und frißt Schlick. Dadurch bildet sich bei der einen Röhrenöffnung ein Krater, während sich an der anderen Röhrenöffnung die ausgeschiedenen Sandwürstchen anhäufen. Diese charakteristischen regelmäßig verteilten Häufchen sind ein Merkmal des Watts. Die paarigen roten Büschel auf dem Rücken des Tieres sind Kiemen.

3 Sandröhrenwurm Lanice conchilega, Länge bis 30 cm
Ein festsitzender Borstenwurm, der eine aufrechte, zerbrechliche verzweigte Röhre baut. Außen sind Sandkörnchen und Muschelstückchen befestigt, was dem Wurm auch den Namen „Muschelsammlerin" eingetragen hat. Körper rosarot mit zahlreichen farbenförmigen Tentakeln und dunkelroten Kiemenfäden vorne am Kopf. Beide Organe ragen aus der Röhre heraus und werden bei Gefahr blitzschnell zurückgezogen.

4 Klaffmuschel Mya arenaria, Länge bis 11 cm
Die Klaffmuschel lebt bis in 30 cm Tiefe im Schlick eingegraben und streckt eine lange Röhre zur Wattoberfläche, um Wasser anzusaugen und dabei kleinste Nahrungsteilchen auszufiltern. Wird gerne gegessen, besonders von den Engländern, und heißt bei uns auch Strandauster.

5 Herzmuschel Cardium edule, Länge bis 5 cm
Die Herzmuschel gräbt sich im Gegensatz zur vorigen Art nur 3 – 4 cm tief in den Wattboden ein. Bei ihr übernehmen zwei Röhren die Wasserversorgung. Die leeren Schalen werden oft massenhaft am Strand angespült. Die Art ist eßbar und schmackhaft. Die Exemplare der Ostsee bleiben kleiner als die der Nordsee.

6 Taschenmessermuschel Ensis siliqua, Länge bis 15 cm
Die Muschel lebt senkrecht im Sand der Nordsee eingegraben. Schalenbruchstücke sind häufig, ganze Exemplare selten zu sehen. In Italien gilt diese Muschel als Delikatesse.

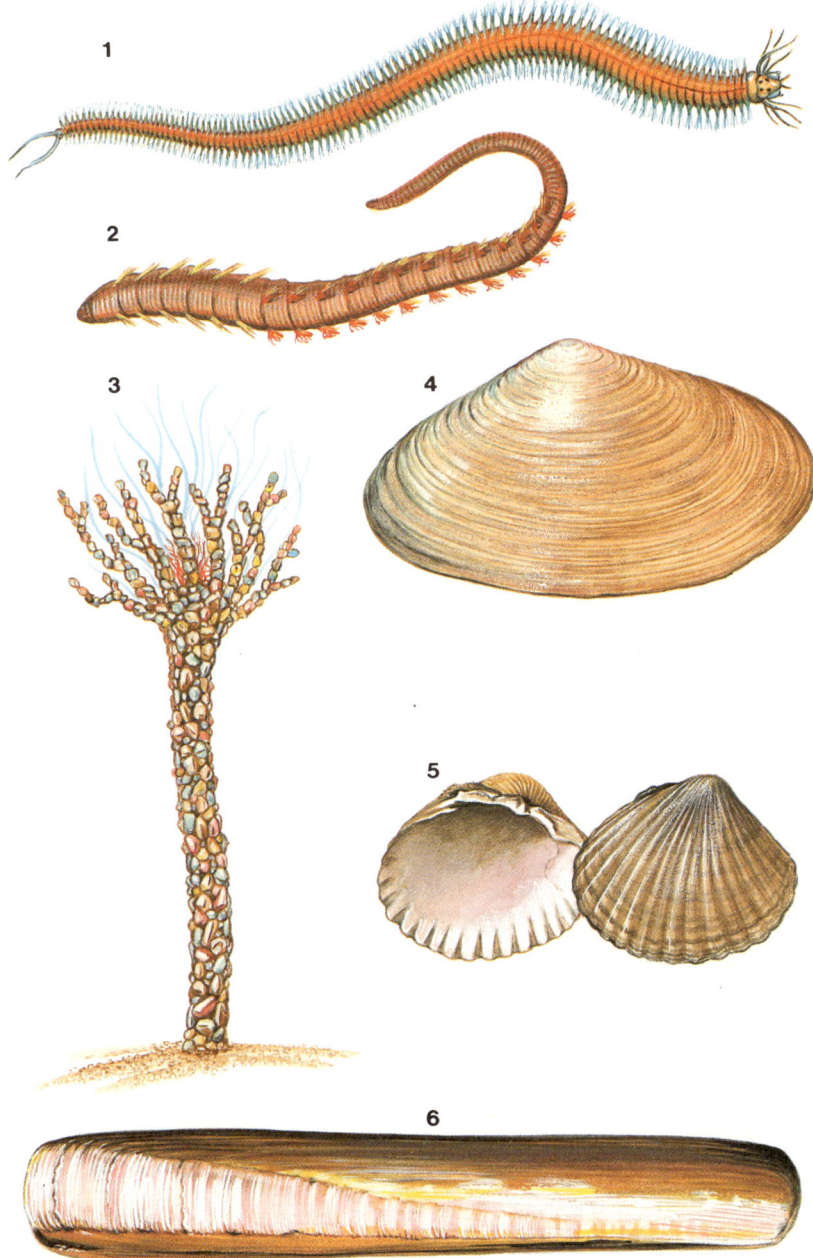

1

2

3

4

5

6

Rinder

Alle Rinderrassen stammen vom Auerochsen oder Ur (Bos primigenius) ab. Diese Tiere lebten früher in den großen Stromwäldern Europas; 1627 starb das letzte Exemplar dieser Art aus. Das Rind ist eines der ältesten Haustiere des Menschen; in Mesopotamien soll es schon vor 7000 Jahren Hausrinder gegeben haben. Noch zu Beginn unseres Jahrhunderts waren die Rinder auch Zug- und Lasttiere (Arbeitsrassen). Heute werden sie vor allem auf Fleisch- und Milchleistung gezüchtet (Zweinutzungsrassen). Das Hausrind ist deswegen so wertvoll, weil es wertloses Pflanzenmaterial wie Gras, Stoppeln und Abfälle in hochwertiges Fleisch und in Milch umwandeln kann. Die Rinder haben zum Aufschließen dieser schwer verdaulichen Nahrung ein vierteiliges Magensystem mit Pansen, Netzmagen, Blättermagen und Labmagen. Eine gute Kuh liefert täglich 15 Liter Milch.

Im ersten Lebensjahr heißt das Rind Kalb. Mit fünf Jahren ist es ausgewachsen. Geschlechtsreife Männchen nennt man entweder Bulle oder Stier, das kastrierte Männchen Ochse. Bis zur Geburt des ersten Kalbes heißt das weibliche Rind Färse, danach einfach Kuh.

1 Deutsche Schwarzbunte 550 – 750 kg

Die bei weitem wichtigste Rasse in der Bundesrepublik Deutschland, wo sie rund 40 Prozent des Rinderbestandes ausmacht. Die Schwarzbunte stammt ursprünglich aus Norddeutschland, Holland und Jütland. Im Durchschnitt liefert eine Kuh jährlich 5450 kg Milch mit insgesamt 217 kg Fett (3,98%).

2 Fleckvieh oder Simmentaler Vieh 650 – 750 kg

Stammt ursprünglich aus höheren Lagen der Schweiz; die eigentliche Heimat ist das Simmental im Berner Oberland. Die deutschen Fleckviehtiere sind etwas kleiner als die schweizerischen. Das Fleckvieh unterscheidet sich von der Rotbunten durch massigeren Körperbau, den überwiegend weißen Kopf, den kräftigeren Stirnwulst und die stärker ausgeprägte Hautfalte an der Brust, die Wamme. Durchschnittliche Milchleistung 4610 Liter pro Jahr. Dem Fleckvieh ähnliche Rassen sind die Vorderwälder und die Hinterwälder, die beide nur im Schwarzwald gehalten werden. Sie unterscheiden sich durch ihr geringeres Gewicht: Vorderwälder 450 – 550 kg, Hinterwälder 320 – 400 kg.

3 Deutsche Rotbunte 550 – 750 kg

Hauptsächlich im nördlichen und mittleren Teil der Bundesrepublik Deutschland verbreitet. Die Rotbunte sieht in der Körperform der Schwarzbunten ähnlich; geringere Milchleistung, 5200 kg jährlich.

4 Braunvieh 600 – 700 kg

Typisches Alpenrind aus der Schweiz, in der Bundesrepublik Deutschland zu ungefähr 10% des gesamten Rinderbestandes vertreten, vor allem im Alpenvorland und im Allgäu verbreitet. Die durchschnittliche Milchleistung liegt bei 4710 kg pro Jahr. Der Fettgehalt beträgt 3,98%.

5 Angler Rotvieh 550 – 600 kg

Die Hauptverbreitung dieser Rinderrasse liegt in Angeln, dem Gebiet zwischen Flensburg und Eckernförde. Heute wird die Rasse auch in Hessen, im Harz und in Westfalen gezüchtet. Eine Kuh liefert im Jahr 4810 kg Milch, bei einem Fettgehalt von 4,72%. Das Angler Rotvieh war ursprünglich ein einseitiges Milchrind, doch hat man es in den letzten 50 Jahren durch gezielte Züchtung zu einem Zweinutzungsrind machen können.

Schweine

Das Hausschwein stammt vom Wildschwein (siehe Seite 78) ab. Die heutigen Haltungsbedingungen in Großmästereien – engstes Zusammenleben auf reinem Betonboden ohne Auslauf, Schnellmast und medikamentöse Behandlung – führen zu Streßanfälligkeit und zur Entwicklung der berüchtigten PSE-Fleischqualität, die heute leider weit verbreitet ist. PSE ist ein Kürzel für „pale" = bleich, „soft" = weich und „exudative" = wäßrig. Solches Fleisch schwitzt in der Pfanne viel Wasser aus und schrumpft dabei ein, wird hart und hat kaum Eigengeschmack. Da der heutige Konsument möglichst fettarmes Fleisch wünscht, werden die Schweine mit rund 100 kg Lebendgewicht geschlachtet. Dieses Gewicht erreichen sie im Alter von ungefähr 3 Monaten. Es gab in Deutschland ursprünglich vor allem zwei Schweinerassen. Da beide gleichermaßen streßanfällig sind, haben Großbetriebe aus verschiedenen Rassen sogenannte veredelte Hybridschweine gezüchtet. Man erwartet von ihnen eine robustere Natur und eine geringere Streßanfälligkeit.

1 Deutsches veredeltes Landschwein

85% aller Schweine gehören zu dieser Rasse. Es ist gelungen, den Tieren einige Rippen mehr anzuzüchten („Torpedoschwein"). Sonst wird Wert darauf gelegt, daß die Schweine eine möglichst runde Schulter entwickeln und damit praktisch vier Schinken liefern.

2 Deutsches weißes Edelschwein

Einst weit verbreitetes Schwein, heute vorwiegend in der DDR gezüchtet. Wird in der Bundesrepublik Deutschland noch im oldenburgischen Ammerland gehalten. Die Ohren des Edelschweines stehen aufrecht, während die des veredelten Landschweines schlapp herabhängen.

Pferde

Jahrtausendelang war das Pferd Arbeitstier gewesen. Es half dem Menschen als Reittier, beim Transport schwerer Lasten und nicht zuletzt bei der Bodenbearbeitung. Mit der Mechanisierung der Landwirtschaft hat das Pferd diese Rolle völlig verloren. Ein Freund des Menschen ist es jedoch geblieben. Da der Reitsport an Beliebtheit gewinnt, nimmt seit Beginn der siebziger Jahre auch der Pferdebestand wieder zu.

3 Araber

Ein schönes, hartes, ausdauerndes und schnelles Pferd. Ausdrucksvoller Kopf mit großen, weit geöffneten Nüstern. Es sind fast alle Farbschläge möglich. Die Araber stammen von arabischen, genauer lybischen Pferden ab, die in England weitergezüchtet wurden. Der Legende nach haben alle reinblütigen Araber die sieben Stuten des Propheten Mohammed als Stammmütter. Araber werden in der Bundesrepublik Deutschland im Gestüt Marbach und in Privatgestüten gezüchtet.

4 Traber

Nur auf Schnelligkeit, nicht auf Aussehen gezüchtete, aus den USA stammende Pferderasse. Die Traber dürfen im Rennen nicht in Galopp fallen, sondern müssen immer den Trab beibehalten. Sie ziehen dabei den zweirädrigen Sulky mit dem Jockey.

5 Trakehner

Nach den Arabern edelstes Reitpferd Mitteleuropas. Ursprünglich im ostpreußischen Gestüt Trakehnen beheimatet, heute in zahlreichen Gestüten gezüchtet. Die Trakehner sind aus einer Zucht ostpreußischer Landpferde mit arabischen und englischen Vollblütern entstanden.

SCHWEINE/PFERDE

2

1

3

4

5

Pferde (Fortsetzung)

1 Hannoveraner

Die am weitesten verbreitete Reitpferdrasse, sei es in der Bundesrepublik Deutschland wie in weiten Teilen der Welt. Die Rasse geht auf Kreuzungen zwischen Mecklenburger und Holsteiner Hengsten mit englischem Vollblut zurück. Das Hauptgestüt befand und befindet sich in Celle.

2 Rheinisches Kaltblut

Kaltblutpferde sind schwergebaute Arbeitstiere mit starken Knochen und ruhigem Temperament. Da sie in der heutigen Landwirtschaft keine Verwendung mehr finden, ist ihre Zucht stark zurückgegangen. In England allerdings werden in letzter Zeit wieder vermehrt Arbeitstiere eingesetzt. Bei uns sieht man Kaltblutpferde fast nur noch vor Bierwagen („Brauereirösser"). Die noch am weitesten verbreitete Rasse ist das Rheinische Kaltblut, das ursprünglich auf belgische Tiere zurückgeht. In den dreißiger Jahren unseres Jahrhunderts gehörte noch die Hälfte aller Pferde im Deutschen Reich zu dieser Rasse. Das Rheinische Kaltblut ist meist braun gefärbt, doch kommen auch Braun- oder Fuchsschimmel vor. Die Risthöhe liegt bei 160 – 165 cm.

3 Haflinger

Der Haflinger ist ein Bergpferd. Mit einer Risthöhe von 135 – 145 cm gehört er zu den Kleinpferden. Seine Heimat ist Südtirol, genauer Hafling oberhalb Meran. Die Verbreitung umfaßt heute vor allem die Schweiz, das deutsche Voralpengebiet sowie Hessen und Westfalen. Der Haflinger dient vielfach noch als Arbeitspferd – etwa als Lasttier in der Schweizer Armee –, weil er sehr trittsicher und wenig empfindlich ist. Anscheinend enthält der Haflinger einiges arabisches Blut.

4 Fjordpferd

Norwegisches, genügsames Kleinpferd (Risthöhe 135 – 145 cm), als Arbeitspferd gezüchtet. Sehr gutmütig und daher als Kinderreitpferd geeignet. Meist Falben mit Aalstrich, einem dunklen Längsband auf dem Rücken. Dieses Merkmal läßt darauf schließen, daß das Fjordpferd mit dem Wildpferd recht nahe verwandt ist.

5 Exmoor

Genügsames, zähes Pony aus den Heidegebieten Exmoors in England. Die Hengste werden nicht über 130, die Stuten nicht über 127 cm groß. In ihrer Heimat leben die Pferde halbwild, bei uns sind sie als gutmütige Kinderpferde sehr beliebt. Die Exmoor-Rasse ist ihrer Herkunft entsprechend sehr genügsam und deswegen leicht zu halten.

1

2

4

3

5

Schafe

Die Wildform unserer Hausschafrassen ist das Wildschaf, das in mehreren, recht verschiedenen Unterarten Südeuropa, Kleinasien und Zentralasien bewohnt. Die kleinste Unterart ist das Mufflon (siehe Seite 78).

Die Schafzucht war in der Bundesrepublik nie ein bedeutender Wirtschaftszweig, abgesehen vielleicht vom Gebiet der Lüneburger Heide. In den dreißiger Jahren gab es in Deutschland 1,9 Millionen Schafe. In den sechziger Jahren ging die Zahl auf 800 000 zurück, und Ende der siebziger Jahre stieg sie wieder auf über eine Million. Der Grund für die Zunahme liegt im Schaffleischkonsum der Gastarbeiter.

Es gibt verschiedene Arten der Schafhaltung. Die beiden wichtigsten ist die Haltung in ortsgebundenen Schäfereien und die Wanderschäferei. Die Wanderherden suchen im Sommer Ödlandflächen, im Herbst abgeerntete Äcker auf und verbringen den Winter in milden Gebieten.

Man unterscheidet drei Rassengruppen: die Merinorasse, die auf Fleisch und Wolle gezüchtet wird, die Fleischschafe und die genügsamen Landschafe, die heute kaum mehr eine Rolle spielen.

1 Merinolandschaf 65 – 75 kg

Mit einem Anteil von 40% die am weitesten verbreitete Schafrasse der Bundesrepublik Deutschland, besonders im Süden dominant. Die wichtigste Rasse für die Wanderschäferei. Die Tiere sind robust, widerstandsfähig und lauffreudig. Die Merinoschafe lassen sich auf spanische Vorfahren zurückführen.

2 Deutsches Schwarzköpfiges Fleischschaf 65 – 75 kg

Bestandsanteil 26%, vor allem in Nordrhein-Westfalen, Hessen, Niedersachsen und Schleswig-Holstein verbreitet. Liefert gutes Fleisch, ist aber nicht sehr fruchtbar.

3 Deutsches Weißköpfiges Fleischschaf 75 – 95 kg

Vor allem in Küstengebieten der Nordsee verbreitet, sehr fruchtbar. Die Schafzucht spielt im Bereich der Deiche eine große Rolle, weil die Tiere durch ihren Weidegang bewirken, daß die Gräser größere Horste bilden.

4 Texelschaf 70 – 75 kg

Stammt aus Holland (Insel Texel) und gleicht in vielen Eigenschaften dem Deutschen Weißköpfigen Fleischschaf. Das Texelschaf entstand aus Kreuzungen ostfriesischer Milchschafe mit englischen Schafrassen. Es breitet sich heute in der Bundesrepublik Deutschland wegen seiner guten Fleischleistung weiter aus.

5 Heidschnucke

Die Heidschnucke gehört zusammen mit anderen Schafrassen, zum Beispiel dem Milchschaf, dem Rhönschaf und dem Bergschaf, zur Gruppe der Landschafe. Es sind kleine, genügsame Tiere, die züchterisch noch wenig bearbeitet sind. Das Hauptverbreitungsgebiet der Heidschnucke ist die Lüneburger Heide. Die Tiere sind für die Erhaltung dieser Landschaft von größter Bedeutung. Sie lichten die Heidebestände und verhindern dadurch, daß Baumwuchs aufkommt. Das Wort „Schnucke" bedeutet ursprünglich „Naschen". Die verbissenen Heidesträucher treiben immer wieder neue Sprosse aus, die später blühen. Dadurch wird die Verjüngung der Heide gewährleistet. Schafherden, die durch ein Gebiet ziehen, vernichten fast alle Radnetze größerer Spinnen, in denen sonst viele Bienen verfangen. So haben die Heidschnucken auch einen großen Einfluß auf die Imkerei der Lüneburger Heide.

Ziegen

Die Ziege ist ein typisches südeuropäisches und nordafrikanisches Haustier. Sie findet noch auf der spärlichsten Vegetation Futter. Sie frißt aber – wie auch die Schafe – die Pflanzen völlig ab und entkleidet die Hänge ihrer Vegetation. Die Erosion in vielen Gebieten Südeuropas geht auf die Überweidung durch Ziegen und Schafe zurück. Ziegen werden vor allem für ihre Milch und erst in zweiter Linie wegen ihres Fleisches und des feinen Leders gehalten. Ziegenmilch ist mit 4,2% Fettgehalt fettreicher als Kuhmilch, doch ist sie wegen ihres eigentümlichen salzigen Geschmackes nicht beliebt und wird zu Käse verarbeitet. Um 1960 gab es in der Bundesrepublik Deutschland ungefähr 430 000 Ziegen, heute sind es nur noch wenige Zehntausend.

1   Toggenburger Ziege

Stammt aus dem Toggenburg im Kanton St. Gallen (Schweiz). Die Rasse wurde in viele Länder eingeführt und entweder rein weitergezüchtet oder in andere Linien eingekreuzt. Die Toggenburger Ziege ist auf Milchleistung gezüchtet: Jährlich bringt es eine Mutterziege auf 600 – 1200 kg Milch.

2   Saanenziege

Im Saanetal, Berner Oberland, Schweiz, beheimatet, doch heute in der ganzen Welt verbreitet. Die Saanenziege erbringt eine hohe Milchleistung.

3   Deutsche Edelziege

Von der Deutschen Edelziege gibt es eine weiße, eine bunte und eine rehfarbene Variante. Die Tiere sind hornlos und erbringen nur eine geringe Milchleistung. Ihre Haltung ist deswegen stark zurückgegangen.

Kaninchen

Alle Hauskaninchenrassen stammen vom Wildkaninchen (siehe Seite 66) ab, das seine Heimat ursprünglich in Spanien und im westlichen Mittelmeergebiet hat. Bereits im Mittelalter wurden Hauskaninchen in Klostergärten (Künigleingärten) und auf Inseln („Kaninchenwerder") gehalten. Kaninchen werden hauptsächlich wegen ihres Fleisches gezüchtet. Das Angorakaninchen ist die einzige Rasse, bei der nur die Wolle genutzt wird. Eine Häsin bringt es im Jahr auf 3 Würfe mit rund 20 Nachkommen. In der Bundesrepublik Deutschland gibt es kaum Betriebe, die nur von der Hauskaninchenzucht leben. Doch ist die Haltung von Kaninchen („Stallhasen") im bäuerlichen Bereich noch weit verbreitet. Es gibt sehr viele Kaninchenrassen; alle sind aus Liebhaberrassen entstanden, und viele sind ausgesprochene Zierrassen geblieben. Das Kaninchen gewinnt zur Zeit auch als Labor- und Versuchstier an Bedeutung.

4   Hasenkaninchen

Ein mittelgroßes, 3,5 – 4,2 kg schweres Hauskaninchen. Aussehen schlank und zierlich, Heimat Belgien. Das Fell ist sehr dicht und weich. Häufig gehalten werden Deutsche Riesenkaninchen, bis über 7.5 kg schwere, plumpe, langgestreckte Tiere.

5   Angorakaninchen

Langwolliges Kaninchen mit über 7 cm langen weißen Haaren. Die Wolle des Angorakaninchens ist die wärmste des ganzen Tierreiches, weil in den Haaren zahlreiche isolierte Lufträume eingeschlossen sind. Angorawolle wird hauptsächlich zu Rheumawäsche verarbeitet. Die Angorakaninchen sind fast immer Albinos und haben rote Augen.

Hühner

Die Stammform aller Haushuhnrassen ist das Bankivahuhn, das heute noch in weiten Teilen Südostasiens wild vorkommt. Bereits im zweiten Jahrtausend v.Chr. wurde es zum Haustier, wahrscheinlich in Indien. Die Hühnerhaltung hat sich in den letzten Jahrzehnten bei uns grundlegend verändert. Wohl gibt es in vielen bäuerlichen Betrieben heute noch frei laufende Hühner, die Eier und Fleisch für den Eigenbedarf produzieren. Doch der größte Teil der Hühner wird in spezialisierten Betrieben gehalten. Besonders die mehrstöckigen Legebatterien, in denen die Hühner ein völlig artfremdes Leben führen, sind berechtigterweise in das Kreuzfeuer der Kritik geraten.

Hühner liefern· Eier und Felsich. Dementsprechend gibt es Zweinutzungsrassen wie beim Rind. Dazu gehören etwa die Orpington, die Roten Rhodeländer und die Wyandotten, während die Rebhuhnfarbenen Italiener und die Weißen Leghorn vorwiegend auf Legeleistung gezüchtet wurden. Die Zweinutzungsrassen haben sich in der Geflügelzucht aber nicht bewährt, weil hohe Legeleistung und Mastfähigkeit sich nicht miteinander vereinen lassen. Die klassischen Geflügelrassen, wie wir sie hier abbilden, sind heute stark am Zurückgehen, ja geradezu am Aussterben. Hühnerfarmen halten heute fast nur noch Neuzüchtungen, Hybride. Sie werden als Markenartikel von Züchtern angeboten; ihre Herkunft und die bei den Kreuzungen verwendeten Rassen sind ein Geheimnis. Eine gute Legehenne bringt es im Jahr auf 250 – 280 Eier. Das Ausbrüten – heute künstlich im Brutofen – dauert 20 – 21 Tage.

Gemästete, noch nicht geschlechtsreife Tiere heißen Broiler oder Brathähnchen. Als Poularde bezeichnet man ein Brathähnchen mit einem Gewicht über 1 150 Gramm.

1 Orpington

Eine englische Rasse mit einem Gewicht von 3,5 – 4,5 kg. Die Tiere sind sehr fleischreich und legen viele Eier. Doch ist ihr Bruttrieb nicht ganz erloschen, was die Legeleistung vermindern kann. Die Orpington spielen als Ausgangsrasse für Neuzüchtungen eine große Rolle.

2 Rebhuhnfarbene Italiener

Die italienische Rasse ist leicht zu halten, mit 1,8 – 2,2 kg Gewicht aber für die Mast wenig geeignet. Die Gefiederfärbung dieser ehemals weit verbreiteten Rasse erinnert an das Bankivahuhn, die Stammform des Haushuhns.

3 Weiße Leghorn

Die Weißen Leghorn sind nichts anderes als die weiße Form des Italienerhuhns (siehe oben). Der Name „Leghorn" ist eine amerikanische Verballhornung der toskanischen Stadt Livorno, von der aus diese Tiere in die Vereinigten Staaten ausgeführt wurden. Die Weiße Leghorn hat den Bruttrieb völlig verloren und erbringt hohe Legeleistungen.

4 Rote Rhodeländer

Im amerikanischen Staat Rhode Island beheimatet, gelangte anfangs unseres Jahrhunderts nach Europa. Rhodeländer sind gut zu mästen und erbringen auch eine befriedigende Legeleistung.

5 Wyandotte

Auch diese Rasse stammt aus Nordamerika; ihren Namen hat sie von einem Indianerstamm im südöstlichen Michigan. Die prächtigen Tiere werden in der Bundesrepublik Deutschland nur noch wenig gehalten. Es gibt Wyandotten auch in den Farbschlägen Gelb, Gold, Rebhuhnfarben und Blaufarben.

Hausgeflügel

1 Hausente

Die Hausentenrassen stammen von der Stockente (siehe Seite 32) ab, der bei uns häufigsten Entenart. Wahrscheinlich wurde sie in China zum erstenmal domestiziert. Die chinesische Rasse ist vor allem als Pekingente berühmt. Die Entenzucht spielt in Deutschland keine große Rolle. Sie erfolgt bei uns fast ausschließlich auf Fleischleistung, während die Legeleistung völlig in den Hintergrund tritt. Enteneier schmecken gut, sind aber gelegentlich von Salmonellen befallen und führen zu Verdauungsstörungen oder gar Typhus- und Paratyphuserkrankungen. Hausenten erreichen eine Legeleistung von 250 Eiern im Jahr und stehen damit den Hühnern kaum nach. Die am weitesten verbreiteten Entenrassen sind weiß oder gelblich gefärbt. Im Bild die auch bei uns vorkommende englische Aylesbury-Rasse.

2 Moschusente Männchen

Die Moschusente (Cairina moschata) ist eines der wenigen Haustiere Südamerikas. Sie wurde von den Indianern gehalten und kam mit den Spaniern nach Europa. Durch die Domestikation hat sich die Moschusente nicht stark verändert und zeigt heute noch weitgehend das Aussehen der wildlebenden Form. Nur die Farbe kann erheblich schwanken: von Schwarzgrün (Wildform) über Braun, Aschgrau bis Weiß. Die Erpel erreichen ein Gewicht von 3,5 – 4 kg, während die Enten nur halb so schwer werden. Den Weibchen fehlt auch der rote fleischige Knoten an der Schnabelbasis.

3 Hausgans

Die Stammform der Hausgans ist die Graugans (siehe Seite 46), die bei uns noch wild vorkommt. Bereits in der Antike war die Hausgans in ganz Europa verbreitet. Geradezu sprichwörtlich ist die Wachsamkeit der Gänse geworden. Sie sollen durch ihr Geschnatter im Jahre 388 v.Chr. Rom vor dem Fall bewahrt haben. Die meisten Hausgänse sind weiß und sehen den Hausenten nicht unähnlich. Der Körper ist jedoch stärker aufgerichtet. Im Bild die bis 15 kg schwere Emdener Gans. Enten erreichen im Höchstfall 4 kg Gewicht. Die Hausgans liefert vor allem Fleisch. In Frankreich werden die Tiere gewaltsam gestopft. Dadurch verfettet ihre Leber und ergibt die weltberühmte Gänsestopfleber. In Deutschland ist dieses tierquälerische Verfahren zurecht verboten.

4 Truthahn

Die Pute oder das Truthuhn (Meleagris gallopavo) stammt aus Nordamerika. Sie wurde bereits von den Indianern als Haustier gehalten, und in den USA ist Putenfleisch sehr beliebt. Bei uns gewinnt es immer mehr Freunde, weil es sehr fettarm ist und damit den Ernährungsanforderungen der heutigen Zeit entspricht. Die Geschlechter des Truthuhns unterscheiden sich erheblich im Gewicht. Die Männchen, die Puter, wiegen bis 16 kg, die Weibchen höchstens 8 kg. Bei der Rasse der Bronzeputen ist die metallische Wildfarbe erhalten geblieben. Doch gibt es auch weiße Puten, besonders unter der Holländerrasse.

Getreide

Während der neolithischen Revolution, die vor ungefähr 10 000 Jahren im Mittleren Osten und in Ägypten stattfand, wurde der Mensch zum seßhaften Ackerbauer. Eine große Rolle spielten dabei die Getreide. Aus wilden Grasarten entstanden durch Züchtung die ersten Getreidesorten. In der Bundesrepublik Deutschland werden heute rund zwei Drittel der gesamten Ackerbaufläche mit Getreide bepflanzt. Die wichtigste Rolle spielen Weizen und Gerste, dann folgen Hafer und Roggen. Der Mais gewinnt als Viehfutter immer mehr an Bedeutung.

1 Weizen Triticum aestivum

Der Weizen stammt wahrscheinlich aus dem Kaukasus und ist zusammen mit dem Reis und dem Mais die wichtigste Nährpflanze der Menschheit. Aus dem stärkereichen Samen stellt man vor allem Mehl, Brot und Teigwaren her. Der Weizen wird überall zwischen dem 16. und 60. Breitengrad kultiviert. In den Alpen steigt er bis 1 200 Meter. In der äußeren Schicht des Weizenkorns, der Aleuronschicht, liegen viele Proteine, während die innere Schicht, das Endosperm, viel Stärke und den Kleber enthält. Mit dem Weizen sind auch die Getreidesorten Dinkel oder Spelz (Triticum spelta), Emmer (T. dicoccon), Einkorn (T. monococcum) und Hartweizen (T. durum) verwandt.

2 Gerste Hordeum sp.

Die Botaniker unterscheiden mindestens zwei angebaute Gerstenarten. Sind die Ähren zweizeilig, kommen also zwei Reihen von Körnern an einem Halm vor, so haben wir die Zweizeilige Gerste (Hordeum distichon) vor uns, die hauptsächlich als Braugerste angebaut wird. Das gekeimte, getrocknete und mehr oder minder stark geräucherte Gerstenkorn nennen wir Malz. Vier- oder sechszeilige Gersten gehören zur Art Hordeum vulgare, das als Viehfutter und bei der Herstellung von Diätprodukten und Kaffeesurrogaten eine Rolle spielt.

3 Roggen Secale cereale

Der Roggen wird vor allem dort angebaut, wo das Klima für Gerste und Weizen zu rauh ist. Die Hälfte des produzierten Roggens ist Viehfutter. Der Rest dient zur Herstellung von Knäckebrot und normalem Brot. Dieses hat den Vorteil, nur langsam auszutrocknen; deswegen ist Roggenbrot sehr haltbar.

4 Hafer Avena sativa

Der Hafer unterscheidet sich von den übrigen einheimischen Getreidesorten durch den lockeren Fruchtstand. Hafer gedeiht auch auf ärmeren Böden und wird vor allem als Viehfutter, aber auch zur Herstellung von Haferflocken und Biskuits verwendet. Mit Hafer gefütterte Pferde werden tatendurstig und übermütig. Daher sagen wir: Ihn sticht der Hafer.

5 Mais Zea mays

Die männlichen Blüten wachsen endständig auf der Pflanze, während die weiblichen Blüten in den Achseln der mittleren Blätter stehen. Die Griffel, die aus den Maiskolben hervorragen, wurden früher von den Indianern als Rauschmittel geraucht. Der Mais wird bei uns praktisch nur als Silagefutter angebaut. In Mittel- und Südamerika, früher auch in Norditalien, spielt er als Nährpflanze des Menschen eine entscheidende Rolle.

1   2   3   4   5

Futterpflanzen

Ein großer Teil der landwirtschaftlich genutzten Fläche der Bundesrepublik Deutschland besteht aus Weiden oder Wiesen. Die Rinder können für uns wertlose Rohstoffe wie Gräser und andere Weidepflanzen in wertvolle Produkte verwandeln, in Milch und Fleisch. Die früher scharfe Trennung zwischen Mähwiesen und Weidewiesen ist heute weitgehend verwischt. Heute lassen die Bauern ihre Rinder in einem bestimmten Rhythmus auf allen Grünflächen weiden. Kühe sind Feinschmecker, die Disteln, Sauergräser stehenlassen. Diese Pflanzen können sich infolgedessen auf Kosten ihrer Konkurrenten stärker ausbreiten. Deswegen muß heute auf jeder Weide auch geschnitten werden. Umgekehrt begünstigt das Mähen die niedrigen, teppichartig wachsenden Pflanzen wie den Klee. Einen großen ökologischen Einfluß üben die Rinder aus, indem sie mit ihren scharfen Klauen viele Pflanzen zerschneiden: Nicht trittfeste Pflanzen kommen in einer Weide nicht auf.

1 Wiesenlieschgras Phleum pratense

Auch Timotheusgras oder treffend Kaminkehrer oder Katzenschwanz genannt. Das Wiesenlieschgras ist eines der wichtigsten Futtergräser. Es wird heute an vielen Stellen ausgesät. In der Bundesrepublik Deutschland wachsen wild noch fünf weitere ähnliche, aber durchwegs seltene Lieschgrasarten.

2 Wiesenschwingel Festuca pratensis

Sehr häufiges, hochwertiges Gras, das bis in die Hochalpen vorkommt. Der Wiesenschwingel wird bei starker Stickstoffdüngung allerdings verdrängt und macht anderen Gräsern Platz. Die Gattung Festuca ist außerordentlich formenreich und umfaßt allein in der Bundesrepublik Deutschland 17 Arten mit zahlreichen Rassen. Viele davon sind ausgesprochene Hochgebirgspflanzen.

3 Knäuelgras Dactylis glomerata

Das Knäuelgras tritt nicht nur auf Wiesen, sondern auch an Waldrändern, Rainen und Schuttflächen häufig auf. Es wird durch Düngung stark gefördert und ist heute deswegen eines der häufigsten Futtergräser. Das Knäuelgras muß allerdings früh geschnitten werden, weil nur dann die Triebe weich genug für die Rinder sind. Später verkieseln die Pflanzenteile und werden zu hart.

4 Goldhafer Trisetum flavescens

Der prächtige Goldhafer ist eine Charakterpflanze höher gelegener Bergwiesen. Er wird bei zu hoher Stickstoffdüngung zurückgedrängt, stellt aber das hochwertigste Gras für den Bergbauern dar.

5 Glatthafer Arrhenaterum elatius

Auch Französisches Raygras genannt. Der Glatthafer liebt wärmere, trockene Lagen und ist die Charakterart der Fettwiesen. Beste Voraussetzung für das Gedeihen dieser Futterpflanze ist starke Düngung mit Mist und Jauche. Merkwürdigerweise mögen die Rinder den frischen Glatthafer nicht besonders. Als Heu hingegen ist er sehr beliebt.

1   2   5   4   3

Futterpflanzen (Fortsetzung)

1 Sichelluzerne Medicago varia

Die Sichelluzerne müßte korrekter Bastardluzerne heißen, da es sich um eine Kreuzung zwischen der eigentlichen Sichelluzerne (Medicago falcata) und der unten besprochenen Saatluzerne (Medicago sativa) handelt. Die niedrige, einjährige, anfangs gelb, später grünlich, im Alter violett oder bläulich blühende Pflanze trägt Blüten auf kopfförmigen Trauben. Die Frucht ist eine sichelförmige Hülse. Schmetterlingsblütler. Blütezeit Mai bis September.

2 Luzerne Medicago sativa

Die Luzerne hat ihre Heimat in Vorderasien. Dort wurde sie von den Völkern, die Pferdezucht betrieben, in Kultur genommen. Im 17. Jahrhundert kam sie nach Europa, später gelangte sie nach Amerika, wo sie heute Alfalfa heißt. Mehrjährige, trockenheitsresistente Pflanze mit tiefreichenden Wurzeln. Gedeiht vor allem auf leichten Böden und verwildert gerne. Die Früchte sind lockere, sehr auffällige korkenzieherartige Hülsen. Schmetterlingsblütler. Blütezeit Mai bis September.

3 Saubohne Vicia faba

Auch Pferdebohne genannt. Die Saubohne war vor der Einführung der ursprünglich amerikanischen Busch- und Kletterbohnen (Phaseolus sp.) die einzige einheimische Bohnenart. Ihre Bedeutung für die menschliche Ernährung ist heute nur noch sehr gering; es werden dabei großsamige Formen mit dem Namen „Puffbohne" verwendet. Nur in Frankreich und Italien gelten Puffbohnen noch als Delikatessen. Die Saubohne wird heute vor allem im Weinbau als Gründünger angepflanzt. Wie viele andere Schmetterlingsblütler sind diese Pflanzen mit Hilfe symbiontischer Bakterien in den sogenannten Wurzelknöllchen imstande, atmosphärischen, gasförmigen Stickstoff in Nährsalze umzuwandeln. Wenn man die Pflanzen unterackert, gelangen diese Stickstoffsalze in den Boden und düngen ihn. Schmetterlingsblütler. Blütezeit April bis Mai.

4 Raps Brassica napus

Der Raps ist nicht im Wildzustand, sondern nur als Kulturpflanze bekannt. Es handelt sich wahrscheinlich um eine Kreuzung zweier Kohlarten. Der Raps zählt zu den wichtigsten Ölpflanzen Mitteleuropas: Die Samen enthalten ungefähr 40% Öl, das nicht trocknet und vor allem als Speiseöl oder als technisches Öl verwendet wird. Die Rückstände aus der Pressung sind ein beliebtes Viehfutter. An einigen Stellen wird der Raps auch als Winterfutter für Schafe und Rinder gezogen. Kreuzblütler. Blütezeit April bis August.

5 Blattkohl Brassica oleracea acephala viridis

Diese Kohlsorte hat eine unverzweigte, wenig verdickte Sproßachse und steht dadurch dem Wildkohl noch recht nahe. Sie wird als Futterpflanze genutzt, worauf auch der Name „Kuhkohl" hindeutet. Kreuzblütler. Blütezeit Mai bis September.

Mineralien und Gesteine

Als Mineralien bezeichnen wir alle meist anorganischen Verbindungen, die als Bestandteile der Erdkruste auftreten. Gesteine bestehen aus einem innigen Gemenge oft mehrerer Mineralien. Die einzelnen Mineralbestandteile treten in Gesteinen in Form winziger Kriställchen auf. Unter dem volkstümlichen Begriff „Mineralien" versteht man meistens große, schöne Kristalle. Die äußere Kristallform ist aber nicht Bedingung dafür, daß ein Mineral vorliegt. Zu den sogenannten amorphen, „formlosen" Mineralien gehört etwa der Feuerstein.

Der Geologe unterscheidet drei Gesteinsarten: Magmatische Gesteine entstehen durch Abkühlung vulkanischer Laven; die bekanntesten Typen sind Basalt, Granit und Gabbro. Sedimentgesteine werden durch Wasser oder Wind abgelagert und zeigen meist eine deutliche Schichtung; deswegen spricht man auch von Schichtgesteinen. Die wichtigsten Sedimente sind die nicht verfestigten Sande und Schotter sowie die verfestigten Sandsteine, Kalke, Brekzien und Konglomerate. Metamorphe Gesteine, zum Beispiel Gneise und Schiefer, sind tief in der Erdkruste durch ungeheuren Druck und große Hitze umgewandelte Magma- oder Sedimentgesteine.

1 Feuerstein

Eine amorphe, nicht kristallisierte, aber dennoch harte Kieselsäure. Da der Feuerstein einen regelmäßigen, muschelförmigen, berechenbaren Bruch aufweist, schlugen die frühen Menschen aus ihm ihre Werkzeuge, etwa Faustkeile und Schaber. Wenn man Feuerstein mit Stahl schlägt, springen Funken. Aufgrund dieses Verhaltens entstand sein Name.

2 Quarz

In der farblosen Form auch Bergkristall genannt. Besteht aus kristallisierter Kieselsäure, chemische Formel SiO_2. Quarz ist sehr hart und widerstandsfähig und stellt die Hauptkomponente aller magmatischen Gesteine dar. Fein zerkleinerter Quarz tritt in Quarzsanden auf. Gefärbte Quarzvarianten werden als Halbedelsteine verwendet, etwa der braune Rauchquarz, der gelbe Citrin und der violette Amethyst.

3 Schiefer

Ein metamorphes Gestein aus Glimmer, Quarz oder Kalk, entstanden durch ungeheuren Druck. Schiefer liegt oft in Blättchen oder Plattenform vor. In gewissen Gegenden verwendete man ihn früher als Material zum Dachdecken. Oft findet man in Schieferplatten große dunkelbraune Granatkristalle.

4 Kalzit

Als Kalzit bezeichnen wir Kristalle aus Kalziumkarbonat (Kalk), dem Rohmaterial des Zements beispielsweise. Kalzit und Kalk schäumen auf, wenn sie mit Säuren behandelt werden.

5 Granit

Ein magmatisches Gestein, meist rötlich oder grau gefärbt. Granit kühlt nach der Eruption langsam aus. Deswegen können sich recht große Kristalle von Quarz, Feldspat und Glimmer bilden. Der dunkle Basalt verliert im Gegensatz dazu seine Wärme sehr rasch, und seine Kristalle bleiben winzig. Beim Abkühlen bildet Basalt recht oft regelmäßige, meterhohe, sechseckige, senkrechte Säulen.

6 Pyrit

Auch Eisenkies, Schwefelkies oder, wegen der Farbe, Katzengold genannt. Chemische Formel FeS_2, also eine Verbindung zwischen Eisen und Schwefel. Häufiges Mineral in Erzgängen. Bildet oft wundervolle Kristalle mit scharfen Kanten.

Fossilien

Fossilien sind Abdrücke und Reste ausgestorbener Pflanzen und Tiere. Man bezeichnet sie auch als Versteinerungen, doch sind nicht alle Fossilien versteinert. Das Wort stammt übrigens vom lateinischen fossilis, das „ausgegraben" bedeutet. Fossilien findet man nur in Sedimentgesteinen; in magmatischen und metamorphen Gesteinen werden alle Fossilienspuren vernichtet. Fossilien sind unsere Hauptzeugen für die Darwinsche Evolutionslehre, nach der sich im Laufe der Zeit die höheren Formen der Lebewesen aus niedereren entwickelt haben. Mit Hilfe der Fossilien gelingt es, die Gesteine zu datieren und die Geschichte der Erde und Kontinente zu rekonstruieren und zu verstehen. Fossilien zu sammeln ist ein wundervolles Hobby, das, anders als das Mineraliensammeln, keine großen Ansprüche stellt: In manchen, leicht zugänglichen Steinbrüchen kann man besterhaltene Fossilien zu Tausenden finden.

1 Ammonit

Ammoniten waren mit den heutigen Tintenfischen verwandte meeresbewohnende Weichtiere. Die meisten unter ihnen besaßen eine eingerollte, oft wundervoll verzierte Schale, die der ganzen Tiergruppe den Namen gab: Der ägyptische Gott Ammon oder Amun wurde nämlich mit eingerollten Widderhörnern dargestellt. Ammoniten findet man meist in Kalkgesteinen. Die schönsten Stücke sind allerdings mit Pyrit (siehe vorhergehende Seite) inkrustiert. Die Ammoniten starben zu Ende des Mesozoikums, vor rund 65 Millionen Jahren, völlig aus.

2 Trilobiten

Die Trilobiten waren meeresbewohnende Gliederfüßer, die unseren heutigen Asseln etwas ähnlich sahen. Die Trilobiten oder Dreilapper lebten vor rund 600 bis vor rund 400 Millionen Jahren. Man findet sie also in den ältesten Gesteinen, besonders des Kambriums. Exemplare wie das abgebildete sind Prunkstücke einer jeden Sammlung.

3 Mammutzahn

Bruchteile von Backenzähnen (siehe Bild) und Stoßzähnen von Mammuts werden gelegentlich in Flußablagerungen gefunden. Als Mitteleuropa am stärksten vereist war, reichten die skandinavischen Gletscher bis nach Hannover und die alpinen Gletscher bis knapp vor München.

4 Austern

Besonders in der geologischen Epoche des Jura, also vor rund 200 bis vor rund 140 Millionen Jahren, war der größte Teil des heutigen Mitteleuropas von warmen Meeren bedeckt, in denen zahlreiche Austernformen lebten. Heute findet man die versteinerten Schalen dieser Weichtiere recht häufig in Steinbrüchen.

5 Farnblatt

Farnabdrücke findet man häufig in taubem Gestein zwischen einzelnen Kohleflözen. Sie stammen aus dem Karbon und haben somit ein Alter von 350 bis 280 Millionen Jahren.

Wolkenformen

Die Bezeichnungen „Klima" und „Wetter" werden immer wieder verwechselt. Als Wetter bezeichnen wir die atmosphärischen Erscheinungen der einzelnen Tage. Das Klima ist sozusagen die Summe des Wettergeschehens über die Jahre hinweg. Die wichtigsten Klimadaten umfassen Luft, Temperatur, Feuchtigkeit und Form und Menge der Niederschläge. Für das Wettergeschehen hingegen sind Angaben über den Luftdruck unerläßlich. Jeder weiß, daß Hochdruckgebiete schönes Wetter, Tiefdruckgebiete meist Niederschläge bringen.

In unseren Breiten ist das Wetter wechselhaft, ja launisch. Eine Vorhersage für mehr als zwei bis drei Tage ist schon sehr unsicher. Anhaltende Schön- wie Schlechtwetterperioden sind selten; am häufigsten ist der wechselhafte Witterungsverlauf, besonders im Frühjahr und im Sommer.

Wolken bestehen aus zahlreichen Wassertröpfchen, in größerer Höhe auch aus Eiskriställchen. Im allgemeinen unterscheidet man nach ihrer äußeren Form drei Wolkentypen. Sie geben uns Aufschluß über die Wetterlage und erlauben auch dem Laien kurzfristige Wettervorhersagen.

1 Cirrus-Wolken

Cirrus- oder Federwolken haben faserige, fädige, büschelige oder schleierartige Gestalt. Ihre langgezogenen Formen gehen auf heftige Winde zurück, denn die Wolken liegen oberhalb von 6 000 Meter. Die Temperaturen in jenen Höhen liegen bei minus 40 Grad. Federwolken bedeuten Wetterverschlechterung und Niederschläge, wenn sie sich verdichten. Sie treten aber auch zeitweilig bei Schönwetterlagen auf und lösen sich im Laufe des Tages wieder auf.

2 Cumulus-Wolken

Cumulus-Wolken bestehen je nach Höhe aus Wassertröpfchen oder Eiskristallen oder einem Gemisch von beiden. Sie haben meist ein wolliges Aussehen. Man unterscheidet mehrere Typen. In der Abbildung 2 sind die klassischen blumenkohlähnlichen Cumulus-Wolken abgebildet; sofern sie sich nicht verdichten, sind sie Boten stabilen Schönwetters (Schönwetterwolken). Im Bild 2a sind Schönwetter-Haufenwolken abgebildet, die sich gerade zu den typischen Gewitterwolken (Cumulonimbus) auftürmen. Mit dem oberen, flach ausgebreiteten Ende, dem Amboß, ragen sie in viele Tausend Meter Höhe. Die Großen Schäfchenwolken (Altocumulus) der Abb. 2c bestehen aus nahe nebeneinanderliegenden walzenförmigen Wolkenbändern. Diese deuten auf veränderliches Wetter; es kann sich zum Guten oder zum Schlechten wenden.

3 Stratus-Wolken

Die waagrecht geschichteten Stratus- oder Schichtwolken treten in allen Höhen auf. Die höchsten sind die Cirrostratus-Wolken. Bei 4 000 Meter Höhe bilden sich die Altostratus-Wolken oder die Grauen Schichtwolken (Abbildung 3). Sie zeigen eine graue oder bläuliche Färbung, sind streifig, faserartig oder einheitlich ausgebildet und bedecken den ganzen Himmel, lassen aber Sonne und Mond hindurchscheinen. Die Nimbostratus-Wolken (Abb. 3a) reichen vom Boden bis in 5 000 oder 6 000 Meter Höhe und sind ausgesprochene Regenwolken.

301

Register

*Register der
Sachbegriffe
und der
deutschen
Tier- und
Pflanzennamen*

Register

*Register der
wissenschaft-
lichen,
lateinischen
Tier- und
Pflanzennamen*

Zeichnungen: Graham Allen, Trevor Boyer, Jim Channell, John Francis, Tim Hayward, Stuart Lafford, Alan Male, Colin Newman, Eric Rowe, Rod Sutterby, Linden Artists Ltd, London
Fotos: Institute of Geological Sciences, RIDA Photo Library (Seite 297), Ardea Photographics, RIDA Photo Library (Seite 299), R. K. Pilsbury (Seite 301).